함씨네와 함께하는

나부터 밥상 혁명

상상북스

함씨네와 함께하는
나부터 밥상 혁명

초판 1쇄 발행	2021년 12월 30일

지은이	강수돌·함정희
편집	김영미

펴낸곳	이상북스
펴낸이	송성호
출판등록	제313-2009-7호(2009년 1월 13일)
주소	경기도 고양시 덕양구 향기로 30, 106-1004
전화번호	02-6082-2562
팩스	02-3144-2562
이메일	beditor@hanmail.net

ⓒ 강수돌·함정희 2021
ISBN 978-89-93690-85-2 (03300)

함씨네와 함께하는
나부터 밥상 혁명

건강한 음식이
백신이다

강수돌과
함정희의
대화

삼인
북스

* 이 책은 강수돌과 함정희, 두 사람이 2021년 봄 여러 차례 장시간 대화를 통해 GMO 콩의 문제, 우리 밥상의 문제, 우리 콩으로 만든 건강식품(쥐마청), 한국의 식량자급률, 초국적기업 주도의 '식량의 제국' 문제, 개인 건강도 살리고 농촌 건강과 사회 건강도 살리는 문제 등에 대해 이야기한 내용이다. 두 사람의 대화는 2021년 4월 28일 전주, 5월 16일 세종, 5월 30일 전주에서 세 차례 진행되었고, 녹취 내용은 주제별로 재구성했다. 내용 중에는 대화에서 직접 언급되지 않은 부분도 있는데, 이것은 집필 과정에서 필요에 맞게 약간의 상상력을 가미, 대화체로 구성한 것이다.

강수돌: 함 대표님, 그간 안녕하셨어요?

함정희: 네, 덕분에요. 교수님은요?

강수돌: 저는 지난 2월에 명예퇴직하고 천천히 주경야독하며 좀 쉬고 있죠.

함정희: 그러시군요. 저는 지난 2월에 드디어 '콩' 박사가 됐어요. 박사학위 했어요.

강수돌: 아이고, 축하드립니다.

함정희: 제가 왜 박사가 됐는지 아세요?

강수돌: 그야 뭐, 공부를 열심히 했으니까요.

함정희: 에이, 싱겁기는… 제가 '우리 콩 독립군'이잖아요.

강수돌: 무슨 독립군?

함정희: 우리 콩 독립군!

강수돌: 아, 수입 농산물에 맞서서 우리 콩을 살리자, 이런 말씀?

함정희: 맞아요. 그거 하려고 박사학위 했잖아요.

강수돌: 아, 그러고 보니 제가 고려대 재직할 때 우리 대학원에도 오셨잖아요.

함정희: 그게 벌써 10년 전인데, 제가 한창 '우리 콩 독립운동' 할 때잖아요.

강수돌: 석사학위도 그래서 하신 거네요.

함정희: 우리 콩으로 수입 콩에 맞서려고 하니 여러 가지 공부가 좀 필요하더라고요.

강수돌: 그럼요, 무슨 일이건 제대로 하려면 공부를 해야죠.

함정희: 제가 원래는 고졸이었잖아요.

강수돌: 원래는 우리 모두 '아가'였죠, 하하.

함정희: 맞아요. 근데요, 제가 고등학교 졸업하고 공무원 하다가 결혼을 했걸랑요?

강수돌: 아, 그러셨군요. 잘하셨네요. 아들, 딸 모두 네 명이나 낳았으니 잘됐죠.

함정희: 교수님도 아들, 딸 세 명이라고 하셨죠? 근데 제가 누구랑 결혼했는지 아세요?

강수돌: 그야, 신랑이겠죠, 하하.

함정희: 에이, 싱거워요. 제가요, 중매로 결혼을 했는데요, 두부공장 아들이라고 해서 무조건 했어요.

강수돌: 아, 그래서 지금도 두부를 만드시는구나. 그 맛있는 두부….

함정희: 제가 어릴 때부터 콩을 무지 좋아했어요. 엄마가 콩밥을 안

주면 막 울었대요. 그래서 제가 두부공장 아들이랑 결혼하면 만날 콩밥 먹을 수 있겠다며 좋아했죠. 그 뒤 1980년부터 2001년까지 꼬박 20년 넘게 남편이랑 콩하고 두부, 청국장 만들면서 살았어요.

강수돌: 아따, 거시기, 그래서 만날 몸에 좋은 걸 많이 드셨군요? 근데, 장사는 잘됐나요?

함정희: 그럼요. 장사가 너무 잘돼서 돈 세기 바빴죠. 손으로 세기 힘들어 아예 지폐기를 갖다놓고 셌어요. 그런데 제가 2001년에 무슨 박사님이 하는 특강을 듣고서 인생이 바뀌었잖아요.

강수돌: 무슨 특강인데요?

함정희: 자세한 건 나중에 얘기하기로 하고요, 하여간 'GMO 콩'에 대한 거였죠.

강수돌: 아, GMO… 주로 유전자변형식품이잖아요. 물론 동물도 되지만….

함정희: 맞아요. 그 강연을 잘 들으니, 제가 그동안 참 나쁜 사람으로 살았더라고요.

강수돌: 왜요?

함정희: 아따, 그건 또 나중에 얘기해요.

강수돌: 그럼, 두부 하실 때 GMO 콩인 줄도 모르고 하셨군요.

함정희: 그래서 죄책감이 들었죠.

강수돌: GMO 콩이 어때서요?

함정희: 교수님이 더 잘 알면서 능청은… GMO가요… 일단 제초제가 문제고, 독성물질도 있다는 거죠.

강수돌: 맞아요. 베트남전에서 미군이 썼던 고엽제가 바로 그거예요.

함정희: 그 속에 든 글리포세이트라는 게 무섭다고 해요.

강수돌: 그렇죠. 무섭죠.

함정희: GMO 콩에도 글리포세이트가 나온대요.

강수돌: 그러니 그 콩으로 만든 두부나 콩제품도 해롭겠죠?

함정희: 네, 자세한 얘기는 나중에 하기로 하고요. 하여간 제가 마음이 너무 안 좋았어요.

강수돌: 함 대표님, 이 세상의 책들 중 가장 무거운 게 뭔지 아세요?

함정희: 가장 무거운 책? 쇠로 만든 것도 있나?

강수돌: 양심의 가책이라고, 하하. 이게 가장 무겁죠. 2001년에 그 강연을 듣고 함 대표님이 양심의 가책을 받으신 거네요.

함정희: 맞네요. 양심의 가책을 받았죠. 그게 진짜 무겁긴 해요. 근데요, 더 무서운 건요, 이 GMO를 젊은이들이 많이 먹으면 생식기능도 망가진댔어요. 불임이 된대요.

강수돌: 그럴 수 있어요. 불임의 원인이야 많겠지만, GMO 자체가 유전자를 변형한 거니까.

함정희: GMO 때문에 우리나라가 없어지면 어떡해요?

강수돌: 하기야 요즘은 출산율이 너무 떨어져서 안 그래도 인구가 많이 줄고 있죠.

함정희: 그렇죠. 하지만 애를 낳고 싶어도 못 낳게 되는 건 진짜 심각해요.

강수돌: 맞아요. 애를 낳고 살아도 별 걱정 없는 사회라면 잘들 낳을 텐데… 근데 GMO를 많이 먹어서 아예 처음부터 영구 불임이라면 그건 또 다른 상황이죠.

함정희: 그래서 제가 2001년부터 '우리 콩 독립군'이 되기로 단단히 맘먹고 쉰이 넘어 2005년에 대학 문을 두드리기 시작했잖아요.

강수돌: 아, 그렇게 해서 2021년에 박사학위까지 받으셨군요. 정말 축하드려요. 힘드셨죠?

함정희: 그럼요. 힘들어도 이를 악물고 했죠.

강수돌: 그런데 '우리 콩 독립운동'을 하는데 왜 박사학위까지 필요했을까요?

함정희: 그건 나중에 찬찬히 설명드릴게요. 우선은 제가 2001년 이후 지금까지 20년간 남편과 엄청 싸우면서 '우리 콩 독립운동'을 해왔다는 것, 그리고 그 사이에 우리 콩 두부와 청국장을 만들고 2007년엔 특허까지 냈다는 걸 알려드리고 싶어요.

강수돌: 특허도요? 뭘로 특허를…?

함정희: 진짜 몸에 좋은 쥐눈이콩으로 청국장 환을 만든 거죠. 마늘하고 찹쌀까지 넣어서… 그래서 아예 제품으로 나왔어요. 쥐마청, 쥐눈이콩마늘청국장환이죠.

강수돌: 쥐마청이라… 이름이 특이하네요.

함정희: 제가 콩을 공부하면서 우리 몸에 좋은 게 뭔지 연구하고 연구한 결과예요. 과거를 사죄하는 마음으로 끈질기게 노력해 개발한 제 나름의 '완전식품'이죠.

강수돌: 정말 고생이 많으셨겠어요.

함정희: 이 쥐마청 안에는 온갖 중요한 영양 성분이 다 들어 있어서 영양제가 되고요. 그동안 나쁜 음식을 많이 먹어서 몸에 쌓인 독소를 씻어내는 해독제도 돼요. 또 쥐마청은 항암제이기도 하고요. 그래서

제가 나름대로 완전식품이다, 이렇게 보고 있어요.

강수돌: 정말 대단하십니다. 저는 1994년에 박사학위를 하고 그 뒤로 지금까지 책이나 논문 쓰면서 30년 세월을 다 보냈는데, 함 대표님은 20년 이상 '우리 콩 독립운동'을 하면서 쥐마청으로 특허도 내고 박사학위까지 하셨군요.

함정희: 물론 제가 이렇게 우리 콩 사업을 하는 건 과거 GMO 콩 사업에 대한 속죄의 뜻도 있지만, 우리 콩을 살려야 우리 농촌, 농사, 농민도 살고, 그래야 식량자급률도 높아지고 식량주권도 지킬 수 있기 때문이에요.

강수돌: 그럼요, 진짜 훌륭하세요. 우리는 우리 농산물도 많이 애용하고, 더 크게는 이 세상의 식량 문제나 밥상 건강, 이런 것까지 같이 생각하면서 살아야 해요.

함정희: 그럼 이제 교수님과 본격적으로 대화를 나눠볼까요?

강수돌: 네, 진득하게 알찬 대화를 이어나가보자고요!

* 강수돌과 함정희 두 저자는 처음부터 이 책의 구상에 공감하고 적극
지지해준 이상북스의 송성호 대표에게 감사드린다. 송 대표는 2021년
5월 16일 세종시 대화와 5월 30일 전주 대화에 옵저버로 참석했다.
우리 농촌, 농사, 농업, 농민 문제와 함정희 대표의 '함씨네토종콩식품'
이야기에 관한 우리의 긴 대화를 한 권의 좋은 책으로 만들어주신
도서출판 이상북스에 감사드린다. 또 부록 '좋은 농산물로 건강한
식품을 생산하는 사람들'을 작성하는 데 도움을 주신 고연 님을 비롯한
여러 친구들에게도 우정의 인사를 드린다.

4부 우리 콩이 백신이다

1부 우리 콩 독립군 탄생기

GMO 콩이 얼마나, 어떻게 해로울까? 안학수 박사의
'GMO 강의' 하나가 '우리 콩 독립군'을 탄생시켰다.
우리 콩 독립군은 어떻게 탄생했으며, 무엇을
추구하는 걸까?

1 좋은 강의 하나가 '인생 내비'를 바꾸다

GMO 식품의 실상

강수돌: 요즘 함정희 대표님은 '우리 콩 독립투사'로 알려지기도
했는데, 도대체 어쩌다가 우리 콩 독립투사까지 되었을까요?

함정희: 2001년경에 전주시청에서 안학수 박사님 강의가 있었어요.
당시 농학박사라고 하시더라고요.

강수돌: 강의 내용은요?

함정희: 정확한 제목은 생각이 안 나지만 '유전자 변형'으로 만들어진
콩 있잖아요. 그 GMO(Genetically Modified Organism) 콩 말이죠. 그게
얼마나 문제가 큰가, 하는 강의였죠.

강수돌: 그렇군요. 사실 우리가 학교에서나 어디서나 정말 좋은 강의
하나를 진심으로 듣고서 제대로 실천하려고만 한다면 벌써 좋은

세상이 되었을 텐데 말이죠.

함정희: 그래요. 안 박사님은 정부 산하의 농촌진흥청인가 하는 데서 연구하고 계셨죠. 그분 말씀이, 우리 농산물이 얼마나 훌륭한데, 값싸다고 모두 다 수입품을 사 먹으니까 우리 농업도 망하고 GMO 때문에 사람들 건강도 나빠진다고 하셨어요.

강수돌: 그러니까요. GMO 식품을 장기적으로 먹으면 당연히 병들죠. 사실 사람들은 우리가 먹는 두부나 팝콘, 밀가루 빵이나 국수 같은 게 GMO 콩이나 GMO 옥수수, GMO 밀로 만들어진 줄 거의 몰라요. 그러니 그 안 박사님 강의가 함 대표님 뒤통수를 때렸군요?

함정희: 네, 저도 그 이전엔 전혀 몰랐죠. 그래서 그날 눈이 번쩍 뜨이는 기분이었는데, 알고 보니 GMO라는 게 유전자 조작을 했다는 말인데, 어떻게 했냐면 콩의 유전자를 조작해서 제초제 같은 그 어떤 독성물질에도 죽지 않는 그런 콩을 만든 거예요.

강수돌: 어떤 회사가 그랬을까요?

함정희: 미국의 다국적 기업이라고 하더라고요. 이름이 뭔지 아세요?

강수돌: 몬산토 아닌가요?

함정희: 맞아요. 몬산토! 베트남전 때 생화학 무기를 만들던 곳이에요.

강수돌: 지금은 미국 몬산토가 독일 바이엘로 넘어가기는 했는데 말이죠. 인수 규모가 70조 원 정도라고 하더라고요. 어마어마하죠? 그래서 요즘은 '바이엘-몬산토'라고 하기도 해요.

함정희: 그 몬산토라는 회사가 우연히 자기네 하수구에서 살아 있는 박테리아를 발견했대요. 베트남전에서 고엽제(제초제)라고 알려진 거 있잖아요. 그런 독성물질이 하수구로 흘러가는데도 죽지 않은

박테리아가 있어서 몬산토가 이걸 가져다가 연구해 유전자 변형을
했다는 것 아니에요!

강수돌: 그렇죠. 흔히 농약이라고 부르는 제초제나 살충제는 엄청난
독성물질인데, 그것이 흘러나가는 하수구에서도 죽지 않고 살아 있는
박테리아니 정말 지독한 애들이죠.

함정희: 바로 그 박테리아를 가져다가 콩에 잘 결합을 시켰다 이거죠.
결국은 콩 안에 독소 박테리아가 들어간 셈인데요. 그래서 그 콩을
심은 반경 10리(4킬로미터) 안에는 벌레가 접근을 못 한다고 해요.

강수돌: GMO 콩 자체가 이미 살충제 성분을 품고 있는 거네요?

함정희: 그렇죠. 그렇게 콩 유전자 자체가 변형된 것이 바로 GMO
콩이라는 거예요. 그래서 나중에 잔류농약검사에서 검출되기도 해요.
또 그 넓은 밭에 콩을 심으니, 풀을 일일이 뽑을 수 없어 제초제도
마구 뿌려요. 제초제는 고엽제라고도 하는데, 이게 실은 독약이죠.
이것 또한 농약 검출에서 나오고요.

강수돌: 옛날 우리나라 노래에도 "콩밭 매는 아낙네야…" 이런
노래까지 있잖아요? 콩밭에 풀을 잘 뽑아줘야 나중에 먹을 게
나오니까요. 그 뜨거운 여름날 콩밭에 풀을 잡아주느라 우리
어르신들이 고생을 얼마나 했는지 모를 정도죠.

함정희: 그런데 이제 몬산토 회사가 바로 그 잡초들을 와장창
없애버리려고 희한한 제초제를 개발한 거예요. 그게 바로
라운드업(round-up)이라는 이름의 제초제인데, 그 속에
글리포세이트라는 성분이 들었다고 해요.

강수돌: 글리포세이트가 실은 독약이면서 발암물질이죠?

함정희: 네. 그래서 그 냄새를 맡은 곤충이나 벌레는 아예 접근을 안 해요. 반경 10리 안으로는 벌레가 못 온다는 거죠. 그러니 GMO 콩은 유일하게 인간만 먹게 됐죠.

강수돌: 이 라운드업 제초제가 GMO와 짝꿍이네요. GMO만을 위한 제초제니까요.

함정희: 그런데 이 제초제는 색깔도 없고 냄새도 없대요. 그리고 간에서 해독되지도 '않는' 제초제래요. 원래 간이 해독작용을 하잖아요? 그런데 글리포세이트는 해독이 잘 안 된다고 해요. 그러니 그걸 우리가 계속 먹어서 우리 몸에 쌓이면 어떻게 될까요? 특히 아이들, 청년들은 먹으면 안 된대요. 왜? 이게 청년들의 생식능력까지 죽이니까요.

강수돌: 결론적으로 우리 인간이 곤충이나 벌레보다 우수한 종이라 믿고는 있지만 실은 벌레만도 못한 수준이 되고 말았네요. 벌레들은 라운드업 때문에 GMO를 안 먹는데, 사람은 열심히 먹고 있으니까요.

함정희: 그것도 웃긴 게, 우리가, 우리나라가 세계에서 최고로 많이 수입해서 먹는다는 거예요. 값이 싸니까요.

강수돌: 하기야 값만 싸면 독약도 사 먹을 판국이니까요. 만날 '잘 살아보세' 하면서도 무엇이 잘 사는 건지 별 생각도 않고 오로지 돈을 기준으로 삼으니 그런 사달이 날 수밖에요. 유럽은 GMO가 발도 못 붙이게 철저히 막고 있고, 러시아의 푸틴 대통령은 GMO를 팔거나 취급하면 최고 사형까지 시킨다던데요?

함정희: 우리도 그래야 하는데… 한국은 2000년부터 'GMO표시제'가 실시되고 있지만 20년이 지나도록 별 실효성이 없어요. 마트에 가면

어디에 GMO가 들었는지, 뭣이 non-GMO인지 구분이 안 되거든요. 아무 표시가 없어요. 그 사이에 GMO는 활개를 치고 있죠. 그런 식으로 우리가 많이 먹는 GMO가 특히 콩, 옥수수, 카놀라로 만든 것들이래요.

강수돌: 맞아요. 콩, 옥수수, 카놀라유가 GMO의 대명사죠. 콩은 콩나물, 두부, 간장, 된장 같은 걸 만드는 데 쓰이죠. 옥수수는 액상과당(시럽)에 많이 쓰이고요. 카놀라유나 콩기름은 식용유로 많이 쓰이죠. 그런데 이게 몸속에 축적되면 문제거든요.

함정희: 네. 그 박사님이 말씀하시더라고요. 이 GMO 콩을 먹으면 어떻게 되느냐, 우리가 어쩌다 한 번 먹으면 글리포세이트 성분이 몸 밖으로 배출도 되고 하는데, 만일 계속 먹으면 그 글리포세이트가 엄청 안 좋은 영향을 준다는 거죠.

강수돌: 어떤 식으로 악영향을 줄까요? 사실 글리포세이트는 유엔 산하 세계보건기구(WHO) 암연구소에서 2A급 발암물질로 분류해놓은 상태거든요.

함정희: 섬뜩한 발암물질이죠! 만일 글리포세이트 성분이 몸속에 쌓이면, 나중엔 우리 몸의 모든 세포를 무력하게 한대요. 실제로 소장이나 대장 등 내장의 상피조직을 파괴하는 박테리아가 침투해서 장이 샐 정도로 펑크가 난다는 거예요. 그러니 알레르기, 면역결핍증, 아토피 등 온갖 병이 생긴다는 거죠. 또 우울증과 암까지 온다고 해요. 심지어 남성의 정자를 영구 불임시킨다고도 하고요. 그래서 요즘 청년들이 결혼을 해서 아이를 낳고 싶어도 못 낳는 경우가 많잖아요. 정말 큰 문제예요. 글리포세이트, 이건 거의 음식 속 핵폭탄인

셈이에요.

강수돌: 정말 무섭네요. GMO를 가능한 한 안 먹는 게 아니라 절대로 먹으면 안 되겠는데요? 특히 젊은이, 청년과 관련해 하신 말씀도 잘 새겨들어야 할 것 같아요. 사실 취업에 대한 불안감과 결혼이나 육아에 대한 두려움 탓에 사회적으로 출산율이 낮은 편이긴 한데, 물리적으로도 GMO 농산물을 많이 먹다 보니 씨가 마른다는 얘기네요.

함정희: 지금 젊은 부부들 가운데 20프로에서 30프로 정도가 아이를 낳고 싶어도 못 낳는대요. 그래서 그 박사님 말에 따르면, GMO를 계속 먹으면 우리 '한민족 5천 년 역사가 문을 닫는다'는 거죠.

강수돌: 아이고, 진짜 그렇게 될 리는 없겠지만, 정말 심각하긴 해요. 물론 GMO가 해롭지 않다는 주장도 제법 있어요. 하지만 앞서 말한 우려들이 현실로 나타난다면 GMO가 무해하다고 하긴 어려울 듯 해요.

함정희: GMO 식품을 많이 먹으면 아이를 낳더라도 건강하게 낳기 힘들고 자폐증이나 기형을 가진 아이들도 많이 태어난다는 거죠. 또 성인들은 암이나 희귀병을 앓게 된다는 거예요. 이런 거엔 약이 없는 게 더 큰 문제고요. 그래서 우리 민족 5천 년 역사의 문을 닫는다는 거죠. 지금도 기억이 생생해요. 당시 전주시청 강연이 두 시간을 훌쩍 넘겼는데, 하나도 지루하지 않고 막 빨려들어갔어요.

강수돌: 그랬군요. 솔직히 저는 5천 년 역사의 문을 닫는다는 얘기는 좀 과장되었다고 보지만, 그래도 그 진심은 알겠네요. 결국은 모두 건강하게 살아야 하는데, GMO 식품 때문에 우리의 건강이 서서히

그리고 근본적으로 망가지고 있다는 것 아니에요.

함정희: 그 박사님이 강의 끝나고 사석에서는 더 험한 말을 많이 했어요. 그 제초제나 GMO를 만드는 회사가 몬산토라고 했죠? 단순히 GMO로 돈만 버는 수준이 아니란 거죠. 실은 그들이 어쩌면 그걸로 전 세계를 딱 휘어잡고 인류를 지배하고 싶어 한다는 거죠. 석유를 지배하면 특정 국가를 지배하지만 식량을 지배하면 전 인류를 지배한다는 얘기죠. 이런 식으로 그들의 야욕이 있다고 해요. 근데 그 타깃이, 그 첫 번째 타깃이 한국이래요. 왜? 한국 사람들이 죄다 싼 걸 좋아하니까.

강수돌: 정말 무서운 이야기네요. 캐나다의 제니퍼 클랩 교수가 《식량의 제국》이란 책에서도 그 비슷한 이야기를 했어요. 제가 그 책의 추천사를 쓰기도 했는데, 그 책을 보면 세계의 식량 생산과 판매를 장악한 초국적기업들 이야기가 자세히 나와요. 그런 문제를 극복하기 위한 대안에 관해서도 얘기하고요.

함정희: GMO를 가지고 식량의 제국을 만들어 자기들이 세상을 지배하려고 한다… 이게 맞건 안 맞건 몬산토나 바이엘 같은 기업들이 종자 시장까지 장악하고 우리 건강을 망치는 걸 도저히 용납할 수가 없어요.

강수돌: 저는 GMO, 즉 유전자를 변형해서 농산물(식품)을 상품화한다는 발상 자체가 인간, 아니 생명 그 자체에 대한 모욕이란 생각이 들어요. 자본주의가 처음엔 소비재나 생산재 같은 물건을 상품화하더니 점차 각종 서비스를 상품화하고, 나아가 교육, 보육, 의료, 위험까지 상품화해왔잖아요. 그런데 이제는 생명의 가장 근본인

유전자까지 변형해서 '상품화'하게 된 것이 정말 갈 데까지 갔구나, 이런 생각이 들어 상당히 서글퍼집니다.

함정희: 거기까지는 생각을 못했는데, 정말 그런 면이 있네요. 그래서 요즘은 우리가 인간성도 제대로 지키기가 힘든가봐요.

강수돌: 하여간 GMO, 유전자변형농산물은 제초제와 그 속의 발암물질(글리포세이트) 때문에 자연은 물론 인간에게 아주 해롭다는 것, 그리고 하나만 더 지적하면 그런 물질이 우리 몸속에 들어와 결국 우리 면역체계와 생식능력까지 파괴한다는 것, 이것만은 꼭 기억하면 좋겠어요. 이 부분에서 김은진 교수님이 쓴 《김은진의 GMO 강의》란 책도 '강추'해요. 김 교수님은 법학자인데, 이 책에서 GMO의 법적 문제만이 아니라 건강 문제와 사회 문제까지 아주 폭넓게 잘 지적하고 있어요.

함정희: 맞아요. 그 책 참 좋아요. 이제부터라도 가능하면 수입산 먹지 말고 우리 콩, 우리 농산물을 먹어야 해요. 그래야 자연도 사람도 농촌도 모두 살아나거든요.

강수돌: 절대 공감입니다. 우리나라가 식용 GMO 수입량 세계 1위(연간 200만 톤 이상)라는 얘기는 너무나 충격입니다. 국내 농민은 자꾸 줄어들고 희망도 별로 안 보이는데 말이죠. 그런 면에서 국산 농산물, 로컬푸드, 유기농, 도농 직거래, 이런 것이 더욱 활성화돼야 해요.

식용 GMO를 가장 많이 수입하는 나라

함정희: 이건 좀 딴 얘긴데, 당시 안 박사님이 강의할 때 이런 얘기도 했어요. GMO를 찬성하는 사람들은 GMO가 식량 문제나 기아 문제도 해결하고, 기후위기 시대에도 별 영향받지 않고 먹을거리를 해결할 수 있다는 둥 뭐 그런 말들을 한다는 거죠.

강수돌: 하기야 GMO에 대해서도 찬반 논란이 많아서 한쪽 얘기만 듣는 건 무리가 있을지 몰라요. 그래도 저는 그 문제를 다른 방식으로 해결해야지 유전자를 변형해 생명을 상품화하는 건 답이 아니라고 봅니다.

함정희: 그런데 안 박사님에 따르면, 이 GMO를 만들고 확산시키는 이들의 의도가 전혀 다른 데 있을 수 있다는 거예요.

강수돌: 무슨 특별한 의도 같은 게 따로 있다는 말씀?

함정희: 긍게요. 세계 금융계와 마찬가지로 GMO도 유대인들 중심의 무슨 그룹(프리메이슨이나 일루미나티를 가리킴)이 세상을 자기들 것으로 만들기 위해 그걸 일부러 개발해서 서서히 다른 나라나 민족을 없애나가려 한다는 얘기죠. 잘 믿기진 않지만, 가만히 보면 GMO니 글리포세이트니 하는 것들이 우리도 모르게 사람과 땅을 죽여 나가는 것이거든요.

강수돌: 아이고, GMO나 라운드업 제초제에 포함된 글리포세이트 같은 게 위험하다는 건 어느 정도 확인된 바 있지만, 그걸 어느 특정 그룹이 음모를 꾸며서 일부러 유포하는 거라는 입장은 아주 조심해야 해요. 제가 보기엔 돈벌이, 이윤 추구의 과정일 뿐이거든요.

함정희: 저도 강 교수님 말이 옳다고 보지만, 글쎄 GMO 하는 사람들, 이들이 무엇보다 백인우월주의를 갖고 있잖아요. 자기들은 우월한데 다른 민족은 안 좋은 민족이니 억제하는 게 좋겠다는 생각, 바로 이런 게 GMO 사업의 배후에 깔려 있다는 거죠. 제 얘기가 아니라 2001년 당시 안학수 박사님이 한 얘기예요.

강수돌: 물론 의심은 할 수 있지만 검증된 건 아니고요. 특히 저는 그런 식으로 유대인들을 무슨 음모 세력으로 파악하는 입장에는 좀 거리를 둬야 한다고 봐요. 잘못하면 그런 입장들이 옛날 나치 히틀러 식의 대량학살까지 부를 수 있거든요. 다만 자본이나 권력을 가진 자들이 그들만의 돈벌이나 권력을 추구하는 과정에서 다른 나라, 다른 사람들, 그리고 자연 생태계를 함부로 대하는 것, 바로 그런 것을 우리가 제대로 비판하고 대안도 생각하는 것이 올바른 태도라고 봅니다.

함정희: 강 교수님 말이 맞는 것도 같네요.

강수돌: 그래서 저는 GMO를 조심하자는 안 박사님의 취지는 적극 공감하지만, 그걸 만들어 유포하는 사람들이 백인우월주의에 빠졌다거나 유대인의 세상을 만들고자 하는 목적이 따로 있다고는 보지 않아요.

함정희: 그런데 이런 얘기도 있어요. 실제로 아프리카에서는 몬산토 같은 데서 굶주림을 없애준다며 GMO로 식량 원조를 해주었대요. 그런데 아프리카 사람들이 그걸 안 먹었어요. 거부한 거죠. 그걸 오히려 다 불태워버렸대요.

강수돌: 왜요?

함정희: 그 나라 대통령인가 지도잔가 하는 사람이 '이걸 먹고 우리 민족이 서서히 말살되느니 차라리 먹지 않겠다'고 한 거죠. 차라리 굶어도 그런 건 먹지 않겠다고 다 태워버렸다는 거예요. 그런데 우리나라는 식용 GMO 수입량이 세계 최고라니….

강수돌: 굶주림이냐 GMO 섭취냐, 더 깊이 고민해봐야 할 문제라고 생각하지만, 한 나라의 지도자라면 그런 정도의 확고한 철학은 가지고 있어야죠. 식용 GMO를 우리나라가 가장 많이 수입한다는 건 예전에 언론에서도 보도가 된 것 같아요.

함정희: 사료용 GMO 수입은 일본이 1등인데 식용 GMO 수입은 우리가 1등이에요. 정말 심각한 거죠.

강수돌: 그럼요, 정말 심각하죠. 그런데도 일반인들은 잘 몰라요. 특히 자라나는 아이들은 그런 줄도 모르고 GMO 옥수수로 만든 액상과당(시럽)이나 그게 들어간 온갖 음료수와 가공식품, 또 GMO 콩 제품 같은 걸 많이 먹거든요. 어른이나 아이나 이런 것에 대해 잘 알아야 해요.

함정희: 이미 양심적인 과학자들이 정부나 기업 같은 데서 나오는 지원을 하나도 받지 않고 독립적으로 연구해 GMO 식품들의 위험성을 다 말해놓았어요.

강수돌: 초·중·고등학교에서부터 GMO로 만든 음식이나 음료수 성분에 어떤 것이 있는지 아이들이 찾아보고 토론하도록 가르치면 좋겠어요.

함정희: 그러면서 수입산이나 GMO는 가급적 피하고 우리 농산물을 애용하자고도 가르쳐야죠.

강수돌: 그렇죠. 근데 독립 연구자들이 GMO의 유해성을 어떻게 증명했을까요?

함정희: 쥐 실험을 제일 많이 했어요. GMO를 꾸준히 먹인 쥐들은 죄다 암 덩어리가 생겨서 금방 다 죽었다는 거죠. 실제로 프랑스 칸 대학의 세라리니 교수와 연구팀은 정부 지원 없이 2년간 200마리 쥐로 실험을 했어요.

강수돌: GMO를 먹인 쥐와 안 먹인 쥐를 비교했다는 거죠?

함정희: 그랬더니 2년 만에 '탁구공만 한 종양'이 생겼다는 거예요.

강수돌: GMO를 2년 동안 먹었더니요?

함정희: 네. 그게 인간이 10년 먹은 양과 똑같대요. 그런데 그런 결과가 나오니까 몬산토가 그 사람을 완전히 매도해 죽이려 했다는 거 아니에요.

강수돌: 몬산토야 GMO가 널리 퍼져야 돈을 벌 테니 당연한 반응이죠. 그게 바로 자본의 본질이고요.

함정희: 만일 GMO가 해로운 게 아니라면 몬산토 사람들이 왜 그렇게 공격을 했겠어요? 자기들 문제를 잘 알고 있으니 그런 문제점이 세상에 드러나는 게 두려운 거죠.

강수돌: 물론 여전히 학계에서도 GMO에 대한 찬반 논란이 많아요. 문제는 그런 논란의 배후엔 반드시 돈이나 권력이 개입돼 있다는 겁니다. 그러니 양심적인 과학자들이 자기 시간과 돈을 써가며 증명해냈다면 좀 더 진지하게 받아들일 필요가 있겠죠.

함정희: 우리나라 상황을 한번 보자고요. 지금까지 우리나라는 1990년대 중반부터 거의 25년 동안 GMO를 먹었어요. GMO 콩이나

GMO 옥수수가 대표적이죠. 아까 말씀하신 액상과당(시럽)은 거의 모든 가공식품에 다 들어가 있고요. 근데 지금 대한민국이 어떻게 됐어요?

강수돌: 병원 신세 지는 사람이 너무나 많죠. 갈수록 질병이 늘고요.

함정희: 맞아요. 집안마다 누군가 암으로 안 죽은 집이 있나요? 그게 결과물 아닐까요? 당뇨, 고혈압, 자폐, 자살 이런 것이 지금 만연해 있어요. 거의 다 세계 1등 수준이죠. 그 원인이 어디서 왔을까요? 물론 다른 요인도 있겠지만 저는 GMO가 주범이라고 봐요.

강수돌: 그런데 GMO를 하나도 수입하지 않는 유럽에도 암 환자는 다 있거든요?

함정희: 우리가 1등이라니까요, 세계에서.

강수돌: 하기사 최근 들어 우리 주변에 이런저런 암 환자가 너무 많은 건 사실이에요. 어떤 자료를 보니까 위암이나 대장암은 좀 줄었다는데, 갑상선암, 유방암, 췌장암, 폐암 순으로 증가했다고 해요.

함정희: 20년 전에 안학수 박사님은 대한민국이라는 나라가 세계에서 제일 먼저 사라질지 모른다고 했어요. 아무 생각 없이 GMO를 마구 먹어대니까. 어쩌면 우리 민족이 다시 회복하기 어려워질지 모른다고요. GMO가 아니라도 이미 수입된 농산물은 어마어마한 약품처리를 해서 사실상 독약을 치고 들어온다고 봐야 해요. 무서운 일이죠.

강수돌: 아무리 그래도 나라나 민족이 쉽게 없어지겠어요? 그런데 지금처럼 아무 생각 없이 대량 소비하는 건 진짜 문제가 많죠. 수입품에는 일단 방부제가 기본이라고 봐야 하고요. 수입 농산물이

어디 하루 만에 오는 것도 아니고, 몇 달씩 걸리니까요. 불특정
다수에게 돈을 받고 상품으로 팔려고 하니 일단 겉모양만
번지르르하게 유지하려는 거죠.

함정희: 특히 콩 같은 건 3년씩 묵어서 온다고 해요. 그럼 3년 동안
무슨 약을 얼마나 쳤겠냐 이거죠. GMO가 아니라도 일단 수입
농산물은 약을 엄청 많이 쳤다고 봐야 해요.

강수돌: 그래서 신토불이(身土不二)란 말을 하겠죠? 우리 몸과 땅이
서로 다른 게 아니다….

함정희: 근게요. 그래서 설사 약을 친다고 해도 너무 심하지만 않으면
차라리 우리나라 것이 더 낫다, 이런 얘기지요.

강수돌: 유기농이랍시고 중국 같은 데서 수입하는 게 나은가, 아니면
농약을 좀 쳐도 국산이 나은가, 이런 얘기죠. 원칙적으로는 모든
나라가 유기농을 하면 좋은데, 그게 안 된다면 일단 신토불이 원칙이
더 나은 것 같기는 해요. 꼭 우리나라 것만 좋다는 얘기는 아니지만요.

함정희: 유기농이라고 해도 먼 나라에서 수입되는 농산물이면
아무래도 컨테이너나 창고 같은 데서 오랫동안 머물러야 하니
화학약품이나 방부제 같은 게 안 들어갈 수 없겠죠?

강수돌: 맞아요.

함정희: 그래서 국산 농산물이 제일 안전하다는 거죠. 근데 사람들이
우리 콩으로 두부를 만들면 수입 콩 두부보다 몇 배나 비싸다면서 잘
안 먹잖아요.

강수돌: 그게 문제예요. 무조건 싼 것만 찾는 것. 사실 건강을 잃으면
그게 가장 비싼 비용을 치르는 건데 말이죠.

함정희: 어찌 된 일인지 사람들은 늘 싸게만 먹으려 해요. 그런 태도가 만연하니 모든 수입 농산물이 다 들어와서 우리나라 자급률이 아주 엉망이죠. 지금 밀 자급률이 1퍼센트밖에 안 돼요. 콩 자급률은 그나마 10퍼센트고 옥수수는 0.4퍼센트라고 해요.

강수돌: 자급률 통계치까지 다 외우고 계시네요.

함정희: 과연 우리가 후손들에게 무얼 물려줄 것인가? 이런 고민이 필요한데, 지금 우리는 그런 생각을 별로 안 하고 살죠.

강수돌: 맞아요. 아침에 눈 떠서 밤에 잠자리에 들 때까지 '어떻게 하면 돈을 많이 벌까?' '어떻게 하면 아이가 공부를 좀 잘할까?' '어떻게 하면 취업을 잘할까?' 이런 생각만 하면서 사는 거죠. 이런 걸 물신주의(fetishism) 세상이라고 해요. 사람 사이의 살가운 관계는 사라지고 모든 게 돈과 상품, 사물로 대체되는 세상이죠.

함정희: 2001년 강의 때 안 박사님도 이렇게 살다가는 아마 우리 애들한테 병만 남겨주게 될 거라는 얘기를 하셨어요. 그리고 아기를 못 낳는 사람이 많이 생긴댔어요. 낳아도 아픈 아기를 낳거나….

강수돌: 인과관계는 좀 더 정밀하게 찾아야겠지만, 크게 보면 맞는 말이죠. 분명 GMO도 한 역할은 했을 거고요. 물론 다른 요인도 많긴 해요. 전자파도 있고, 스트레스도 있고, 사회경제적 문제, 심리적 문제 등등 영향 요인이야 많지요.

함정희: 안 박사님이 콩에 대한 책도 많이 쓰셨는데, 콩이 좋아서 밥은 안 먹고 콩만 먹었다고 해요. 마흔 살 때부터 콩만 먹었대요. 나중에 97세인가에 돌아가셨어요.

강수돌: 장수하신 셈이네요. 그리고 우리 함 대표님의 '인생 내비'도

완전 바꿔놓고 가셨고요.

함정희: 그러니까요. 제가 2001년의 안 박사님 'GMO 콩' 특강을 잊을
수가 없어요.

강수돌: 말씀하신 대로 GMO의 위험성이나 글리포세이트 문제 같은
건 우리가 꾸준히 경계할 필요가 있어요. 물론 수입산 GMO도
문제지만, 국산 농산물도 제초제나 농약(살충제) 같은 걸 많이 사용해
재배한다면 실은 그것도 문제거든요. 더 크게는 석유를 써서 하는
농사, 초국적기업에 장악된 종자 시장, 산업 영농의 문제나 산업 축산,
지극히 낮은 식량자급률 등 이런 것에 대해서도 우리가 문제의식을
공유할 필요가 있어요.

함정희: 저는 우리 콩에 꽂혀 이렇게 '우리 콩 독립군'으로
살아가지만, 실은 콩 외에도 정말 문제가 많아요. 우리가 먹지 않고 살
수 없으니 밥상이나 식량 전반의 문제에 대해 끊임없이 공부를
해나가야겠죠?

강수돌: 그렇죠!

망치가 된 강의

강수돌: 어쨌든 결과적으로 함 대표님이 그 박사님의 'GMO 콩'
특강을 듣고서는 완전히 '뻑'을 받았다는 얘긴데요. 그런데 아무리
그렇다고 해도 굳이 '우리 콩 독립군'이란 별명을 붙일 이유가
있었을까요?

함정희: 실은 당시까지 남편이 전라북도 수입콩협회
이사장이었거든요. 1980년대부터 20년 이상 수입 콩으로 두부나 된장,
청국장을 만들어서 팔았단 말이죠. 남편이 수입콩협회 이사장이니
저도 수입콩에 대해 아무 문제의식이 없었어요.

강수돌: 아하! 20년 이상 수입 콩으로 사업을 해오시다가 2001년 무렵
안학수 박사님 강의를 듣고 '아차!' 하신 셈이네요?

함정희: 그렇죠. 그 강의 하나가 제겐 '망치'였어요. 뒤통수를 심하게
얻어맞는 기분이었죠.

강수돌: 그래서 '인생 내비'를 바꾸게 된 거네요. 독일 철학자 니체도
그렇게 말했죠. 진짜배기 공부란 망치로 머리를 얻어맞는 거라고요.
뭔가 큰 충격이 있어야 경로 변경이 잘된다는 얘기죠. 그런데 수입
콩과 국산 콩의 가격 차이가 어땠나요?

함정희: 수입 콩은 대략 국산 콩의 10분의 1 가격으로 들어왔어요. 그
당시 1킬로그램에 200원인가 230원인가 했어요. 우리는 그걸 1킬로에
600원 주고 사왔고요.

강수돌: 한 단계 뛰면서 벌써 두세 배가 되네요?

함정희: 네. 그렇게 중앙에서 받아온 그 수입 콩을 전북으로 가져와
수입 콩 하는 사람들에게 배급을 하죠. 당시 남편이 할 때는
50킬로그램이 한 포대였어요. 그래서 한 포대가 3만 원인데,
수입콩협회 차원에서 한 포대당 1천 원씩 떼죠. 그렇게 해서 조합
운영을 하는 거예요. 당시 조합 직원이 여섯 명이나 됐어요. 상무도
있고 과장도 있었어요.

강수돌: 그렇게 운영을 했군요. 그러면 당시에 국산 콩은 (수입 콩보다

열 배나 비싸니) 킬로그램당 2-3천 원 정도 했다는 얘기네요?

함정희: 그렇죠. 그런 상황에서 제가 그 GMO 강의를 들었으니 어디 마음이 편했겠어요?

강수돌: 많이 불편하셨겠죠.

함정희: 옛날에 우리 5천 년 역사를 지키겠다고 많은 사람들이 목숨을 내놓고 그랬잖아요? 제가 그 강의를 듣는 순간 안중근 열사나 유관순 열사가 생각나서 눈물이 나려고 했어요. 그렇게 목숨 걸고 지켜온 나라인데, 나와 남편은 수입 콩(GMO 콩)이 그렇게 무서운 줄도 모르고… 오직 돈벌이에 눈이 멀어 우리 민족을 말살시키는 가해자가 되었구나, 생각하니 가슴이 찢어지는 것 같았어요.

강수돌: 그 심정 저도 이해해요. 제가 1981년에 대학에 입학했는데, 처음엔 아무것도 모르고 소망한 대학에 입학했으니 이제 소원을 풀었다고 생각했더랬죠. 그래서 이제부터 잘 해서 출세를 해야지 했는데, 알고보니 대학생이란 것 자체가 특권이더라고요. 게다가 서울대 출신들이 나라의 고위직을 죄다 틀어쥐고 앉아 독재 정권의 하수인이 되어 있더란 말이에요. 그래서 '아하, 소위 엘리트들이 공부만 잘했지 나라를 많이 망치는구나. 나도 하마터면 저들과 똑같은 사람이 되겠구나' 하고 깨닫는 순간 가슴이 찢어질 듯 아팠어요.

함정희: 그러셨군요. 그때 제가 결심했어요. '이제 수입 콩으로 돈을 버느니 우리 콩 독립운동을 해야겠다.' 그렇게 다짐을 하니 마음이 정말 편해졌어요. 단단히 각오를 했죠. '나, 앞으론 우리 콩으로 할 거다.' 그래서 그 다음날 남편에게 용감하게 얘기했어요. '우리 콩은 GMO 콩이 아니고, 잔류 농약도 없고, 세계에서 가장 영양이 좋고

안전한 콩'이라고요. '그 콩을 우리가 해야 된다. 우리 콩 자급을 해야
된다.' 이렇게 말했지요.

강수돌: 아이고, 남편께서 펄쩍 뛰었겠네요!

함정희: 뛰다 말다요. 온 집안이 난리가 났죠.

강수돌: 그 이야기는 다음에 듣기로 하고, 일단은 콩 이야기에
집중하죠.

함정희: 네, 그 이야기만 해도 날밤을 새워야 해요.

강수돌: 우리 콩 자급률이 당시 몇 프로 정도였죠?

함정희: 10프로도 안 됐어요, 그때 당시는.

강수돌: 갈수록 자꾸 줄어들죠?

함정희: 그런데 지금은 콩 자급률이 좀 높아졌어요. 2000년경에는
5프로였고 지금은 한 10프로 된다고 해요.

강수돌: 미국에서 농산물 원조를 받았다고 하는 것이 따지고 보면
농약, 제초제, 화학비료, GMO 따위로 '생산성'이 엄청 높아져 '잉여
농산물'이 많이 생기니까 그걸 원조라는 이름으로 가난한 나라에
헐값에 팔아 치운 거죠. 알고보면 모두 자본의 돈벌이 시스템 안에서
벌어진 일이에요. 윤병선 교수님의 《농업과 먹거리의
정치경제학》이란 책에도 나오는 얘기예요. 그래서 그다음엔 어떻게
하셨어요?

함정희: '이제 수입 콩을 그만하고 우리 콩으로 해야겠다'고 마음
먹었지요. 어디서 보니까 '용기는 72시간 안에 행동하는 것'이란 말이
있더라고요. 거기에 꽂혔죠.

강수돌: 아, 그렇군요. 72시간이면, 사흘 안에 행동하는 게 진정한

용기다, 이런 얘기네요.

함정희: 그렇죠. 이래저래 따지지 말고 빨리 행동하라는 거죠. 그래서 남편에게 설명했어요. '매일 아침 우리 수입 콩을 사 가는 사람들(중도매상, 소매상)이 20-30명씩 되는데, 앞으로 난 수입 콩은 취급 안 한다. 그분들에게 이제는 다른 데로 가라고 해야겠다.' 이런 얘기였죠.

강수돌: 남편분께는 정말 '마른하늘에 날벼락' 같은 얘기였겠네요. 그런데 당시에 콩만 판 건 아니죠?

함정희: 판두부도 팔았어요. 판에다 두부를 만들어서 판 단위로 팔았죠. 그런데 이 판두부를 파는 데도 권리금이 있어요.

강수돌: 권리금! 맞아요, 프리미엄. 요즘 말로는 영업권이라고 하죠.

함정희: 네. 그래서 판두부 영업권을 다른 사람한테 넘길 때 보통 400-500만 원씩 받고 그 자리를 주는 거죠. 그 자리만 내가 다 챙겨도 몇억 원은 권리금으로 받을 수 있었는데, 그것도 싹 포기하고 그냥 넘겼어요.

강수돌: 그렇게 모든 기득권을 포기하는 것도 대단한 용기예요!

함정희: 완전 백지 상태에서 다시 출발하자, 그런 마음이었어요.

강수돌: 참 쉽지 않은 일인데 말이죠.

함정희: 그렇게 정리하니까 판두부도 다른 데서 가져가 잘들 판매하더라고요.

강수돌: 대형 마트 같은 데도 납품했을 것 아니에요?

함정희: 그랬죠. 당시 우리 수입 콩 두부가 이마트에도 들어갔어요. 이마트에 정기적으로 납품을 했는데, 이마트는 법적으로 계약 기간이

있어요. 1년에 한 번씩 계약을 갱신하죠. 그런 것도 내가 직접
했거든요. 근데 거기가 아직 계약 기간이 남은 거예요. 한 3개월 내외
남았던 것 같아요. 그래서 설명을 했죠. '이제부터 나는 수입 콩
취급을 안 하니까 제발 나를 좀 합법적으로 빼달라.' 그랬더니 담당
과장이 '아니, 여기 우리 매장에 입점해 들어오려고 다들 줄을 길게
섰는데 지금 무슨 소릴 하시는 거예요? 뭘 잘못 드신 것 아니에요?'
이러는 것 아니겠어요?

강수돌: 대형 마트에선 그럴 만도 하죠.

함정희: 사실 거기가 매출이 엄청 높아요. 20-30개 개인 사업체
매출액을 합친 만큼 매출이 높기 때문에 서로 들어가려고 줄 섰지요.

강수돌: 그러니 동네 가게들이 힘들어지는 면도 있죠. 그 마트의 담당
과장이 '뭘 잘못 드신 것 아니냐'고 물은 것도 당연해요.

함정희: 그러면서 (믿기지 않으니까) 정 나가고 싶으면 자필로
사유서를 쓰라고 했어요. 그래서 그렇게 다 써주었어요.

강수돌: 나중에 딴소리 하면 안 되니까….

함정희: 그렇게 사유서를 쓰고 빠졌어요. 그리고 마침내 수입산 콩 안
하고 완전히 100프로 우리나라 콩만 취급하게 됐죠. 콩이, 우리나라
콩이 얼마겠어요? 수입 콩은 이제 킬로당 600원 하면….

강수돌: 우리 콩은 6천 원 하겠네요.

함정희: 맞아요. 5천 원, 6천 원 하는데, 그건 평균치일 뿐이고 어떤 건
더 비싸요. 좋은 건 더 비싸죠. 싼 건 2천 원, 3천 원도 해요. 근데 그런
건 다 썩었어요, 보통. 못 써요, 그런 건.

강수돌: 그러니 싸구려 식품점이나 음식점 같은 데서는 그런

불량품을 쓰겠죠, 아무래도.

함정희: 당연하죠. 단가가 안 나오니까요.

강수돌: 아이고, 그래서 결국 안학수라는 농학박사님의 'GMO 콩 특강' 하나가 우리 함 대표님 인생을 180도로 바꾼 거네요? 수입콩협회 이사장 사모님에서 우리 콩 독립군으로 말이죠. 이 부분에서 큰 박수 한번 쳐 드릴게요! 짝짝짝.

함정희 대표가 우리 토종 콩 쥐눈이콩을 보여주고 있다.

'non-GMO 콩으로 키운 우유' …대법 '광고해도 괜찮아'

"이런 광고 문구('non-GMO 콩으로 키운 우유')가 있다면 소비자들이 GMO(유전자 변형) 우유가 있다고 착각할 것이다."

"소비자들은 소에게 먹인 콩이 유전자 변형을 가하지 않은 것이라고 제대로 이해할 것이다."

전남 구례의 우유 생산업체 밀크쿱이 우유의 광고문구 'non-GMO(유전자 변형을 하지 않은) 콩으로 키운 i우유'를 두고 전라남도와 밀크쿱이 벌인 공방 내용이다. 아이쿱생협 협력사인 밀크쿱은 2017년 12월 출시한 신제품 'i우유'와 'i요구르트' 팩에 'non-GMO 콩으로 키운'이란 문구를 넣었다. 유전자 변형을 가하지 않는 사료만 먹여 키운 젖소에게서 짠 원유로 만들었다는 의미이다. 전남도는 이 문구가 소비자의 착각과 오인을 부를 수 있다며 표시 문구를 바꾸라며 2020년 2월 시정명령을 했다. 밀크쿱은 전남도의 처분이 부당하다며 소송을 냈다. 대법원이 이러한 광고는 가능하다고 판단을 내려 법정 공방은 일단락됐다. 이와 관련한 첫 판례이다.…

'식품 등의 표시·광고에 관한 법률'은 의학적으로 검증되지 않은 효능이 있는 것처럼 보이는 광고를 금지한다. 식약처 고시에 따르면 콩이나 바나나 등 식품용으로 승인된 GMO 농축수산물이나 콩기름, 두부 등 표시대상 원재료 함량이 50퍼센트 이상인 가공식품은 GMO 원재료를 사용하지 않았다는 의미로 'non-GMO' 'GMO-free' 등의 문구를 표시할 수 있다. 전남도가 보기에 밀크쿱은 non-GMO 표시 대상이 아닌 우유에 이를 표시해 보다 건강에 좋고 성분이 뛰어난 우유라는 오해를 불러일으켰다는 것이다. 밀크쿱은 소비자의 알 권리를 위해 이러한 광고가 금지될 이유가 없다고 맞섰다.…

2심을 맡은 광주고법은 원심을 깨고 전남도가 시정명령을 취소해야 한다고 판결했다. 재판부는 non-GMO가 수식하는 문구는 콩이지 우유가 아니라는 이유로 식품 표시광고법을 위반하지 않았다고 봤다. 아울러 "오늘날의 소비자는 식품 등을 단지 영양을 섭취하기 위해서만 소비하지 않으며 소비를 통해 자신의 개성이나 가치관, 신념 등을 드러내고자 한다. 할랄 푸드나 채식주의가 그 대표적 사례이며, GMO 식품을 소비하지 않는 것도 그러한 사례 중 하나에 해당한다고 볼 수 있을 것"이라며 "식품 등이 생산되는 모든 과정에 GMO 식품이 사용됐는지와 같은 사정도 고려해 선택할 자유가 있다"고 밝혔다. 대법원은 심리불속행 기각으로 이 판결을 확정했다.

밀크쿱을 대리한 김종보 변호사는 "소비자의 알권리란 취지에 맞지 않게 법령을 경직되게 해석해 온 행정당국 처사에 경종을 울렸다"며 "판결 확정으로 GMO 표시광고의 영역도 보다 넓어질 것"이라고 말했다.

* 출처: 〈경향신문〉, 박은하 기자, 2021년 5월 30일.

상상해보시라. 남편은 수입콩협회 이사장인데
아내는 '우리 콩 독립군'이 되기로 선언했다. 과연
이 가정은 오래 유지될 수 있을까?
우리 콩 독립운동가는 어떻게 독립을 쟁취할까?
전쟁과 평화, 이 가정에서 날마다 벌어지는 일….

2 한 가정에 일본군과 독립군이 공존하다

지난했던 25년 세월

강수돌: 여태 말씀하신 것 중에 이야기가 잘 안 된 부분이 있는데요. 남편분 이야기요. 남편분은 수입콩협회 이사장이었다고 하셨죠? 2001년경까지.

함정희: 그렇죠, 그때 사표 냈죠.

강수돌: 그럼 1980년경부터 2001년까지 꼬박 20년 이상 수입콩협회 이사장을 하신 건가요?

함정희: 아뇨. 1980년경부터 수입 콩으로 사업은 했지만 이사장을 한 건 3년 하고 또 3년을 했으니 총 6년인 셈이죠.

강수돌: 그렇군요. 1996년부터 6년 하셨군요. 남편이 6년 동안 수입콩협회 이사장을 하시고 아내도 같이 일하면서 두부나 청국장

사업을 하셨는데, 2001년경 안학수 박사님의 'GMO 강의'를 듣고 뭔가 깊이 깨우친 바가 있어 인생 경로를 다시 설정하신 거죠? 그 이후로도 벌써 20년이 흘렀네요.

함정희: 그러니까요. 참 빠르죠, 지나고 보면요. 가만히 따져보니, 수입 콩 자체는 1980년대랑 1990년대에 한 20년 정도 했지만 GMO 콩은 1990년대에 한 10년간 취급했더라고요. 근데 제가 2001년에 그 'GMO 강의'를 듣고 마침내 '우리 콩 독립선언'을 했을 때, 남편이 난리도 아니었어요. 그래서 하루하루가 힘들었죠.

강수돌: 그러게요. 한 지붕 아래 수입 콩 대표와 우리 콩 독립군이 살았으니, 비유하자면 일본군과 독립군이 같은 집에 산 거나 다름없다는 얘기죠?

함정희: 일본군과 독립군이 같이 살다보니, 저는 매일 삶과 죽음을 왔다 갔다 했죠, 하하.

강수돌: 매일 천국과 지옥을, 생과 사를 왕래하다니요?

함정희: 아니 저는 그냥 남편하고 싸우고 대립하는 게, 말하자면 일본군을 상대로 광복군이 싸우던 상황이랑 비슷해서… 목숨이 왔다 갔다 했거든요, 하하.

강수돌: 그럼 일본군이 진짜 총 들고 오면 어떻게 해요?

함정희: 제가 광복군인데 혼자서는 감당이 안 되니까 112에 전화를 걸어 경찰더러 와달라고 신고를 몇 번이나 했는지 몰라요.

강수돌: 그러면요?

함정희: 경찰들이 싸이카 타고 남편을 잡으러 왔어요. 싸움이 났다고 신고를 했으니까요.

강수돌: 진짜 잡아갔나요?

함정희: 일단 집에 와 보면 평화로운 것 같거든, 그래서 잡아가지는 못했죠. 그래도 경찰이 왔다 가면서 이제 괜찮냐고 물으면 '몰라요. 긍게 전화하면 빨리 와야 해요. 늦으면 내가 죽을 수도 있어요'라고 말했지요. 경찰이야 언제든 빨리 신고만 하라고 당부하곤 그냥 가버리죠. 그렇게 몇 번을 했는지 몰라요.

강수돌: 그럼 경찰만 고생한 거네요?

함정희: 어떨 때는 실제로 잡아갔어요. 그럼 남편은 끌려가요. 내 마음이 좀 그랬지만, 살자니 어쩔 수 없었죠. 그런데 좀 있다가 또 훈방 조치로 풀려 나오죠.

강수돌: 금세 나오니 순경이 와도 무서워하진 않았겠네요, 남편이.

함정희: 아니요, 그래도 남편은 순경을 무서워해요. 내가 순경들 때문에 목숨을 건진 셈이죠.

강수돌: 부부가 막 싸우고 있는데 112에 신고는 누가 해요?

함정희: 우리 애들 넷 중 하나가 신고를 하죠. 까딱하면 무슨 일이 날 것 같으니 애들이 무서워서 경찰보고 빨리 와달라고 신고를 하는 거예요.

강수돌: 진짜 부부싸움이 그렇게 살벌했나요?

함정희: 그럼요. 싸움이 나면 남편이 달려들며 죽인다 만다 했으니 애들도 끔찍끔찍 놀라고 그랬죠. 나도 눈앞이 깜깜했어요.

강수돌: 그런데 그런 부부 사이에서 어떻게 아이를 넷이나 낳았어요?

함정희: 2001년 이전에는 사이가 좋았어요. 수입 콩 하면서 돈도 많이 벌고 별 갈등이 없었으니까요. 그런데 이제 2001년 가을 이후 남편이

수입콩협회 이사장을 그만두고 나서부터, 그때부터는 콩값만 해도 예전보다 열 배 가까이 더 내야 하니 남편이 만날 저를 윽박지르고 협박했죠.

강수돌: 그러니까 2001년부터 지금까지 20년 이상 일본군과 독립군의 살벌한 싸움이 벌어진 거네요?

함정희: 실은 살벌한 싸움이 그 이전부터 있었어요. 우리 늦둥이가 1998년에 태어났거든요. 그 아이를 임신했을 때부터 남편과 시어머니로부터 엄청난 구박을 받았어요. 지금 장사하기도 바빠 죽겠는데 늦둥이까지 낳아 어떻게 키우며 일을 하겠느냐, 이런 거죠. 어쩌면 그 당시 제 가슴 깊이 쌓인 분노가 나중에 수입 콩을 절대 안 하겠다는 걸로 터져나온 건지도 몰라요.

강수돌: 아, 그건 또 다른 차원의 이야긴데요?

함정희: 제가 제 마음속을 보면, 남편과 같이 열심히 일해서 돈을 맘껏 벌어야겠다는 마음이 분명 있지만, 다른 한편으로는 마음 한구석에 웅크린 환자 같은 게 있어요. 트라우마 환자라고 해야 할까요?

강수돌: 늦둥이를 임신하고 나서 엄청 힘드셔서 마음의 상처가 많이 생겼다는 이야기죠?

함정희: 말도 다 못해요. 배 속 아이와 제가 얼마나 구박을 많이 받았는지 몰라요. 시어머니랑 다른 식구들이 험한 말도 많이 했고요.

강수돌: 아이고… 늦둥이 임신 뒤에 힘든 일이 많으셨군요.

함정희: 남편이 만날 저한테 화를 쏟아부었어요.

강수돌: 그래서는 안 되죠!

함정희: 그리고 뱃속 아이와 관련해 시댁 식구들이 해서는 안 되는 말 안 되는 행동도 무척 많이 했어요. 그런 상황이니 저는 시댁 식구들에 대한 분노가 치솟았고요.

강수돌: 당연하죠!

함정희: 제가 엄마잖아요. 아기를 지켜야겠다는 사생결단의 마음이었죠. 시댁 식구들이 아이를 해치려 하니 오기까지 발동해 죽을힘을 다해 아이를 지켰어요.

강수돌: 그럼요, 일단 잉태된 생명은 잘 낳아 길러야죠, 하늘의 선물인데.

함정희: 남편이나 시댁 식구들은 돈밖에 안 보였던 거예요. 늦둥이 키우면 일을 못하니까.

강수돌: 아이고, 바로 여기도 돈의 힘과 생명의 힘이 충돌하는 지점이네요. 그 망할 놈의 돈(자본)!

함정희: 내 아이니 끝까지 지켜 잘 낳아 잘 기르겠다, 이렇게 결심했죠.

강수돌: 그렇게 힘든 과정을 거쳐 마침내 1998년에 늦둥이를 낳았군요. 나중에 할머니는 손자 얼굴을 봤나요?

함정희: 봤죠. 근데 이 시댁 사람들한테 하늘이 어떻게 복수를 했느냐 하면, 이 애기가 글쎄 지 아빠랑 떡 하니 닮은 거 아니겠어요.

강수돌: 당연히 둘 다 조금씩 닮겠죠.

함정희: 나는 모르겠고, 애기가 남편을 쏙 빼닮았더라고요. 어찌 보면 남편이 도로 애기로 태어난 것 같았어요. 남편도 '어떻게 이렇게 나랑 똑같냐'라고 했죠.

강수돌: 저는 아빠보다 엄마를 더 닮은 것 같던데요?

함정희: 아니에요. 그런데 또 밤에 애기가 울면 막 뭐라 해요. 그래도 아기가 울음을 안 그치면 내다 버린다는 막말도 많이 했고요.

강수돌: 아니, 누가 그래요?

함정희: 시어머니랑 남편이요.

강수돌: 그래서요?

함정희: 제가요, 그 말을 들으니까 또 오기가 나요. 내가 엄마여, 엄마는 강하게 돼. 이렇게 다짐하고, '그려! 아기를 내버려봐!' 하고 힘껏 큰소리를 치니 끽소리도 못하더라고요.

강수돌: 거기서 무슨 말을 하겠어요.

함정희: 그래서 제가 24시간 불을 켜놓고 애를 지켰어요. 애 내다 버릴까 봐 겁나서요. 그러니 그 애가 한 번도 캄캄한 곳에서 자질 못했어요.

강수돌: 애기가 더 많이 울었겠네요?

함정희: 그런데 거짓말처럼 안 울었어요. 신기하게도 애기가 안 우는 거예요. 얼마나 철이 든 건지. 이 어린애가 행여 쫓겨날까 봐 울지도 않고 조용히 잔 거죠. 참 신통해요. 그리고 제가 모유를 한 18개월 정도 먹였어요. 아이들 넷을 다 모유 먹여 키웠어요.

강수돌: 모유가 아이들 발달에 좋다고 하잖아요. 특히 엄마가 두 팔로 따뜻하게 잘 안고 먹이면 아이가 평화로움도 느끼고 마음이 안정된다고 하더라고요.

함정희: 그런데 한번은 아이를 내려놓고 '야, 이제 엄마 젖이 아야~ 한다. 이제 찌찌 그만 먹자!' 그랬더니 정말 신기하게도 '찌찌, 아야?'

하면서 안 먹더라고요.

강수돌: 18개월 된 아기가요?

함정희: 네, 신기하죠. 가만히 생각해보면 이 애가 정말
어른스러웠어요. 이제 세월이 흘러 벌써 스물네 살인데, 지금도
의젓하죠.

강수돌: 지난 25년간 정말 힘든 일을 많이 겪으셨네요.

함정희: 그 분노가 너무 많이 쌓여 그걸 풀어내리고 '우리 콩
독립운동'을 시작한 것 같기도 해요. 결국 하늘이 저한테 '우리 콩
독립운동'을 시킨 셈이죠.

강수돌: 그러니까 우리 함 대표님의 '인생 내비'가 180도로 바뀐 건,
그 안학수 박사님의 GMO 강의가 일종의 촉발제였지만 그 이전에
보다 심층적으로 뭔가 꿈틀거리고 있었던 거네요?

함정희: 막내 임신하고 열 달 내내 핍박받으면서 분노가 꽉 차올랐던
것 같아요. 그런데 그 분노를 다른 사람을 해치는 폭력으로 드러낸 게
아니라 '우리 콩을 지키겠다'는 결단으로 분출한 거죠.

강수돌: 말하자면, 분노의 생산적인 승화라고 할 수 있겠네요.

함정희: 분노를 폭력으로 발산하지 않고 평화로 표출했으니 정말
다행이죠.

강수돌: '우리 콩 독립군'이라 부를 만하네요. 1998년에 그 난리를
겪고 나서 3년 뒤인 2001년에 'GMO 강의'를 듣고 우리 콩 독립선언을
하게 된 거네요.

함정희: 맞아요. 이제 더 큰 싸움이 시작된 거죠. 우리 콩값이
이만저만 비싼 게 아니니까, 그동안 수입 콩으로 벌어들인 돈이 술술

다 나가기 시작했거든요.

강수돌: 아이고….

함정희: 근데 저는 그 돈이 없어지면 없어질수록 속이 시원해졌어요. 실은 제가 쪼들린 거거든요. 그렇게 쪼들리면서도 후회하는 마음이 하나도 안 들었어요.

강수돌: 왜 그랬을까요?

함정희: 이 돈은 우리가 GMO로 번 것이니 부정한 돈이다, 사람들 건강을 나쁘게 해서 번 돈이다, 그러니까 당연히 빨리빨리 없어져야 돼, 하는 마음이었죠.

강수돌: 그 정도면 성인군자 아니면 거의 동화책 수준이에요. 참 쉽지 않은데….

함정희: 정말 전혀 안 아까웠어요. 사람들이 다 퍼준다고 뭐라 했죠. 근데 사람들은 제가 그렇게 퍼준 이유를 모르죠.

강수돌: GMO로 번 돈, 사람들 건강을 망치고 번 돈이니 이제 보상과 사죄의 의미로 우리 콩(토종 콩)을 비싸게 사준다, 그리고 비싼 우리 콩으로 좋은 두부를 만든다, 이런 마음이었겠죠?

함정희: 그렇죠. 그런데 다른 한편으로는, 수입 콩 장사를 할 적에 우리 막둥이와 나를 학대했던 남편과 시댁 식구들에게 복수한다는 심리까지 은연중에 작용한 것 같아요.

강수돌: 정말 보통 일이 아니었네요.

함정희: 제가 콩값으로 팍팍 다 지불했어요. 번 돈을 그렇게 다 없앴죠. 그리고 빚이 곱빼기로 불어났어요. 친정에서 도와준 것까지 하나씩 다 날리고 이제 여기까지 왔어요. 제가 일곱 오누인데, 그중 두

동생이 많이 도와줬어요. 하나는 총경이고 하나는 고등학교 선생이에요. 그 덕에 나를 지키며 여기까지 올 수 있었어요.

강수돌: 지난 20년 동안 참 대단한 일을 하신 셈이네요. 그 와중에 대학원까지 마치고 올해 초에 박사까지 되셨고요.

함정희: 맞아요. 지난 20년 동안 콩을 열 배나 비싼 걸로 쓰고, 이렇게 많은 공부도 해냈어요. 근데 제가 무슨 힘으로 고졸자에서 시작해 박사까지 공부를 해냈겠어요?

강수돌: 그러니까요. 정말 보통 사람은 하기 어려운 일인데… 늦둥이 임신과 출산, 남편과 시댁 식구의 구박, 우리 콩 독립운동 선언 이후의 핍박, 경제적 압박과 부채, 그러면서도 학사·석사·박사 공부… 이 많은 일을 다 해냈으니 보통 사람은 아닌데요? 게다가 박사 논문까지 쓰셨으니, 큰 박수를 쳐드리고 싶어요!

모든 GMO를 상대로 한 투쟁

강수돌: 지금까지 개인사를 다 듣고 보니 정말 고통의 연속이었네요. 우리가 어쩌다 큰 사고를 당하면 '생사를 오갔다'고 하는데, 함 대표님은 2001년 이전부터, 아니 1997년경 늦둥이 임신 때부터 매일 생사를 오갔다는 얘긴데… 아이고, 어떻게 살아내셨어요? 남편분과는 타협이 됐고요?

함정희: 싸움이 날 때마다 경찰에 신고를 몇 번이나 하고 또 경찰서에서 잡으러 오기도 하고… 정말 무슨 짓인지… 일일이 말도

못 해요.

강수돌: 아… 정말 힘드셨네요. 마음고생이 이만저만 아니었겠어요.
그런데 다른 편으로, 남편 입장에서는 하늘이 무너지는 기분이
폭력으로 표출되었다고 할 수 있을 텐데요. 그 이전만 해도 장사가
잘돼 돈 세는 기계까지 가져다놓고 돈 세기 바빴는데, 이제 열 배나
비싼 국산 콩으로 사업을 한다 하니, 완전히 망할 것 같은 기분이 드는
것도 당연하지 않겠어요? 그러니 남편은 더 이상 사업할 마음도 안
나고, 물론 폭력을 사용한 건 정말 잘못된 것이지만… 그 이전처럼
가족으로 알콩달콩 살기가 힘들었겠어요.

함정희: 그렇죠. 그런 상황에서는 더 이상 평화롭게 함께 살기가
힘들었죠. 마누라는 광복군인데 남편은 일본군 아니면 매국노라 할
수 있었으니까요.

강수돌: 아이고, 매국노라고까지… 수입 콩으로 돈을 번 거니까 국민
건강을 팔아 떼돈을 벌었다는 뜻에서 매국노라고까지
표현하시는군요.

함정희: 사람들이 나보고 유관순처럼 독립운동을 한다고
'함관순'이라고 하기도 해요, 함관순.

강수돌: 그러게요, 우리 콩 독립투사, 함관순 누님! 정말 재미있기도
하고 좀 서글퍼지기도 하고 그러네요.

함정희: 유관순 열사의 혼이 제 마음 안으로 들어온 셈이죠. 사람들이
그래요. 유관순의 혼이 함정희 속으로 들어왔으니까 저렇게 생사를
오가며 우리 콩을 한다고 하지 그냥 맨정신으로 하겠냐고. 유관순은
나라만 찾을 수 있다면 열 번이라도 기꺼이 죽을 수 있다고

했다잖아요. 까이꺼, 나도 열 번을 죽어도 우리 콩만 찾으면 돼요!

강수돌: 그래서 처음에 이 책의 제목 중 하나로 생각해본 게, '우리 콩 독립운동'이었어요. 우리 콩 독립운동, 어때요?

함정희: 콩이 자주 독립을 하네요?

강수돌: 우리 콩 독립운동이라는 이름으로⋯ 이제 그 속에 많은 이야기가 담겨야겠죠. 근데 저는 솔직히 개인적으로는 '우리 콩이 최고'라든지 '우리 민족이 세계 최고'라는 식의 구호는 좀 별로예요.

함정희: 콩 공부를 하다 보니까 역사를 들여다보게 되고, 그러다 보니 그런 식으로 좀 강조하게 되더라고요. 교수님 말씀대로 조심할 필요가 있지요.

강수돌: 따지고 보면, 세계의 모든 나라가 각자 고유의 전통이나 음식 같은 게 있고, 다 나름 소중하고 우수한 면이 있거든요. 그러니 우리 콩이 좋다고 해도 수많은 것 중 하나일 뿐이죠. 문제는 각 나라 고유의 것들이 초국적기업의 돈벌이 앞에, 즉 그들이 개발한 표준화된 상품 앞에 모두 굴복하게 되는 상황이죠. 그래서 우리 콩도 그렇고 다른 나라들도 고유의 좋은 것들을 원래 모습대로 잘 지켜내는 게 중요해요.

함정희: 아따, 정말 맞는 말씀만 하시네요!

강수돌: 쑥스럽지만, 그게 맞죠? 예를 들면, 이슬람 사람들이 먹는 음식하고 우리가 즐겨 먹는 음식은 각기 다르니까요. 어느 것이 더 우수하다거나 어느 게 이상하다거나, 이런 건 있을 수 없죠. 모두 존중해야죠. 개성이나 취향처럼 말이죠.

함정희: 그렇죠. 그 나라는 그 나라에 맞게 음식 문화를

발전시켰겠죠?

강수돌: 하지만 이건 분명해요. 최소한 우리 콩이 전통적으로 우리나라 사람들을 건강하게 살려왔다, 큰 도움이 되었다, 이렇게는 확실히 말할 수 있죠. 그 정도로만 인식해도 충분해요.

함정희: 맞아요. 그래서 토종 콩이 아닌 GMO 콩은 건강도 망치고 농사도 땅도 망친다. 그러니 우리 콩, 토종 콩을 많이 심고 많이 먹자, 이렇게 널리 알려야죠. GMO 콩에는 이미 제초제나 살충제 성분이 들어 있고 유전자가 변형됐기 때문에 미국 콩이 됐건 한국 콩이 됐건 GMO 콩은 음식이 아니다, 바로 이게 중요해요.

강수돌: 네. GMO 콩만이 아니라 모든 GMO는 독약이다, 이렇게 말하는 게 옳겠어요.

함정희: 우리 콩 독립운동은 모든 GMO를 상대로 한 투쟁입니다. 좀 거칠긴 하지만요, 하하.

이판사판의 갈등

강수돌: 근데 여기서 우리가 놓치면 안 될 질문이 하나 또 있어요.

함정희: 그게 뭔데요?

강수돌: 1990년대 이후에 이른바 '세계화'가 되면서 콩 같은 경우에도 GMO 콩이 엄청 많이 들어왔잖아요. 그래서 대부분의 식당이나 식재료 가게들이 별 문제의식 없이 GMO 콩을 취급하는데, 왜 하필 함정희 대표님이 '우리 콩 독립군'이 되어야만 했을까요?

함정희: 진짜 중요한 질문이얘요. 다른 사람들은 잘 물어보지도 않는 건데, 교수님이 이렇게 물어봐주시니 참 좋네요.

강수돌: 함 대표님 같은 분이 이렇게 우리 콩 독립군이라고 자처하며 나서주시니 제가 더 고마운 일이죠.

함정희: 그러니까 역사책 같은 걸 보면 나라가 힘들 때 임금이나 높은 놈들은 죄다 도망을 가잖아요? 그때 민초들이 '의병'이 되어 나라를 구하려고 나서죠. 목숨까지 내놓고 말이에요. 다들 나는 민초다, 나는 천출이다, 이러면서 말이에요. 지금 GMO 콩이니 옥수수니 카놀라니 하는 농산물이 범람하는 상황도 어찌 보면 나라가 위태로운 거랑 비슷해요. GMO와 글리포세이트 같은 게 사람들 건강을 좀먹고 땅을 해치고 농민을 해치고 우리 농산물을 해치니까요. 그래서 제가 어쩔 수 없이 그런 역사의 되풀이에서 나도 한 축이었기 때문에, 제가 직접 농사를 짓는 농민은 아니지만, 최소한 우리 콩 농민만큼은 내가 살린다, 그래서 내가 해야 된다, 이렇게 된 거예요.

강수돌: 와우, 진짜 독립군다운 말씀이세요. 정말 귀한 말씀이에요.

함정희: 가만히 생각해보니, GMO의 침범으로부터 나라를 구하는 일은 재벌 대기업도 못하고 정부도 못하고 있는데, 바로 '나부터' 해야지 않겠나, 'GMO 강의'를 들은 내가 안 하면 그 누가 하겠나, 이런 마음으로 나서게 됐어요.

강수돌: 그 정신은 정말 높이 사고 싶지만, 현실을 보면 남편분이 수입콩협회 이사장이고 돈도 잘 벌고 있었는데 '우리 콩 독립군'으로 나선다고 하니, 이게 무슨 날벼락이냐 했겠어요. 남편분 입장에서는 말이죠.

함정희: 이판사판이 되는 거죠. 그런데 이상하게 저는 우리 콩을 지키기 위해서라면 유관순처럼 열 번을 죽어도 좋다, 라는 오기가 생기더라고요. 남편이 만날 싸우자고 덤비니 겁은 났지만, 한편으론 오기로 한번 해보자, 하는 마음이 있었던 거죠.

강수돌: 이거, 보통 일이 아닌데요?

함정희: 정말 매일매일이 싸움의 연속이었어요. 그런데 남편이 자꾸 죽인다 살린다, 이런 말들을 많이 하니까 진짜 제가 죽는 상상까지 예사로 하게 되더라고요… 그러니까 이판사판이다, 하는 마음이었죠.

강수돌: 아이고… 원래 이판사판이란 절에 계신 스님을 뜻하는 말인데요. 이판(理判)은 공부하는 스님, 사판(事判)은 살림하는 스님이라고 해요. 조선시대에 스님이 되는 건 아마도 인생 막장에 간다, 이런 뜻이었다고 하더라고요. 그러니 '끝장을 본다'는 뜻에서 이판사판이란 말을 쓰는 것도 무리는 아니죠. 그나저나 두 분 사이가 그렇게 험악했다는 게 믿어지지 않네요.

함정희: 제가 'GMO는 독약이나 다름없다'고 하니까 남편은 유언비어라고 하면서 경찰이나 검찰에 고발하겠다고 하더라고요. 고발장까지 써가지고 나를 집어넣겠다고 하니까 겁이 덜컹 났죠. 검찰 같은 데는 아직 한 번도 안 가봤는데… 무섭죠.

강수돌: 아니, 부부 사이인데, 그 정도였나요?

함정희: 남편 입장에서도 잘되는 사업이 망하게 생긴 데다가 GMO 콩에 독성 발암물질까지 있다고 하니 이게 무슨 '마른하늘에 날벼락'이냐, 이렇게 된 거죠.

강수돌: 하긴 그럴 만도 하네요. 오죽하면 일본군과

독립군이라고까지 비유하셨겠어요?

함정희: 나더러 '유언비어를 유포했다'고 고발하겠다고 했어요. 그때 그 말을 듣자마자 몸속에서 뜨거운 김이 올라오는 것 같더라고요. 입에 손을 대봤더니 막 피가… 각혈을 한 거예요. 전 속으로 '이러다 죽는 거 아녀? 이런 생각까지 들었죠.

강수돌: 아이고 저런… 그래서 어떻게 하셨어요?

함정희: 저 혼자서 병원으로 달려갔지요. 누구 하나 같이 갈 사람도 없고, 그래서 혼자 갔어요. 남편은 고발까지 한다고 하니 쳐다보지도 않을 것 아니에요. 택시를 타고 병원으로 갔어요.

강수돌: 세상에… 이런 얘기는 처음 듣는데….

함정희: 막 피도 나오고 하니까 간호사가 보더니 바로 중환자실로 넣어버리더라고요. 그 분위기, 정말 기억하기도 싫어요. 나중에 입원을 하라고 하는데, 그때부터는 아예 침대 밖으로 못 내려왔어요. 걸어 다니지를 못하게 하더라고요. 그냥 침대에서 피만 토하고 있었어요.

강수돌: 그렇게 거기서 얼마나 계신 거예요?

함정희: 딱 보름 있었어요. 그래도 안 죽더라고요. 다행인지 불행인지….

강수돌: 다행인 거죠.

함정희: 이제 그만 거기서 확 죽어버리면 좋겠다는 마음까지 들었어요. 남편은 막 윽박지르며 검찰에 고발한다고 하고, 그런 상황에서 가만히 당하고 있을 수도 없고, 마땅한 수가 보이질 않았으니까요. 정말 앞이 캄캄하더라고요….

강수돌: 진퇴양난이었네요.

함정희: 이제 돈도 없지, 차라리 죽었으면 쓰겠더라고… 솔직히 죽고 싶은 마음이 솟구쳤어요. 그런데 의사와 간호사가 그 핏줄 터진 델 찾은 거예요. 모세혈관이 터졌대요. 더 큰 게 터졌으면 죽었을 건데 딱 안 죽을 만큼만 터졌다고 하더라고요.

강수돌: 아이고, 불행 중 다행이었네요.

함정희: 그래서 색전 수술을 했어요.

강수돌: 그건 어떻게 하는 거죠?

함정희: 동맥을 잘라서 지진다고 하더라고요. 그래서 여러 가지 검사를 하고 별짓 다 했어요. 그렇게 색전 수술까지 했는데, 동맥을 자른 거니까 잘 눌러주는 게 중요하다고 하더라고요. 잘 안 누르면 그게 터져 죽을 수도 있다고 했어요. 무서웠죠. 그런데 그때 아무도 나를 간호할 사람이 없었어요.

강수돌: 남편이 아니라도 딸 둘에 아들도 둘이나 있잖아요.

함정희: 그때 애들은 제각기 다 바빴을 때라 억지로라도 돌봐줄 사람이 남편밖에 없었어요.

강수돌: 그래서요?

함정희: 의사가 남편한테 겁주는 소리를 하더라고요. '이거, 까딱 잘못하면 부인이 죽을 수 있다. 정신을 바짝 차려야 된다.' 그러면서 모래주머니를 이렇게 크게 올려놓더라고요. 남편은 할 수 없이 그걸 한 시간, 두 시간 누르고 있었고요.

강수돌: 좀 아이러니한 상황이네요. 미워서 죽겠는 아내를 남편이 이제 아내가 죽지 않도록 돌보미 역할을 하고 있으니 말이죠.

함정희: 지금 생각하면 웃기는 일이죠. 당시엔 상황이 급박해서 미우나 고우나 남편한테 말했죠. 이렇게 안 누르고 있으면 나 죽는다고. 그러니까 어쩔 수 없이 누르고 있더라고요. 그 시간 동안 아마도 여러 가지 생각이 많았을 거예요.

강수돌: 그러니까요. 참, 산다는 게 뭔지, 그리고 부부란 게 뭔지… 좀 눈물 나는 순간이네요.

함정희: 막상 그런 상황에서는 여러 가지 복잡한 마음이 들었겠죠. 진짜로 까딱 잘못하면 죽겠구나 이 여편네가, 이런 생각을 한 것 같아요. 속으로, '잘됐다. 너 나더러 죽으라고 하더니 진짜 이렇게 잘못되면 바로 죽는 것이다' 생각했죠.

강수돌: 아따, 그 긴박한 순간에도 너스레를 잘 떨어요.

함정희: 그 뒤부터는 험한 소리 하는 것도 좀 줄어들었어요. 지금은 생각만 해도 끔찍해요.

강수돌: 그러게요. 여러 험악했던 상황이 저도 상상이 잘 안 돼요. 무슨 영화 속 이야기 같기도 하고요. 그래도 이젠 서로 침범하지 않고 적절한 거리를 두면서 같이 사시는 거네요? 정말 다행입니다. 우리 함 대표님은 산전수전 다 겪은 분이에요.

GMO 수입 콩으로 20년 이상 많은 돈을 벌다가 어느
날 갑자기 GMO가 거의 '독약' 수준이란 걸 알았다.
그리고 함 대표는 2001년부터 '우리 콩 독립운동'을
시작했다. 그 이후엔 우리 국민의 건강을 살리기
위해 '속죄'의 마음으로 유기농 식당 '함씨네밥상'도
열었다.

3 속죄의 마음으로 '함씨네밥상'을 차리다

치유의 밥상

강수돌: 원래 '함씨네밥상'이 전주IC 근처에 있었던 걸로 기억해요. 저는 선배 교수님을 따라 같이 갔던 적이 있고요. 그다음엔 아내랑 같이 방문한 적도 있어요.

함정희: '함씨네밥상'을 한 10년 남짓(2009-2020) 했는데요. 7년 정도는 전주IC 근처에서 했고, 문 닫기 전까지 최근 3년간은 전주 한옥마을 안에서 했어요.

강수돌: 아, 그랬군요. 그 유명한 한옥마을에서 하실 때 한번 가봤어야 했는데, 많이 아쉽네요.

함정희: 그러게요.

강수돌: 한옥마을에서 하실 때 재밌는 이야기들도 많았겠네요?

함정희: 아이고, 재밌는 이야기, 화나는 이야기 모두 하려면 날밤 새워야 해요.

강수돌: 그럼 왜 '함씨네밥상'이란 식당을 굳이 시작하시게 됐는지부터 얘기해주시죠.

함정희: 밥상을 한 10년 했는데, 생각보다 잘된 건 아니에요. 유기농 밥상이니 좀 비싸다는 거죠.

강수돌: 그런데도 10년 넘게 고집스레 한 이유가 뭘까요?

함정희: 사실 일반 식당 식재료에는 GMO가 많잖아요. 농약을 친 것도 많고요. 말을 안 해서 그렇지 모두 알거든요. 그래서 우리 농산물, 유기농, 전통식품이 이렇게 훌륭한데 이걸 두고 우리가 그걸 다 수입해서 먹으면 안 된다, 이런 걸 보여주고 싶었던 거죠.

강수돌: 앞에서 대표님이 '속죄하는 마음'이라고 하셨는데, 그게 바로 그래서?

함정희: 그렇죠. 제가 1990년대 한 10년간 GMO 콩으로 두부를 만들어 팔았거든요. 아무것도 모를 적에요. 알고보니 내가 국민 건강을 망치는 가해자로 살았더라고요. 대신 돈은 많이 벌었지만요. 그래서 이제는 '함씨네밥상'에서 속죄하는 마음으로 진짜 좋은 음식을 사람들에게 서비스하고 싶었어요. '이걸 먹어봐라, 바로 이 맛이다' 이런 이야기를 하고 싶었지요.

강수돌: 그런 마음이셨군요!

함정희: 특히 저는 우리 한국의 콩맛을 제대로 보여주고 싶었어요. 과거 GMO 콩을 취급했던 것이 일종의 범죄였다는 생각에 나름 깊이 반성하면서, 정말 좋은 우리 콩 두부와 '함씨네밥상'을 통해 속죄하려

했던 거죠. 그래서 우리 식당이 꽤 유명했던 것도 사실이에요. 다른 식당과는 재료가 완전히 달랐으니까요.

강수돌: 일반 식당들에서는 간장이나 된장 같은 기본 양념도 그렇고, 국수나 밀가루 제품, 콩 종류, 옥수수나 액상과당, 이런 게 모두 GMO일 가능성이 높죠. 사실 건강을 생각하면 밖에 나가서 먹을 게 별로 없어요.

함정희: 맞아요. 대부분 외국산이거나 농약투성이죠. 식용유고 간장이고 상당수가 GMO예요. 그러니까 식당 건물을 멋지게 짓고 장식이 아무리 멋들어져도 그 내면, 즉 음식물 자체는 영 아닌 경우가 많아요. 제대로 된 게 별로 없어요. 그래서 '바로 내가 해야겠군' 하고 결심한 뒤 '함씨네밥상'을 시작한 거죠.

강수돌: 한편으로는 속죄의 마음도 있었지만 다른 한편으로는 건강한 밥상을 제공하겠다는 생각이었던 거네요. 그렇게 '나부터' 밥상 혁명을 시작한 셈이네요.

함정희: 그렇게 말씀해주시니 너무 감사해요! 딱 제 마음을 알아주시네요. 근데 이런 말도 있어요. 최고의 의사는, 진짜 명의는 바로 좋은 음식을 만드는 사람이다. 그래서 내가 최고의 명의가 되겠다는 마음이었던 거죠.

강수돌: 그렇게 '함씨네밥상'을 시작해서 10년간 고생을 하셨군요. 대단하세요. 두부 하나 만드는 것도, 최고의 청국장을 만드는 것도 보통 일이 아닌데, 건강한 음식을 내놓는 식당까지 열었으니….

함정희: 몸이 두 쪼가리, 세 쪼가리 나도록 바쁘게 뛰었죠.

강수돌: 그렇게 하신 게 2009년부터 2020년까지라고요?

함정희: 네, 그렇게 꼬박 10년간 점심만 했어요. 1인당 1만 원을 받았죠. 그 당시 만 원짜리 점심이 싼 편은 아닌데, 사실 그 내용을 들여다보면 이게 또 아주 싼 거예요. 만 원 받고 되는 밥이 아니거든요. 만 원 받고 조기까지 구워 내놨어요. 그것도 국산 조기로요. 도토리묵, 식혜도 있고요. 김치랑 각종 나물도 있고, 구수한 콩물과 두부, 이 모든 음식이 만 원이었어요. 사람들이 막 놀랄 정도였죠. 거기다 플라스틱 그릇 안 쓰고 사기그릇이나 스테인리스 그릇을 쓰니 사람들이 참 좋아했어요.

강수돌: 제 기억에도 '함씨네밥상'은 치유의 밥상, 힐링의 밥상이었어요.

함정희: 그게 진짜 치유의 밥상인 이유가 있어요. 재료가 완전 좋은 데다 제 정성과 사랑이 깃든 음식이었거든요. 우선은 제가 잘 아는 친구한테 직접 양념을 사다 사용했고요. 우리 장독대에 간장이니 된장이니 다 직접 담갔고, 표고버섯 같은 걸 햇볕에 말려 쓰고… 이렇게 다 제대로 했기 때문이죠. 모든 걸 100퍼센트 국산을 썼어요. 참기름도 국산으로 짜서 썼고, 들기름은 절대 볶은 기름 안 쓰고 생으로 썼죠. 볶은 들기름에는 발암물질이 나온다고 하니까.

강수돌: 네, 볶은 건 벤조피렌이라고 하는 1급 발암물질이 나와요. 변질되어 절대 쓰면 안 돼요.

함정희: 그러니까요. 엄청 무서운 거예요. 그래서 양념부터 반찬까지 손수 만들어가며 '함씨네밥상'을 10년 했어요.

강수돌: 저 같으면 몇 년 만에 쓰러졌을 텐데….

함정희: 그러고 보니 제가 좀 저력이 있나봐요.

강수돌: 딱 봐도 저력 있게 생겼어요. 어릴 때부터 콩밥을 잘 드셨으니께… 하하.

함정희: 맞아요. 양념도 누가 약념(藥念)이라고 하더라고요. '보약의 마음'이라고. 그런 마음으로 했죠. 그 정도로 진짜 좋은 것만 사용해 정성을 다했죠. 그런데 결정적으로 도무지 계산이 안 나왔어요. 평균 한 달에 1천만 원에서 2천만 원씩 손해 보는 장사였어요. 제가 그런 것까지 다 감수하면서 10년 동안 속죄하는 마음으로 버티긴 했어요. 당연히 남편은 펄펄 뛰고 난리도 아니었죠. 참, 지금 생각하면 무슨 생각으로 그렇게 용감하게 버틴 건지….

언젠가 빛을 볼 그날을 소망하며

강수돌: 전주 한옥마을은 임대료가 만만치 않죠?

함정희: 그래서 임대료가 좀 밀렸고, 결국 임대료 때문에 강제 퇴출당했어요. 가슴이 아프죠. 거기 한 달 임대료가 280만 원 정도로, 2017년경부터 3년 남짓 하면서 임대료 총액만 1억 원이 넘었으니까요. 손님도 제법 많이 오고 열심히 하긴 했는데 역부족이었던 거죠. 나중에 임대료 밀린 것만도 2천만 원이 좀 넘더라고요. 재료비랑 인건비도 만만찮았는데 임대료까지 부담이 되니까 결국은 접어야 했죠.

강수돌: 한옥마을이라면 지자체가 정책적으로 지원하는 곳일 텐데, 특히 '함씨네밥상' 같으면 정말 유기농으로 정통 한국 음식을 국내외

손님들에게 잘 알릴 수 있는 곳인데, 임대료가 그렇게 비싸다니
이해가 안 되네요.

함정희: 제가 경영을 잘 못한 탓일 수도 있어요. 제 부주의기도
하고요. 가만 알고보니 저 같은 사람은 그냥 봉이더라고요. 이래저래
고생만 하고, 번 돈은 재료비나 임대료로 다 나가고 남는 게 없었어요.
지금 생각해보면 좀 어리석었던 것 같아요.

강수돌: 일만 열심히 하실 게 아니라 최소한 고생한 보람이
조금이라도 있어야지 만날 자원봉사하듯 그렇게 고생만 하고 빚만
지고… 이거 원… 그러니까 대표님은 일반적인 방식으로 개인
비즈니스를 하시면 안 될 것 같다는 생각이 들어요. 뭔가 다르게
접근을 해야지.

함정희: 내가 계산에 그리 밝지 못해요. 한옥마을에서 '함씨네밥상'을
3년 정도 할 때 정말 손님이 엄청 많이 왔어요. 재료가 좋으니까 다들
찾아오는 거죠. 유명한 분들, 높은 분들도 많이 찾아왔고, 저를
인정해주며 고맙다고 했지요.

강수돌: 그랬군요. 최고의 밥상이니까 아마 전국적으로도 소문이
나고, 외국에서 온 관광객들도 좋아했을 것 같은데요?

함정희: 그럼요. 독일인가 스웨덴에서 왔던 한 손님은 아예 단골처럼
해마다 오고 그랬어요.

강수돌: 그런 사람들은 무조건 싼 것만 찾는 게 아니라 좀 비싸더라도
맛있고 몸에 좋은 것이 있다고 하면 좀 멀고 불편한 곳이라도 꼭
찾아가더라고요.

함정희: 그냥 일반 관광객은 아니고, 거기서 한국 애기를 입양한

부모들 모임이라고 했어요. 세 번 왔죠. 한옥마을 식당으로 해마다 왔어요. 처음엔 어른들만 왔는데 나중엔 애들도 싹 데리고 오더라고요. 이게 진짜배기 한국 음식이라면서요.

강수돌: 자부심을 느꼈겠네요.

함정희: 그럼요. 애들까지 왔을 땐 제가 애들 밥을 다 공짜로 줬어요. 이게 한국 음식이니 많이들 먹고 가라면서요. 항아리 200개가 있는 장독대도 보여주었죠. 다들 눈이 동그래져서는 놀라더라고요. 그러면서 저한테 무척 고마워하는데, 저도 엄청 고마웠죠.

강수돌: 선물은 대개 받는 사람이 주는 사람에게 고맙다고 그 마음을 표현하지만, 사실 마음의 선물을 고맙게 받아주면 그 받아들임 자체가 준 사람 입장에서도 고마운 거죠. 그래서 둘 다 서로 고맙고 기쁘죠. 그게 (뇌물이 아닌) 마음이 담긴 선물의 깊은 의미가 아닐까요?

함정희: 맞아요. 둘 다 좋은 거죠. 저는 선물하는 마음으로 좋은 음식을 내놓는 거고, 손님들은 돈을 내면서도 좋은 선물을 받는 마음으로 음식을 받아주니 그게 또 고마운 거예요.

강수돌: 손님들 입장에서도 선물하는 마음으로 '함씨네식당'을 일부러 찾아온 것이고, 대표님 입장에서는 그런 손님 자체가 선물이니 반갑게 맞아주시는 거죠. 그분들은 그 환대 자체에 감사했을 것 같고요.

함정희: 한때는 돈도 꽤 벌었어요. 몸이 힘들어서 그렇지 사람들은 많이 왔거든요. 저는 그것만으로도 고맙게 생각하고 있어요.

강수돌: 일본 사람들도 왔나요?

함정희: 그럼요. 일본서 온 어떤 젊은 분은 동영상을 찍어 유튜브로 일본에 알린다고 하더라고요. 한국 음식만이 아니라 간장이나 된장

같은 것도 자기들 것과 다르니까 신기하다면서요.

강수돌: 그 '함씨네밥상' 경영을 누가 맡아서 좀 더 체계적으로 잘 했더라면 좋았을 것 같아요. 대표님 고생하신 보람도 좀 찾게 말이에요.

함정희: 그렇기도 하지만, 지금 생각해보면 2020년 초에 퇴출당한 게 오히려 잘된 것 같기도 해요. '코로나' 때문에요. 그냥 버티고 있었다면 아마 지금쯤 완전 파산하지 않았을까 싶어요.

강수돌: 사업이란 정말 너무나 많은 변수들이 작용하는 거라서요. 계산도 잘하고 계획도 잘 세워야 하지만, 시절 운 같은 것도 타야 하는 것 같아요. 어쨌든 '함씨네밥상'을 통해 국내외 손님들에게 '우리 음식이란 바로 이런 것이다'라고 모범을 보여준 셈이네요.

함정희: 그렇죠. 그건 참 돈으로 계산하기 어려운 부분인데, 그런 것만으로도 저로서는 엄청 큰 보람이라고 생각해요. 어차피 제가 '독립군'이잖아요? 처음부터 돈 벌려고 독립군을 시작한 게 아니니까요… 하하.

강수돌: 아이고, 힘드셨을 텐데… 그래도 우리 함 대표님의 그 독립군 정신 참 훌륭해요. 이 대목에서 박수 한번 크게 치고 넘어가야죠? 짝짝짝.

함정희: 자꾸 그렇게 박수를 쳐주시니 힘은 납니다만, 아무리 해도 수지가 잘 안 맞아요.

강수돌: 돈을 잘 벌기가 쉽지 않죠. 하지만 이렇게 좋은 뜻으로 일하시니까 이왕이면 고생한 보람을 좀 찾을 수 있게 경제적으로도 여유가 좀 생기면 좋을 텐데요. 지금 함 대표님한테 빚이 있던가요?

함정희: 사람들은 제가 돈을 많이 번 줄 알아요. 근데 만날 까먹고
다닌걸요. 빚도 제법 돼요.

강수돌: 함 대표님이 여기저기 언론에도 많이 나오고, 우리 콩 제품도
탄탄하게 자리를 잡은 것 같고, '쥐마청'(쥐눈이콩마늘청국장환) 특허도
있고 노벨상 후보까지 추천되었으니 이제 어느 정도 성공을 거둔
것처럼 보이긴 해요. 그래서 저 같은 사람도 '그래서 돈 많이
버셨어요?'라고 묻는 거고요. 그런데 아니라고 하시니, 이걸 어떻게
해야 하나요?

함정희: 빚이 제법 많이 쌓였어요. 말못할 고민이죠.

강수돌: 빚이 정말 있으시군요.

함정희: 당연하죠. 빚이 없으면 제가 만날 콩값 걱정을 하겠어요? 여태
20년 이상 겨우겨우 버티고 살아온 게 전부 다 아들이나 딸들 사는
아파트 팔고 햇살론까지 빌려가면서 온 거예요. 그렇게 해도 자꾸만
빚이 쌓인 거죠. '우리 콩 독립군'이다 보니 콩값도 제대로 잘 쳐주며
사 오거든요. 대기업 같으면 납품 단가를 팍팍 후려칠 텐데… 그러니
실은 만날 콩값 내기도 버거워요. 이 두부 공장도 일부는 팔아먹고, 또
친정 동생들이 아버지한테 상속받은 땅도 야금야금 팔아서 빚을 갚고
그랬죠. 동생들 둘한테 정말 고맙죠. 그 귀한 땅을, 위임장을 저한테
다 해줘서 그걸 팔아 충당하기도 했어요. 10억이 넘는 돈인데, 모두
콩값이나 인건비 같은 데로 들어갔죠.

강수돌: 아이고, 그러니까 친정 식구들이나 남편, 심지어 자녀들
재산까지 축을 낸 셈이네요. 독립군 정신은 참 좋은데, 이게 자본주의
사업이다 보니 수지 타산이 안 맞아서는 답이 안 나오죠. 그러면

보통은 이 사업을 차라리 접는 게 돈 버는 길인데 말이죠.

함정희: 그러니 제가 바보죠. 이걸 안 하면 빚을 더 지지 않을 테니 돈을 버는 거라는 말도 틀리진 않지만, 그래도 내가 언젠가는 빛을 볼 거다, 그래서 빚도 다 갚고 진짜 주변 어려운 사람들도 조금씩 도와주는 그런 정도까지 해낼 거다, 이런 꿈이 있걸랑요.

강수돌: 꿈처럼 되면 참 좋겠어요. 어떤 면에서 대표님이 빚을 졌다는 건 일반적으로 말하는 손해나 손실로 받아들이면 안 될 것 같아요. 1990년대에 GMO 콩으로 많은 돈을 벌면서 시민들 건강을 해쳤다는 죄책감과 책임감을 느껴, 그에 대한 사죄나 속죄, 보상 차원으로 보는 게 좋겠네요. 그런데 이제 2001년 독립군 선언 이후 20년 이상 손실을 봤고 부채까지 생겼으니 속죄는 충분히 했다고 보여요. 그러니 앞으로는 일이 좀 더 잘 풀렸으면 좋겠어요. 우리 대표님, 이제 더 힘내시라고, 여기서도 마음을 모아 박수!

전통적인 장독대의 모습. '함씨네밥상'에서도 간장이니 된장을 직접 담가 장독대에 가득 들어찬
항아리에 보관해두고 기본양념으로 사용했다.

"국민 반대 외면하는 GMO 규제 완화 막아야"

GMO(유전자변형식품) 규제 완화를 막아야 한다는 시민사회 목소리가 이어지고 있다.

GMO반대전국행동과 전국먹거리연대, 기후위기남양주비상행동 등 시민사회단체는 지난 5일 오후 2시 세종시 산업통상자원부(이하 산자부) 앞에서 기자회견을 열고, GMO 규제 완화 반대를 촉구했다.

산자부는 지난 5월 26일 '유전자변형생물체의 국가간 이동 등에 관한 법률' 일부 개정안 입법예고했다. 이에 지난달 28일 GMO반대전국행동을 시작으로 먹거리, 생협, 농민, 학부모, 환경, 종교 단체들은 연이어 입법 반대 성명서를 발표하고 있는 상황이다. …

이들은 기자회견에서 "이번 개정안은 GMO 상업화를 추진하는 일부 산업계와 학계의 이익을 위해 시민을 배제한 채 일방적으로 추진됐다"며 "시민사회가 요구했던 GMO 규제 강화와는 정반대의 내용인 GMO 승인 규제 완화, GMO 연구 개발 규제 완화 등을 담은 이번 개정안이 통과된다면, 졸속 수준인 사전검토제가 시행되고 인해 각종 절차가 생략·완화돼 GMO 수입량은 증가할 것이다. 이에 따라 농지 오염, 지속가능한 식탁 위협, 생태다양성 축소, 표시제 미비와 식량자급률 하락 등으로 인한 문제는 더욱 심각해질 것"이라고 전했다.

무엇보다 시민사회는 유전자가위 등을 활용한 새로운 GMO는 '사전검토'를 통해 기존 절차인 위해성 심사, 수입·생산·이용 승인 등의 절차 등을 면제하는 취지의 산자부의 개정안은 받아들일 수 없다는 의견이다. …

허술한 국내 GMO 승인 절차와 GMO 사용여부를 확인할 수 없는 식품표시제도는 이미 수차례 지적됐던 부분이다. 2018년 GM감자 안전성 심사 과정이 대표적이다. 미국의 감자생산업체인 심플로트는 2016년 2월 식약처에 GM감자(SPS-E12)의 안전성심사를 신청했고, 식약처는 안전성 심사위원회를 통해 8차례에 걸친 심사를 벌였다.

이후 농림축산식품부, 환경부, 해양수산부 등 관계부처의 위해성 심사를 거쳐 식약처는 2018년 8월 GM감자 수입 승인 절차를 대부분 마무리하며, 수입 승인 이유에 대해 '특이사항 없음'으로 처리했다. 하지만 같은 해 11월 GM감자 개발자인 카이어스 로멘스 박사가 《판도라의 감자: 최악의 GMO》라는 책을 통해 그 위험성을 폭로하면서 최종적으로 GM감자의 수입 승인은 보류됐다.

이에 대해 시민사회는 애초에 식약처 심사가 제출 자료 중심의 기계적인 심사에 불과했고, 인체·위해성 논의가 구체적으로 어떻게 진행됐는지 공개되지 않은 점을 지적하며 GMO 승인 심사 강화를 요구하고 있다.

* 출처: 〈한국농어민신문〉, 주현주 기자, 2021년 7월 6일.

고졸 공무원에서 전주대 학사, 고려대 석사를 거쳐
원광대 대학원 '콩 박사'에 이르는 16년간의 긴
과정은 한편으로 콩에 전념한 탐구열, 다른 편으로
콩으로 세상을 구하겠다는 혁명열로 가득 찬
과정이었다. 그러나 그것은 결코 탄탄대로가
아니었다. 산 넘고 물 건너, 그리고 온갖 가시밭과
자갈길까지 걸어야 하는 고행의 길이었고 지금도
진행 중이다.

4 고졸 공무원이 콩 박사가 된 이야기

콩에 죽고 콩에 살다

강수돌: 1953년 9월에 전주에서 태어나셨더라고요, 저보다 8년 선배님이시네요. 전주 한옥마을에 있는 성심여고를 졸업하고 공무원 생활도 좀 하셨고요. 그러다가 자녀 넷을 낳은 뒤 2005년에 만학도가 됐어요.

함정희: 맞아요. 제 나이 쉰세 살에 콩 공부를 더 하려고 전문대학인 전주기전대 식품과학과에 '05학번'으로 입학했죠.

강수돌: 콩 사업도 힘드신데 콩 연구를 더 하고 싶어 '05학번'이 되셨군요. 2007년엔 기전대 식품과학과를 수료하고 이어 2009년엔 전주대에서 경영학 학사까지 마쳤어요.

함정희: 경영학 공부도 해야겠더라고요. 콩식품 가게까지 운영해야

하니까요.

강수돌: 실은 경영학 공부한다고 꼭 실무를 잘하는 건 아니지만,
그래도 안 하는 것보다야 낫겠죠?

함정희: 그래도 많은 걸 배웠어요. 그러고 나서 고려대
경영정보대학원에 진학해서 2013년엔 경영학 석사학위까지 받았죠.

강수돌: 정말 대단하세요. 함 대표님이 고려대 (야간) 대학원에서 제
강의를 들은 것도 약 10년 전인 2012년경이었던 것 같아요. 그런데
거기서 멈추지 않았어요. 곧바로 원광대 대학원에 진학해
보건행정학을 공부하셨어요. 물론 콩과 연관된 거죠. 그리하여 마침내
2021년 2월에 박사님이 되셨어요. 우리 나이로 69세인데, 진짜 '콩
박사'님이네요!

함정희: 그렇죠. 제가 콩에 살고 콩에 죽으려 하니까요.

강수돌: 아하, '콩살콩죽'이네요? 하하. 근데 박사과정 공부까지 하게
된 계기는요?

함정희: 제가 콩에 대한 공부도 하고, 또 공장에서는 쥐눈이콩과
청국장을 결합해 뭔가 건강한 걸 만들려고 계속 실험을 하고
있었어요. 그러다 보니까 꼭 박사 논문까지 쓰려고 했던 건 아닌데,
원광대 대학원 교수님이 끝까지 해보라고 격려하고 지지해주신 덕에
박사까지 마쳤죠.

강수돌: 박사과정 공부도 힘들지만 논문 자체는 더 힘들거든요. 좋은
교수님을 만나신 거네요.

함정희: 네. 그 대학원 원장님이 늘 '마늘이나 콩 심은 데에 백세 노인
난다'는 주장을 하시는 분이죠. 이분이 제가 박사과정 공부할 때

오셨어요. 그 무렵에 제가 '쥐마청'을 딱 만들어서 갔더니 정말 놀라시는 거예요. 그러면서 '당신이 어떻게 이걸 만들어 특허까지 냈냐, 이게 바로 세계의 약이다', 이러시는 거 아니에요? 하하.

강수돌: 아하, 그래서 그걸 바탕으로 박사 논문까지 쓰게 된 거로군요.

함정희: 네. 그 교수님이 이걸로 꼭 박사 논문을 써보라고 하셨어요. 그래서 2013년경에 원광대 일반대학원에 입학해서 박사과정 공부를 시작하게 됐죠.

강수돌: 꼬박 8년을 박사 공부를 하셨네요? 정말 잘하셨어요. 그래서 '늦었다고 생각할 때, 그때가 시작할 때다'라는 말도 있는 것 같아요.

함정희: 제가 2015년도까지 코스웍 수업을 듣고 그다음부터는 박사 논문을 쓰기 시작했는데, 그 교수님이 그랬어요. 제가 2007년에 특허까지 받은 '쥐마청'이 '세계의 약'이라고요.

강수돌: 세계의 약이라, 일반인들은 얼핏 이해가 어려울 것 같은데요?

함정희: 저는 사스나 메르스 같은 전염병이 돌 때 전염병 공부도 많이 했어요. 제가 박사 공부를 한 분야는 보건행정학이에요. 그 당시 한 교수님은 앞으로 엄청난 전염병이 올 것이라고 말했어요. 그러면서 좋은 음식을 먹고 건강한 몸을 유지하면 그런 역병에 관계 없이 잘 살겠지만, 보통 그러듯이 날마다 온갖 첨가제가 든 음식이나 GMO 같은 걸 먹으면 큰일이 날 거라고 하셨어요.

강수돌: 그렇죠. 건강한 몸을 유지하려면 운동도 꾸준히 해야 하지만 매일 좋은 음식도 섭취해야죠. 특히 우리가 밖에서 사 먹는 것들은 온갖 첨가제가 많이 들었고, 콩이나 밀가루, 옥수수 제품들은 GMO 식품이 대부분이죠.

함정희: 그래서 우리 콩 두부나 콩물, 청국장, 쥐마청 같은 걸 계속 먹으면 그게 전염병을 막아주니, 일종의 백신 역할을 한다는 거예요.

강수돌: 중요한 말씀이네요. '건강한 음식이 백신이다!' 진짜 공감해요.

함정희: 일단 좋은 우리 콩으로 만든 두부나 청국장 같은 콩 식품, 특히 쥐마청을 꾸준히 먹으면 엄청난 변화들이 오니까요. 변비도 해소되고, 아토피도 싹 낫고, 피도 맑아지고, 당뇨도 잡혀요. 일단 한 달 두 달 먹으면 혈색이 확실히 좋아진다고 해요. 당장 제 얼굴 좀 보세요. 혈색이 진짜 건강 색이라니까요.

강수돌: 그러고 보니 함 대표님 얼굴색이 진짜 좋아 보이네요. 메주콩(대두)처럼 정말 뽀얗네요, 하하. 근데 우리 사장님이 53년생이시죠? 그러면 올해 연세가?

함정희: 69세예요.

강수돌: 그런데 얼굴은 59세라고 해도 믿겠고 49세라고 해도 믿겠어요. 진짜 함씨네 콩을 엄청 많이 드시나봐요, 하하.

함정희: 제 피부가 좋은 비결 중 하나가 화장인데요. 우리 발효식품을 공부해보니까 절대 화학약품이 닿으면 안 되겠더라고요. 그래서 제대로 발효식품을 만들기 위해서라도 화장을 일체 안 해요. 화장을 하면 발효균도 다 시들시들해져요. 저는 물화장만 해요. 로션도 잘 안 발라요. 이제 그게 몸에 배서 뭘 바르면 이상하고 냄새가 너무 역겨워요. 아마 제 피부가 좋은 것도 그 덕택일 거예요.

강수돌: 저도 그래요. 가능한 한 아무것도 안 발라요.

함정희: 그래야 피부가 이렇게 숨을 쉬잖아요. 화장품을 바르면 그게 몸속으로 들어갈 수밖에 없어요. 그러면 그 파라겐인가, 화장품에

있는 독소가 다 몸에 들어간대요. 그러면 어떤 작용을 하겠어요? 먹는
것도 병든 음식만 먹지, 바르는 것도 독소가 있는 약품을 바르지,
이래서는 이 몸이 정말 남아나지 않아요. 피부가 숨도 잘 못 쉬고요.
그래서 저는 물로 닦기만 하고 이렇게 우리 콩만 먹고 살죠. 이 콩의
꽃말이 '꼭 오고야 말 행복'인데, 우리 콩만 사랑해도 행복이
온다니까요.

강수돌: 참 좋은 말이네요. 콩의 꽃말이 '꼭 오고야 말 행복'이란 것도
처음 알았어요.

함정희: 콩에 대한 연구를 하면서 제가 어디서 찾은 거예요. 콩의
꽃말이 그렇게 나와 있더라고요.

강수돌: 누구나 좋아하는 '행복'이라는 말이 콩 안에도 깃들어
있었군요.

함정희: 그런데 그렇게 좋은 콩을 모두 다 외면해왔던 거죠.

강수돌: 맞아요. 콩만이 아니라 우리 농사 전체가 수출산업화라는
경제개발정책 탓에 모두 무시당했죠.

제값 치르고 먹기

함정희: 다들 싸고 좋은 것만 찾다 보니까 여기까지 왔고, 이젠 온통
GMO 식품이 세상을 점령해버렸어요. 근데 저는 '싸고 좋은 것은
없다'고 생각해요. '싸고 좋은 것'이란 말 자체가 사라져야 된다고
생각해요.

강수돌: 100프로 공감입니다. 싸고 좋다는 게 이른바 '가성비'가 좋다는 건데, 실은 싸면서도 좋다는 건 달리 말해 자연이나 사람을 약탈했다는 얘기거든요. 아니면 사기를 치는 거든가요.

함정희: 정말 싸면서 좋은 게 어딨어요? 겉만 번지르르하지 실제로는 엉터리가 많아요.

강수돌: '싼 게 비지떡'이란 말도 있잖아요.

함정희: 맞아요. 그래서 우리는 조상 대대로 '좋은 것'을 지키느라 힘든 삶을 살아온 것 같아요. 특히 먹거리만큼은 우리가 '싸고 좋은 것'만 찾으면 안 되고, 반드시 '제값'을 주고 먹어야 해요. 그래야 농부의 수고도 알아주고 자연의 수고도 알아주는 셈이 되죠. 그래야 모두에게 좋고 이것이 참된 행복이라는 거죠.

강수돌: 그러니까 원래 '싸고도 좋은 건 없다'는 말이 진리거든요. 요즘 중고차 시장에서도 늘 하는 말이에요. '싸고도 좋은 건 없다'는 말, 모두 기억하자고요. 만일 '싸고도 좋은 걸' 찾는다면, 분명 속고 만다는 사실, 이걸 기억해야 해요. 다른 말로, '세상에 공짜는 없다'는 말과도 통하죠?

함정희: 정말 맞는 얘기예요.

강수돌: 원래는 '좋고도 싸다'가 아니라 '수고를 해야 결과가 좋다', 이렇게 봐야죠. 그래서 좋은 것은 '비싸게' 사는 게 아니라 '제값'을 치른다, 이렇게 봐야 옳은 것 같아요.

함정희: 정말 좋은 말씀이에요. 비싸다고 하면 안 되고 제값을 주고 산다.

강수돌: 무엇이든 좀 힘들게 해야 좋은 걸 만드니, 뭔가가 진짜

좋으려면 그 과정이 좀 힘들 수밖에 없죠. 그러니 '제값'을 치른다, 이게 올바른 자세죠. 아이를 기를 때도 그렇지만, 농산물도 정성을 들여 키워야 좋은 게 나오죠. 그러잖아요? 땅도 건강하게 잘 유지해주고 또 매일 들여다보고 이야기도 나눠가면서… 이래야 좋은 땅이 되고, 농작물도 좋아지겠죠.

함정희: 딱 맞는 말씀이에요.

강수돌: 근데 국산 콩에도 농약 치는 국산 콩이 있고 농약 안 치는 국산 콩이 있잖아요. 그건 어떻게 선별해요?

함정희: 콩은 굳이 농약을 안 쳐도 된대요.

강수돌: 진짜 농약을 안 쳐도 돼요?

함정희: 농약을 한두 번 치는 사람은 있어요. 근데 다른 곡물처럼 많이 치지는 않아요. 그 안학수 박사님이 그 얘기를 했어요. 아무리 오염된 땅에 심고 설사 농약을 치더라도 콩깍지하고 잎으로만 가지 콩 알맹이에는 단 1퍼센트도 안 간다고요. 그래서 그런지 제가 농약잔류검사를 해보면 다 '불검출'이에요. 육십 몇 가지 검사를 해봐도 농약이 안 나오니 괜찮은 거죠.

강수돌: 그런데 농약을 치게 되면 껍질이나 특히 흙에는 갈 거 아니에요. 그게 누적되면 장기적으로는 안 좋은 거고요.

함정희: 그건 맞아요. 근데 농민들이 수확량 때문에 농약의 유혹을 뿌리치기가 참 어렵대요.

강수돌: 별로 없죠. 자기 먹을 것만 빼고 죄다 농약을 친다고 봐야죠.

함정희: 그러니까요.

강수돌: 그게 아까 말한 것처럼, 싸고도 좋거나 좋고도 싼 게 없다는

말에 대해 좀 생각을 해보면, 그 안에서도 또 가면 갈수록 싸게
해보려고 노력은 해요. 왜냐면 소비자가 안 찾으면 망하니까요. 바로
이게 '한살림'이나 '자연드림' 같은 생협에 납품하는 분들의
딜레마이기도 하고요.

함정희: 바로 그거예요. 좋은 건 절대로 싸게 못 나와요. 그래서
농약을 치고 화학비료를 쓰는 거죠.

강수돌: 그것도 딜레마고, 사실 제가 생각하는 정말 좋은 사회는 돈이
별로 개입 안 돼도 돌아가는 사회인데, 그러니까 옛날 생각을 좀
해보면, 돈이 많이 없어도 가난하게 살아도 다들 조금씩 농사지어
가면서 품앗이로 일도 하고 또 서로 다른 걸 나눠 먹으면서 이렇게
살았잖아요.

함정희: 다들 그렇게 살았죠.

강수돌: 근데 지금은 다 백화점이나 마트에 가서 상품을 사기 위해 돈
벌기 바쁘죠. 너도 나도 돈을 많이 벌어 상품을 구매함으로써 필요와
욕구를 해소하려다 보니, 이제는 서로 손해를 보지 않으려고 냉정한
관계가 되거나 속고 속이는 관계가 되어버린 거예요.

함정희: 그러게요. 상품이란 게 겉모양이 좋으면서도 값이 싸야 다들
좋아하죠.

강수돌: 농민들이 농작물을 상품으로 팔려면 농약을 안 치고는 안
된다고 하잖아요. 이웃과 나눠 먹거나 자기 가족들 먹는 건 굳이
모양이 안 좋아도 되니 농약 칠 필요가 없고요. 하지만 상품으로
팔려고 하면 모양도 좋고 값도 싸야 하니 대부분 농약을 쳐야 해요.
그게 현실이죠. 딜레마이기도 하고요.

함정희: 저도 딜레마인 것이, 수입 콩보다 열 배까지 비싼 우리 콩으로 두부, 청국장, 쥐마청을 만들다 보니 값이 상대적으로 좀 세죠. 그래서 생각만큼 많은 사람들이 사지를 않아요. 몰라서도 그렇고 비싸서도 그렇고요. 그러니 저는 있던 돈마저 다 까먹고 만날 콩값 대느라 허덕거리게 돼요.

강수돌: 다시 정리하면, 우리는 진짜 좋은 것에 대해선 '비싸다'는 말을 쓰면 안 될 것 같아요. 그 대신 '제값'을 치른다고 해야 옳겠어요. 곰곰 생각해보면, 우리가 싸다, 비싸다 할 때의 가격이란 상대적 비교 개념이 깃든 것 같아요. '상대가치'인 셈이죠. 다른 물건과 비교해서 (비)싸다, 이렇게 말하니까요. 이것도 결국 비교와 경쟁이라는 구도 속에서 나온 것이죠. 하지만 어떤 식품이 진짜 생명을 살리는 식품이다, 이렇게 되면 바로 그 자체가 귀하고 값진 것이니 일종의 '절대가치'라는 거예요. 그래서 이 절대가치를 지닌 것에 대해선 '제값'을 치른다고 해야지 싸다거나 비싸다는 식으로 말하면 안 된다는 거죠.

함정희: 조금 어려워지지만, 그 취지는 정말 공감해요. 마치 집집마다 아이들이 다 소중한 존재이듯, 그래서 서로 비교하고 경쟁시켜 너는 얼마짜리 아이다, 이렇게 보면 안 되듯이, 좋은 음식에 대해선 싸다 비싸다를 따지지 말고 원래 그 자체가 가진 가치를 제대로 알아주자, 이런 말씀이죠?

강수돌: 정확하게 풀어내시네요. 그래서 제가 일반적인 '가격' 개념으로 싸다, 비싸다가 아니라 '제값'을 치른다, 이런 개념을 쓰자는 겁니다. 자, 이 부분은 이 정도로 마무리할까요?

마침내 콩 박사!

강수돌: 앞에서도 잠깐 얘기했지만, 이제 화제를 좀 바꿔서 함 대표님의 만학(晚學) 이야기를 좀 자세히 들어볼까요?

함정희: 네, 저는 1972년에 전주의 성심여고를 졸업한 뒤 일반 공무원 생활을 하던 중에 중매로 지금의 남편과 결혼해 2녀 2남[1]을 낳았죠. 제가 어릴 때부터 콩을 무지 좋아했는데, 그래서 남편이 7남매 중 장남이라 좀 부담스웠지만 '두부집' 아들이라는 말에 홀랑 넘어가버렸죠, 하하.

강수돌: 정말 고생이 많으셨겠어요. 7남매 중 장남과 결혼을 하셨으니….

함정희: 말도 못 하죠. 게다가 두부 사업까지 제가 도맡아 했으니까요. 남편은 사람들도 많이 만나야 하고 출타가 많았어요.

강수돌: 보통은 부인이 집안일을, 남편이 외부 일을 많이 하는데, 두 분은 가족 사업을 하면서 부인은 내부 사업을, 남편은 외부 사업을 하신 거네요. 여하간 분업이 이뤄진 거라고 봐야죠?

함정희: 역시 교수님이 잘 정리를 해주시네요. 원래 시댁에서 하던 사업을 남편과 제가 책임지고 하게 되어 '함박식품'이라 이름을 붙였어요. 함씨와 박씨가 하는 콩식품(두부, 청국장 등)이라는 뜻이죠. 그 사업을 1980년부터 2001년까지 한 셈이네요.

---

1 2021년 현재 장녀 35세, 차녀 34세, 장남 32세, 차남 24세.

강수돌: 상호가 '함박식품'이니 만날 얼굴에 '함박꽃'도 피었겠네요?

함정희: 아따, 그것도 말이 되네요. 하하.

강수돌: 1980-1990년대 당시 사업은 잘되었나요?

함정희: 당시만 해도 수입 콩으로 두부 장사를 했는데, 진짜 잘됐죠. 돈 세는 기계까지 갖다놓고 사업을 했으니까요. 그리고 마지막 6년 동안은 남편이 전라북도 수입콩협회 이사장까지 했어요.

강수돌: 그렇게 일하며 사시면 되는데, 왜 박사 공부까지 하게 되셨을까요?

함정희: 앞에서도 얘기했지만, 그렇게 수입 콩 사업만 계속했으면 아마 지금쯤 재벌이 되고 말았겠죠, 하하.

강수돌: 재벌은 몰라도 고생하신 보람을 찾는다면야 박수를 쳐야죠.

함정희: 그런데 제가 2001년에 안학수 박사님의 'GMO 콩' 강의를 듣고 나서는 도저히 수입 콩 사업을 못하겠더라고요.

강수돌: 양심에 찔리니까….

함정희: 맞아요. 내가 가족은 물론이고 이웃의 건강까지 망쳐왔구나, 동시에 우리 콩 농사짓는 분들을 힘들게 하는 데 일조했구나, 이런 생각이 든 거죠.

강수돌: 함 대표님이 착하고 정직해서 그런 느낌에 솔직하게 반응하신 거예요.

함정희: 별로 착한 건 아닌데, 하여튼 제 솔직한 심정이 그랬죠. 내가 죄인이구나, 가해자구나, 이런 죄책감이 강하게 들었어요.

강수돌: 그래서 수입 콩을 접고 우리 콩만 하시게 된 거죠?

함정희: 네, 2001년 10월 말부터는 본격적으로

'함씨네토종콩식품'이란 간판을 내걸고 우리 콩만 취급했어요. 남편이 '절대로 안 된다'고 했지만 저 역시 '아니다, 우리 콩으로 해야 한다'며 고집스럽게 달려온 거죠.

강수돌: 정말 고집도 박사급이에요. 그러니까 여기까지 오신 거겠죠?

함정희: 앞서 말씀드렸듯이 제가 늦둥이 남자 아이를 1998년에 낳았는데(당시 함 대표 나이 만 45세), 이 녀석이 얼마나 귀여워요? 근데 이 소중한 아이가 자라면서 점점 혈당지수가 올라 2010년 무렵 무려 1,000을 넘을 정도가 되었어요. '이러다가 이 녀석 죽겠다' 싶어 노심초사했는데, 제가 개발한 우리 콩 청국장을 먹이고서부터는 당뇨도 좋아지고 시력도 좋아지는 것 아니겠어요? 거의 기적이 일어난 셈이죠. 그래서 제가 우리 콩에 대해 더욱 확신을 갖게 되었어요.

강수돌: 정말 마음고생을 많이 하셨네요. 막둥이 건강이 좋아져서 정말 다행이고요. 그런데 굳이 학위까지 필요했을까요?

함정희: 아, 그니까요. 솔직히 고졸에 불과한 제가 이렇게 우리 콩이 좋다고 아무리 떠들고 다녀봤자 귀담아듣는 사람이 별로 없었어요. 다들 그냥 속으로 '저 아줌마, 우리 콩에 좀 미쳤다보다' 이런 식으로 생각하죠.

강수돌: 그게 바로 학력사회, 학벌사회의 문제점이거든요.

함정희: 그래서 제가 고등학교 졸업한 지 33년이 지난 2005년에 전주기전대 식품과학과 학생이 된 거예요. 그리고 2007년에 기전대를 졸업하자마자 전주대 경영학과에 편입해 2009년에 학사학위를 받았죠.

강수돌: 똑순이 아지매, 아니면 군세어라 정희야, 이런 거네요, 하하.

함정희: 제가 어릴 적부터 좋아해서 콩을 참 많이 먹었는데, 콩 먹은 힘으로 공부한 것 같아요. 근데 그걸로 끝낼 순 없었죠. 그래서 강 교수님이 가르치던 고려대 세종캠퍼스 경영정보대학원에 진학을 한 거예요. 그렇게 해서 2013년에 드디어 고려대 석사학위까지 했고요.

강수돌: 맞아요. 그 무렵 제 수업도 들으셨고, 성적도 좋았던 걸로 기억해요. 전주서 세종까지 오가기도 힘드셨을 텐데 말이죠.

함정희: 그 정도야 아무것도 아니었죠. 2001년 가을에 '앞으로 우리 콩만 한다'고 단호히 결심하고 나서부터 남편이랑 호되게 싸워온 것과 비교하면 그런 건 정말 아무것도 아니에요.

강수돌: 이혼 위기까지 넘기면서 참 잘 이겨내신 것 같아요.

함정희: 말도 못해요. 그다음엔 원광대 대학원 박사과정에 바로 들어갔죠. 코스웍은 2015년에 끝났는데 이놈의 박사 논문을 쓰느라 시간이 좀 걸렸어요. 꼬박 6년을 썼거든요. 그리고 마침내 2021년 2월에 박사가 됐어요. 원광대 보건행정학 박사.

강수돌: 우와, 이 지점에서 박수를 안 치고 넘어갈 수 없죠, 박수, 짝짝짝!

함정희: 가만히 따져보니 제가 2005년에 만 52세의 만학도로 대학 문을 두드리고 꼬박 16년 만에 '콩 박사'가 되었어요. 스스로 생각해도 참 대견해요!

강수돌: 그럼요. 대단하신 일입니다. 정말 멋져요. 혹 궁금해하실 분들을 위해 박사 논문 제목을 좀 알려주세요.

함정희: "한국인의 건강 관점에서 콩의 영양, 기원 및 유전자원에

관한 연구"입니다.

강수돌: 그렇군요. 정말 수고 많으셨습니다.

함정희: 오히려 제가 고맙죠. 그런데 만일 우리 토종 콩에 대해 좀 더 많이 알릴 수만 있다면, 저는 몇 번이라도 박사 공부를 할 수 있을 것 같아요.

강수돌: 그게 바로 '함관순' 정신이네요. 우리의 유관순 열사가 나라의 독립을 위해 열 번이라도 죽을 수 있다고 했던 그런 정신.

오랜 세월의 흔적을 고스란히 보여주는 함씨네토종콩식품 간판.

2부 좋은 음식과 건강 이야기

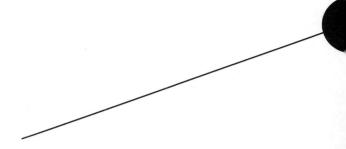

우리의 일상생활 속에는 어떤 발암물질이 있을까?
우리가 모르는 사이에 우리가 노출된 암 유발
상황이나 환경에는 어떤 것이 있을까? 건강하게
살려면 어떤 것들을 조심해야 할까? 세계보건기구
산하의 국제암연구소가 발표한 발암물질을
살펴보자.

1 세계보건기구가 발표한 발암물질

두 가지 계산법

강수돌: 이번에는 우리가 섭취하는 음식이나 생활과 관련해 암 유발 물질이 얼마나 많은지 한번 살펴볼까요?

함정희: 제가 말한, GMO 콩에서 검출되는 글리포세이트도 발암물질이죠?

강수돌: 네. 세계보건기구 산하에 국제암연구소(IARC)라는 게 있는데, 거기서 2015년에 GMO 농산물을 재배하는 데 사용하는 무서운 제초제 '라운드업'의 한 성분인 글리포세이트가 2A급 발암물질이라고 선포했어요.

함정희: 1급은 뭐고 2급은 뭔가요?

강수돌: 발암물질도 1급부터 3급까지 있는데, 그 중간에 2A급, 2B급이

있어요. 1급이야 '발암 가능성이 매우 높은' 것이라서 아주 특별히 조심해야 하고요. 그런데 의외로 우리가 가까이하는 것 중에 1급이 많아요. 알수록 무서워요.

함정희: 2A, 2B급은요?

강수돌: 2A급은 동물실험에서는 확실히 해로운데, 인체는 '발암 가능성이 높다' 정도이지 확증은 안 된 상태라고 합니다. 2B급은 동물이나 인체 모두에서 발암 가능성에 대한 증거가 충분하지는 않지만 그래도 '상당히 조심해야 하는 것'이라는군요. 3급은 아무래도 발암 가능성이 있는 것 중에서는 '좀 약하다'는 얘기인데, 그래도 조심해야죠.

함정희: 그럼 실생활 속에 있는 1A등급부터 살펴볼까요? 어떤 것들이 있나요?

강수돌: 무서운 것들이죠. 물질도 있지만 노출 상황도 문제가 됩니다. 예를 들면, 술이나 담배, 벤젠, 석면, 포름알데히드, 카드뮴, 방사능, 엑스레이, 라돈, 미세먼지, 그을음, 자외선, 매연, 가공육(햄이나 소시지 등) 같은 것들이 우리 생활과 밀접한 발암물질이죠.

함정희: 그러니까 햇볕도, 공기도, 냄새도, 실내 환경도 모두 무서운 것들이 참 많아요.

강수돌: 심지어 B형이나 C형 간염 바이러스, 그리고 특정 헬리코박터(파일로리)균에 감염된 경우 발암 가능성이 높다고 해요. 림프성 바이러스(HTLV-I)도 마찬가지고요.

함정희: 요즘 코로나19 바이러스도 위험하긴 하잖아요.

강수돌: 그렇죠. 발암물질은 아니지만 매우 조심해야죠. 그리고

일반인들에게는 낯설지만 비소나 벤조피렌 같은 화학물질, 원자력
발전소에서 다루는 플루토늄, 방사성 요오드나 핵종 같은 것도
1급이라고 해요. 벤조피렌은 들기름을 볶을 때 나온다고 하니 진짜
조심해야 돼요. 들기름은 생으로 먹는 게 좋다는 얘기죠. 최근엔 라돈
아파트, 라돈 침대가 문제가 되기도 했죠. 심지어 도로포장에 쓰이는
콜타르 피치, 예전에 교실이나 가정에서 때던 석탄난로 연기도 1급
발암물질이래요. (초)미세먼지 역시 아주 위험하고요.

함정희: 지금까지 우리나라가 잘살아보자고 열심히 달려왔는데, 그
사이 물도 공기도 땅도 죄다 오염되었으니 참 기막힌 일이죠. 곳곳에
발암물질만 둥둥 떠다니니.

강수돌: 지하철 역사에서도 방사능 측정기를 들고 다니면 계속
삑삑거려서 시끄러워서라도 꺼버린다고 하잖아요.

함정희: 서울 같은 대도시에서 산다는 것 자체가 온갖 위험물질에
노출돼 사는 것 같아요.

강수돌: 박진도 교수님이 엮은 책 《농민이 행복해야 국민이
행복하다》를 보면, "수도권 개발의 낙수효과가 아니라 농촌 발전의
분수효과로 균형발전을 추구"하자는 제안이 나와요.

함정희: 맞아요. 지금까지는 너무 수도권만 비대해졌어요. 지방도 큰
도시 위주고요. 농어촌은 죽어가는데….

강수돌: 바로 그겁니다. 돈벌이를 통해 삶의 양을 늘려보겠다고
아우성을 쳤지만, 이제 '삶의 질'이 엉망이 되었죠. 지금부터라도
철저히 반성하고 전혀 다르게 살아야 하는데 말이죠.

함정희: 만날 값싸고 편한 것만 찾지 말고 조금 불편하더라도

텃밭에서 재배해서 먹기도 하고, 제값을 쳐서 돈을 좀 더 주더라도 좋은 음식을 먹어야죠.

강수돌: 제가 시민 강의를 가면 늘 하는 얘기가 두 가지 계산법에 대한 거예요. 하나는 식비를 아낀답시고 만날 대형 마트에 가서 값싼 것만 꾸준히 사 먹게 되면 매월 식비는 절약되지만 10년이고 20년 뒤엔 암과 같은 큰 병을 얻어 지금까지 저축한 돈 탈탈 털리고 병원만 살찌워주고 장렬하게 전사하는 계산법이죠.

함정희: 맞아요, 맞아. 보통 사람들이 그렇게 생각하죠.

강수돌: 다른 하나는 가족을 위해 돈이 좀 더 들더라도 유기농으로 생산한 농산물을 생협 같은 데서 '제값' 치르고 구입해 먹어 매월 식비가 조금 더 들지만 수십 년 뒤에도 암 같은 큰 병 얻지 않고 하늘이 주신 수명을 온전하게 누리며 건강하게 살아간다는 계산법, 이 두 가지라는 거예요.

함정희: 아따, 왜 저는 그런 강의를 못 들었을까요?

강수돌: 몸에 좋은 두부, 청국장, 쥐마청까지 만드느라 너무 바쁘셨겠죠.

함정희: 그래도 제가 교수님 강의라면 어디건 가는데.

강수돌: 제가 '이 둘 중 어떤 계산법이 현명한가요?'라고 물으면, 다들 두 번째라고 답해요. 나중에 강의 끝날 무렵엔 어떤 생협들이 있는지 물어보는 경우도 많고요. 물론 요즘엔 사람들이 웬만한 생협은 다 알지만요. 이젠 '함씨네토종콩식품' 제품들도 두 번째 계산법을 선택한 사람들에게 널리 알려져야죠.

함정희: 그러면 좋죠.

강수돌: 그 외에도 1급 발암물질에는 나무 자를 때 나는 먼지, 굴뚝 청소할 때 나는 매캐한 냄새, 용접할 때 나는 연기, 가죽에서 나오는 가루, 부츠·신발·유리·가구·알루미늄 등을 생산 때의 공기, 석탄 가스나 연기, 콜타르(골탕) 수증기, 페인트 냄새, 고무 제조업 같은 데서 나오는 것들이 포함된다고 해요. 대체로 보면, 우리가 위험하고 더럽고 힘들다고 하는 '3D 노동' 영역에 속하는 게 많아요. 이른바 환경호르몬이나 새집증후군이라고 하는 것들도 모두 해롭고요.

함정희: 저는 우리 콩에만 꽂혀 주로 GMO 콩만 조심하라고 했는데, 듣고 보니 우리 생활 자체가 온통 위험한 것들로 둘러싸여 있네요.

강수돌: 온 세상이 편한 것만 추구하며 모두 돈벌이에 눈이 멀다 보니, 몸에 좋은지 나쁜지도 모르고 그렇게 사는 거예요. 그래서 나중엔 원인도 모르는 암이 발생해 온 가족이 '멘붕'을 겪는 경우가 참 많죠.

함정희: '모르는 게 약'이라는 말도 있지만 이런 것들은 '모르는 게 병'이네요.

강수돌: 맞아요. 몸에 좋은 것이나 해로운 것이나 알 건 알아야 하고, 무슨 비리를 저지르거나 부정한 일을 하는 방법, 이런 건 모르는 게 더 낫겠죠?

함정희: 그러고 보니 아까 말씀하신 벤조피렌 말이죠. 모두들 몸에 좋다고 하면서 들기름을 많이 먹는데, 혹시 요리에 들기름을 쓰더라도 생으로 써야지 불에 볶거나 튀기면 큰일 나니까 아주 조심해야 해요. 1급 발암물질이니까요.

강수돌: 네, 그건 그나마 널리 알려진 상식이죠. 특히 자취하는 젊은

청년이나 학생들에게 알려주면 좋겠어요. 프라이팬 바닥에 들기름을 넣고 고온으로 달구면 큰일 난다는 걸. 부침개나 볶음밥 같은 걸 할 때도 절대 들기름을 고온에 태우면 안 되겠죠? 식용유도 GMO로 만든 게 많으니 잘 보고 GMO 아닌 걸로 쓰는 게 좋고요.

일과 삶의 균형 맞추기

함정희: 2A등급 발암물질엔 어떤 것들이 있나요?

강수돌: 가장 대표적인 게, 함 대표님이 강조하신 라운드업 제초제나 GMO 농산물 안에서 나온다는 글리포세이트고요. 튀김 음식 역시 2A급이라고 해요. 요즘은 많이 안 쓰지만 구두약에서도 발암물질이 나온다네요.

함정희: 맞아요. 요리법 중 튀겨 먹는 건 피해야 돼요. 이게 가장 위험하죠. 그다음이 구워 먹는 게 안 좋다고 하고요. 시커멓게 탄 것도 발암성이 있다니까요. 먹는 방법 중 제일 좋은 건 생으로 먹거나 아니면 삶아 먹는 것, 데치거나 쪄서 먹는 거죠.

강수돌: 역시 식품 전문가시네요. 아, 그리고 퇴비간에서 나오는 가스(바이오매스)나 농약(살충제), 그리고 우리가 즐겨 먹는 붉은색 육류 역시 2A급 발암물질이라고 해요. 심지어 커피나 60도 이상의 뜨거운 음료도 조심해야 한다고 하고요.

함정희: 커피나 뜨거운 음료도 2A급 발암물질이 될 수 있다는 건 좀 이상한데요?

강수돌: 저도 믿기진 않지만 '조심하라'는 의미로 받아들이면 되겠죠.

함정희: 당연히 조심해야죠.

강수돌: 그리고 미용실 같은 델 가면 무슨 독한 냄새 같은 게 나죠? 파마약 같은 것 때문인데, 이것도 좋지 않다고 해요. 손님들이야 한 번 왔다 가면 그만이지만, 온종일 일하는 분들은 조심해야죠. 최소한 환기라도 자주 하는 게 좋겠죠?

함정희: 그러면 주유소도 비슷하겠네요?

강수돌: 맞아요. 주유소에 가도 석유 냄새 같은 게 우리 코를 찌르는데, 이것도 좋지 않다는 얘깁니다. 또 하나 흥미로운 건, 야간 노동이나 교대 근무 같은 것 있죠? 이게 생체 리듬도 바꾸고 수면 장애나 호르몬 장애까지 초래할 수 있기 때문에 2A급 발암물질과 동급이라는 거예요.

함정희: 아이고, 그러면 간호사나 발전소 근무자, 철도 근무자 같은 분들도 조심해야겠네요.

강수돌: 그렇죠. 요즘은 24시간 편의점 같은 것도 많은데, 거기서 일하는 분들도 조심해야죠. 그리고 청소년이나 청년들은 밤늦게까지 잠도 안 자고 뭔가 열심히 하는데, 이것도 교대 근무나 야간 노동 같은 악영향을 동반할 수 있으니 조심해야 하고요. 제가 한의사에게 들은 말은, 밤 11시부터 새벽 1시 사이, 즉 자시(子時)에는 '꼭 자시라'는 거예요, 하하. 그 시간에 잠을 잘 자야 우리 몸의 기본 에너지 생성이 잘된다고 해요. 하여간 가능하면 야간 노동이나 교대 근무 같은 건 줄이거나 안 하는 게 몸에 좋다는 얘깁니다.

함정희: 그러니까 아침에 해 뜨면 움직이기 시작하고 해 지면 집에

가서 잘 쉬어야 한다, 이런 얘기네요.

강수돌: 그렇죠. 그런 걸 '워라밸'(work-life balance)이라고 하죠. 일과 삶의 균형을 잘 잡는다는 얘기죠. 이상적인 얘기 같지만, 해가 지면 일을 끝내고 일 이외의 삶도 즐기며 살아야 해요. 물론 일은 짧을수록 좋아요. 요약하면, 우리 인간은 좋은 음식 먹고, 맑은 공기 마시고, 적절히 운동하고, 밤에는 잠 잘 자고, 이러면 건강하고 행복한 생활을 할 수 있다는 이야기죠.

함정희: 완전 모범 답안입니다!

함씨네토종콩식품 저온보관창고에 쌓여 있는 전국 각지에서 생산한 우리 콩.

누구나 행복하게 살고 싶다. 행복하기 위한 조건 중
가장 기본은 건강이다. 심신이 건강하려면
기본적으로 잘 먹어야 한다. 내가 먹는 것이 나의
심신이 되고 나의 인격이 된다. 그런데 과연 우리는
무엇을 어떻게 먹으며 살고 있는가? 행여 날마다
독약을 듬뿍 먹으면서 '잘 먹고 잘 살고 있다'고
착각하고 있는 것은 아닐까?

2 우리 밥상, 얼마나 건강한가

채식, 소식, 서식

강수돌: 오늘은 제가 전주에 있는 '함씨네토종콩식품'에 왔습니다.[2] 그런데 우리 함 대표님이 직접 차려주신 밥상을 보니, 아이고, 이게 진짜배기 건강 밥상이다, 이런 생각이 들어요.

함정희: 전주에서 가장 좋은 음식점으로 모실까 했는데 아무래도 외식보다는 소박해도 제가 직접 차린 게 더 나을 것 같아서요.

강수돌: 이게 최고지요. 일단 밥부터 이렇게 깜찍하고 귀여운 밥솥(전기밥솥 아닌)에다 해서 밥알이 살아 있어요.

---

2   2021년 6월 6일, 함씨네토종콩식품에 방문하여 함정희 대표가 직접 차려준 밥상을 앞에 두고.

함정희: 그래야 더 맛있어요.

강수돌: 찹쌀현미에다 잡곡이 들어가 찰지기도 하고요. 이렇게 오곡밥 같은 걸 매일 먹으면 진짜 좋아요.

함정희: 좋은 우리 농산물로 다 넣은 거니 정말 건강 밥상이죠.

강수돌: 여기서 직접 만든 청국장도 끓이셨네요.

함정희: 얼른 잡숴보세요.

강수돌: 구수해요. '발 냄새' 같은 것도 하나도 안 나고요, 하하.

함정희: 발효시킬 때 아주 잘 해야 냄새가 안 나요. 제대로 못하니까 냄새가 나는 거예요.

강수돌: 그 발효 과정이 핵심이죠.

함정희: 그럼요.

강수돌: 그래서 오늘은 김수현 약사님이 쓴 《밥상을 다시 차리자》라는 책에서 말하는 건강한 밥상 이야기를 하려고 해요.

함정희: 지금 이 밥상도 건강 밥상이죠. 청국장 외에 배추김치, 조기, 깍두기, 파김치, 무생채, 가지, 두부, 시금치나물… 그리고 정성이 깃들었죠.

강수돌: 정말 푸짐합니다. 정성이 깃든 밥상이라 더 좋아요. 고맙습니다.

함정희: 우리 콩으로 만든 두부랑 청국장도 좋지만, 자연 음식, 제철 음식이니까 맛있게 드세요.

강수돌: 네, 잘 알죠. 고맙습니다. 김수현 약사님도 가정식, 자연식, 제철식, 로컬식을 강조해요.

함정희: 바로 제가 그런 밥상을 차려요. 과거엔 저도 잘 모르고 GMO

콩으로 두부랑 된장, 청국장을 했으니 참 어리석었죠.

강수돌: 그래서 2001년부터 '우리 콩 독립군'이 되신 거 아니에요? 그런데 GMO는 콩만 있는 게 아니라 옥수수도 있어요. 콩은 반찬도 하고 밥에도 넣어 먹고 두부나 된장으로 가공도 되는데, 옥수수는 팝콘 외에 주로 액상과당(시럽)으로 가공돼 많이 쓰이죠. 그래서 우리가 잘 모르는 것 같아요.

함정희: 맞아요. 액상과당은 주로 '무설탕'이라고 써놓은 식품에 들어가요. '무설탕'이라니까 건강식품 같지만 사실은 아니니까 조심해야 해요.

강수돌: 또 카놀라유는 식용유로 쓰이는데, 이런 게 모두 GMO예요. 우리나라가 1년에 200만 톤씩 수입하는데, 그 규모가 세계 1위라고 하니 정말 걱정이에요. 우리 밥상이 본의 아니게 GMO 밥상이 되거든요.

함정희: GMO 식자재가 들어간 게 위험한 이유는 GMO 자체가 독성에 강한 유전자로 변형된 것이라는 점과 또 그 GMO에서 제초제 성분인 글리포세이트가 검출되기 때문이죠. 이게 발암물질인데….

강수돌: 우선 글리포세이트가 문제지만, 변형 유전자 그 자체도 문제라는 걸 우리가 잘 알아야 해요. 우리가 GMO를 먹으면 우리 몸은 이 변형 유전자를 이물질이 침투한 것이라고 보고 장기를 보호하기 위해 면역체계를 작동시킨다고 해요. 그 이물질이 조금이면 괜찮지만 매일 다량으로 유입되면 면역기능을 혹사시킨다는 거죠. 그래서 나중에 세균이나 바이러스가 침투해서 면역체계가 작동되어야 할 때는 면역체계가 고장나 멈춰버린다는 겁니다. 더

무섭다는 거죠.

함정희: 몸 안에 면역체계가 튼실해야 하는데, 이게 무너지면 곤란하죠.

강수돌: 그렇게 되면 우리 몸이 바이러스에 취약해지고 그래서 암이나 희귀병 같은 것에도 잘 걸린다는 거예요.

함정희: 그러니까 GMO는 글리포세이트도 문제고, 면역체계를 오작동시키는 것도 문제다, 이런 말씀이죠?

강수돌: 정확합니다! 언젠가 뉴스에서 맥주에서도 글리포세이트가 나온다는 얘기를 들은 것 같은데….

함정희: 글리포세이트가 소주, 맥주, 막걸리에서 검출되기도 하나봐요.

강수돌: 그런 게 다 성분으로 명시되어 있나요?

함정희: 아니죠. 그냥 검출됐다는 얘기예요. 감미료, 아스파탐이라고 하는 건 명시되어 있고요.

강수돌: 아마 2000년부터 법으로 'GMO 표시제'를 한다고는 했지만 실효성이 없는 것 같아요. 일례로 가공식품에는 GMO 표시를 안 해도 된다든지요.

함정희: 맞아요. 근데 아스파탐은 인공 감미료라 설탕보다 200배나 더 단맛을 낸다고 해요. 정말 무서운 것이 이게 뇌신경을 마비시킨다고 하고요.

강수돌: 뇌신경까지요?

함정희: 그렇게 무서운 건데도 가격이 싸니까 여기저기 아무 데나 넣는 거래요.

강수돌: 그게 결국 우리의 면역체계를 망가뜨리는 건데 말이죠. 만일 면역체계가 잘 살아 있다면 글리포세이트 같은 것도 제대로 방어하겠죠. 하지만 계속 GMO를 먹다보면 어느 순간 다 무너진다는 거죠.

함정희: 제가 암(癌)이라는 글자를 '병든 음식을 산처럼 먹어서' 오는 병이라고 했잖아요.

강수돌: 그러니까요. 암도 하루아침에 생기는 게 아니라 5년에서 20년 정도의 오랜 발병기를 거쳐 온다고 해요. 그러니 GMO나 튀김, 인스턴트식품, 패스트푸드, 가공육, 첨가제, 항생제, 방부제, 제초제, 살충제, 화학비료 등 온갖 인공적이고 화학적인 걸 5년에서 20년 정도 '꾸준히' 먹으면 결국엔 (피부병이나 소화불량 같은 건 아무것도 아니고) 암이나 당뇨, 고지혈증, 동맥경화, 골다공증 등 기타 희귀병에 걸릴 수 있다는 거죠.

함정희: 함부로 외식하기도 겁이 나요. 제가 '함씨네밥상'을 10년 하면서 고집스럽게 가정식과 자연식으로만 차린 것도 다 그런 이유였죠.

강수돌: 정말 대단하신 거예요. 쉽지 않은 일인데… 그래서 제철식과 로컬식으로 건강 밥상을 매일 차리면 우리 몸에 저항력이 생겨 웬만한 세균이나 바이러스 침투도 막아내게 되죠.

함정희: 제철식이란 계절마다 나오는 식재료로 만든 음식이고, 로컬식이란 그 지역 농산물로 만든 음식이라는 말이죠?

강수돌: 그렇죠. 그래서 냉동식품, 가공식품, 정제식품, 백색식품, 첨가식품, 조작식품, 온실식품, 튀김식품… 이런 게 아니라, 좀

귀찮더라도 싱싱한 자연재료로 밥상을 차려야 한다는 거죠. 좋은
재료를 생으로 먹거나 데치거나 삶아 먹으면 좋고요. 그것도 채식
위주로 하면서 조금씩 또 천천히 씹어서 먹어야 좋대요. 채식(菜食),
소식(小食), 서식(徐食)!

함정희: 채식, 소식, 서식이라. 채식과 소식은 들어봤는데 서식이란
말은 처음이네요. 서식은 그러니까 천천히 먹으라는 말이죠?

강수돌: 네. 그리고 제가 또 어디에서 보니까, 우리 이빨이 모두
서른두 개인데, 그중 송곳니가 네 개라서 채식과 육식의 비율을 8대 1
정도로 하는 게 자연의 이치에도 맞다고 하더라고요.

함정희: 그거 재밌네요.

강수돌: 말하자면 앞니나 어금니는 채식용이고, 송곳니가
육식용이래요. 육식동물들은 송곳니가 많죠. 그래서 사람은 채식을
육식보다 7-8배 더 많이 하는 게 자연의 진화 관점에서도 순리라는
거예요.

함정희: 일리가 있는 말이네요. 엄마들이 고기만 먹으려는 애들한테
그렇게 설득하면 좋겠어요. 게다가 요즘 애들은 잘 씹지도 않아서
이빨이나 턱뼈도 부실하기 쉽다고 해요.

강수돌: 맞아요. 채소나 곡물, 과일 속에 섬유질이 많으니 이런 음식을
꼭꼭 씹어 먹어야 이빨과 턱뼈도 튼튼해지고, 또 이 섬유질이 장 속
유산균의 먹이가 되어 장이 건강해지는 거죠. 유산균은 비타민과
아미노산을 만들고요.

함정희: 무조건 채식하라고 할 게 아니라 이런 설명을 해주면
아이들도 이해를 더 잘하겠죠?

강수돌: 그렇죠. 아이, 어른 할 것 없이 이런 걸 잘 알아야 바른 식습관을 갖게 되죠. 그런데 우리는 돼지고기나 쇠고기도 질긴 건 싫어하고 '입에 살살 녹는' 것만 좋아해요. 근데 그 연하고 부드럽다는 게 모두 독이라는 겁니다, 독!

함정희: 왜 그렇죠?

강수돌: 옛날에 둑이나 들판 같은 데서 소를 기르고 했을 때는 소도 건강하고 그 고기도 질겼어요. 근데 오늘날에는 좁은 축사에 가둬 배합 곡물사료로 살만 찌우니 한편으론 기름기가 많아지고, 다른 편으론 소를 빨리 키우기 위해 성장촉진제나 항생제, 백신(예방주사), 살충제, 이런 걸 마구 사용해 사육하니 우리 몸에 좋을 수가 없겠죠.

함정희: 맞네요. 애들에게 고기를 먹일 때에도 차라리 좀 질긴 걸 먹이는 게 좋겠어요. 그게 자연산에 가까운 거니까.

강수돌: 이 부분에 대해서는 특히 메린 매케나 선생이 쓴 《빅 치킨: 항생제는 농업과 식생활을 어떻게 변화시켰나》라는 책을 참고하면 좋아요. 우리 아이들이나 청년들이 치킨이나 고기를 엄청 좋아하는데, 이 책은 항생제의 문제점을 잘 짚어줘요. 건강한 식생활을 위한 유용한 정보를 얻을 수 있는 책이에요.

함정희: 잘 몰라서 함부로 먹고 마시고 즐기다가 40대 이상이 되면 큰 병에 걸려 정말 고생하는 경우가 많거든요. 하여간 가능하면 고기보다는 채식이 좋은데, 혹시 고기를 먹더라도 질긴 걸 먹어라, 이 말씀이죠? 질긴 게 야생에 가깝게 건강하게 키운 거다, 이런 말이니까요.

강수돌: 그렇죠. 조금 질겨야 씹으면서 침도 잘 나오고요. 우리가 침을

예사로 생각하는데, 실은 침이 입속의 세균도 잡는다잖아요? 그래서 질긴 음식이 이빨과 턱, 심지어 뇌 발달에도 좋다는 거죠. 오래 꼭꼭 잘 씹어야 좋아요. 소화도 잘되고요.

함정희: 그러고 보니 쌀도 백미보다 현미를 먹는 게 좋잖아요.

강수돌: 그렇죠. 우리가 삼백산업이라고 하는 백미, 설탕, 밀가루처럼 하얀 걸 잘 먹는데, 이것도 독이 될 수 있다는 얘기죠. 곡식이든 과일이든 껍질을 먹어야 양분이 많다고 해요. 흰 쌀밥은 쌀이 가진 영양가의 95퍼센트는 버리고 오직 5퍼센트만 먹는 거라잖아요. 어리석죠.

함정희: 그래서 현미를 먹어야 해요.

강수돌: 또 백설탕은 표백제 같은 걸 사용해 만든다고 하고요. 빵이나 과자, 국수(면)를 만드는 밀도 통밀로 먹어야 영양이 많은데, 하얀 게 부드럽고 보기 좋다고 그런 것만 찾으니 영양은 꽝이고 독소만 먹게 되죠.

함정희: 백설탕은 가급적 피해야 하고요. 밀은 우리밀, 앉은뱅이밀이 좋아요. 글루텐도 적은 편이고요.

강수돌: 다행히 생각 있는 농민들이 앉은뱅이밀을 곳곳에서 재배하시더라고요.

함정희: 자칫 멸종될 뻔했는데, 경남 진주의 백관실 씨 댁에서 그 명맥을 유지해왔다고 하죠. 정말 다행이에요.

강수돌: 그 댁이 방앗간(금곡정미소)을 하는 바람에 본의 아니게 그 종자를 잇게 되었다고 하더라고요.

함정희: 맞아요. 하여간 이런 걸 잘 알아야 하는데, 학교에서도

집에서도 가르쳐주는 사람이 없으니….

강수돌: 그래서 우리가 이 책을 통해 온 나라 사람들에게 뭘 먹든
알고 먹자고 전하는 거죠.

함정희: 맞아요. 저희 함씨네토종콩식품도 좋지만 전국 곳곳에 좋은
농산물, 좋은 식품을 만들어 공급하는 분들이 많으니 그분들에
감사하며 제값 주고 구입해 먹어야죠.

강수돌: 정말 고생하시는 분들이 보람을 찾으면 좋겠어요.[3]

함정희: 그분들이 보람을 찾으려면 싸다, 비싸다 하는 차원을 넘어야
해요.

강수돌: 건강을 위해선 제값을 치르는 게 옳죠. 우리가
자연식(탄수화물 등)을 하더라도 전분질과 더불어 섬유질도 같이
먹어야 하는데, 대개는 섬유질이 질기고 보기도 안 좋으니 깎아버리고
정제한 뒤에 전분질만 먹죠. 먹기엔 좋지만 몸엔 안 좋다고 해요.

함정희: 원래 곡식이나 과일의 껍질에 영양분이 많다고 하잖아요.

강수돌: 그렇죠. 전분질은 쉽게 말하면 흰 쌀밥에 많죠. 섬유질은 쌀
껍질(현미)이나 채소에 많고요. 전분질을 먹으면 (인슐린의 도움으로)
포도당으로 분해되는데, 이게 우리 몸의 에너지원이 되는 혈당(핏속
당분)이라고 해요. 혈당수치가 80-110이면 정상인데, 그 이상으로
수치가 커지면 당뇨를 조심해야죠. 그런데 전분질 외에 또 혈당을
올리는 게 과당(과일 속 당분)이나 설탕(포도당과 과당의 결합) 같은

---

3 '부록 2 좋은 농산물로 건강한 식품을 생산하는 사람들'을 참조하라.

당류라고 해요. 주로 GMO 옥수수로 만드는 액상과당이나 아스파탐 같은 건 더 안 좋죠. 계속 먹으면 당뇨나 암(뇌종양) 같은 게 오기 쉽대요. 그러니 전분질이나 당류를 생각 없이 많이 먹으면 (먹을 땐 좋아도) 거의 당뇨가 오죠. 결국 별 생각 없이 그냥 먹기 좋은 것, 편한 것만 먹다보면 결코 건강할 수가 없다는 얘기예요.

함정희: 그럼요. 혈당이 오르면 당뇨도 오고 갈수록 위험해지거든요.

강수돌: 혈당이 아주 높아지면 우리 몸이 이걸 조절하려고 췌장에서 인슐린(당을 분해해 에너지로 전환하는 호르몬)이 분비되는데, 만일 과당이나 설탕 같은 당류를 '과잉' 섭취하면 췌장이 과로해서 망가진다는 거 아니에요. 그러면 아예 인슐린 분비가 안 되어 악순환이 된다는 거죠.

함정희: 췌장이 튼튼해야 인슐린도 잘 나오고 혈당 조절도 잘돼죠.

강수돌: 근데 췌장이 망가지지 않은 경우에도 당이 필요 이상으로 많으면 나머지는 흡수되지 못하고 지방으로 축적돼요. 육식에서 오는 지방도 문제지만 탄수화물과 당류(설탕, 과당)로 인한 지방(중성지방)도 비만의 원인이라고 해요. 보통 칼로리 계산을 해서 식단을 짜곤 하는데, 숫자보다 중요한 게 이런 원리를 아는 거죠.

함정희: 사실 우리 어른들이 무슨 칼로리를 계산하면서 밥상을 차린 건 아니거든요. 전통의 지혜를 잘 따르면 건강 밥상이 되는데, 요즘은 가공식품이나 인스턴트식품, 튀김 같은 게 너무 많아요. 알고보면 다 독소들이죠.

강수돌: 독소도 문제지만, 설사 좋은 것이라고 해도 과잉 섭취하면 그게 또 독소로 변한대요.

함정희: 글게요. '다다익선'이 아니라 '다다독소'라고 해야 할까요?

강수돌: 이제 새로운 용어까지 창조하시네요… 하하. 달리 말하면, 가끔 어른들 말씀처럼 '죽지 않을 만큼 먹어라'가 맞는 것 같기도 해요.

함정희: 건강 밥상을 차리되 배 터지게 먹을 게 아니라 죽지 않을 만큼만 먹는다는 자세로 살면 좋을 것 같아요.

강수돌: 그런데 지금처럼 건강 밥상에 앉으면 아무래도 과식할 것 같은데요? 그래서 쉽진 않지만 그래도 '죽지 않을 만큼만 먹자'라는 말을 기억하면 좋겠어요. 그런데 혈당이 높은 것도 문제지만 낮은 것도 문제래요.

함정희: 왜 그럴까요?

강수돌: 보통 당뇨가 있는 사람은 '아이고, 당 떨어진다'고 하면서 사탕이나 음식을 서둘러 먹죠? 기운이 쭉 빠지고 집중력도 떨어지니까요. 만일 혈당이 계속 떨어지면 신경조직이나 뇌조직, 심지어 적혈구 같은 피조직도 망가진다고 해요. 그래서 자기도 모르게 짜증이나 신경질이 나고 감정조절을 잘 못하는 현상이 발생하죠.

함정희: 그것도 무섭네요.

강수돌: 종합하면, 결국 우리가 자연식, 가정식, 제철식, 로컬식을 멀리하고 편하게 돈 주고 사 먹는 것에 익숙해지다보니, 본의 아니게 '돈 주고 독약 사 먹는 꼴'이 되었다는 거죠. 건강식을 해야 혈당이 정상으로 유지되고, 그래야 면역체계가 일을 잘할 수 있겠지요. 보통 피가 맑아야 한다고 하는데, 이게 바로 그런 뜻이거든요. 그래야 건강한 몸을 잘 유지하고 행복해지죠!

함정희: 정말 중요한 말씀이에요. 이제부터는 건강한 재료로
가정식을 하고, 가능한 한 채식, 소식, 서식을 해야겠어요.

돈 주고 독약 사는 격

강수돌: 이번엔 우리의 '일상생활'은 얼마나 건강한가, 그 얘기를
해볼까요? 사실 우리의 일상생활을 들여다보면, 한편에서는 병을
만들고 다른 편에서는 약을 사고 있는 격이죠. 지금 사회는 한마디로
'병 주고 약 주고'예요. 그런데 좀 달리 보면, 우리는 또 '돈 주고
독약을 사고' 있어요. 그러면 인생을 완전히 헛사는 셈이죠.

함정희: 저는 기본적으로 세 가지를 조심하라고 말하고 싶어요.

강수돌: 그게 뭘까요?

함정희: 우선은 치약보다 소금을 쓰는 게 좋아요. 잘 구운 죽염이나
용융소금이면 더 좋겠죠.

강수돌: 왜 그렇죠?

함정희: 치약의 진실을 보세요. 치약을 어떻게, 뭘로 만들어요?

강수돌: 치약으로 만들죠, 하하.

함정희: 아이고, 싱거운 농담까지….

강수돌: 치약은 원래 석유 찌꺼기로 만든다던데요?

함정희: 그런 것도 일부 들어가지만 돌가루도 들어가고 또 들어가는
게 계면활성제예요. 살충제의 일종이죠. 한번 잘 생각해보세요.
치약은 비누처럼 거품이 나잖아요. 이걸 계속 먹으면 치아가 다

상하게 돼 있어요. 박테리아나 바퀴벌레를 치약에 바르면 며칠 안에 죽는다고 해요. 그 정도로 독하대요.

강수돌: 그래요? 완전 독약이네요?

함정희: 그런데 그걸로 만날 이를 닦으면 어떻게 되겠어요? 이가 다 부스러지고 잇몸도 부스러져요. 그래서 다들 임플란트를 해야 하잖아요? 불편하기도 하고 돈도 많이 들고요.

강수돌: 치약으로 병 주고, 임플란트로 비싼 약 준다, 이런 말씀?

함정희: 눈치가 빠르시네요.

강수돌: 그래야 이 험한 사회에서 살아가죠, 하하.

함정희: 그러니 이제 소금으로 이를 닦으면 사람도 세상도 좋아지겠죠. 돈도 덜 들고요.

강수돌: 그런데 치석은 왜 아무리 양치질을 해도 잘 안 빠질까요?

함정희: 치약을 사용하면 치석이 생길 수밖에 없어요. 소금물에 이를 닦아보세요. 고운소금물. 그러면 치석도 안 생기고 잇몸도 튼튼해져요.

강수돌: 그래야겠네요.

함정희: 어떤 교수님이 나이가 일흔다섯인데 어디 치아 대회에 나가서 1등을 했대요. 썩은 이가 하나가 없다는 거죠. 그분도 소금으로 양치를 했다고 했어요.

강수돌: 저도 한때는 소금으로 닦았는데, 치석은 잘 모르겠고 입속 느낌이 개운했던 기억이 있어요. 요즘은 이기영 호서대 명예교수가 개발한 천년초(백년초) 치약을 써보고 있어요.

함정희: 두 번째는 호두 같은 견과류는 까놓은 지 오래된 걸 절대

먹지 말라고 해요. 까놓은 지 오래된 건 아플라톡신이라고 하는
일종의 곰팡이독, 발암물질이 나온대요.

강수돌: 그 말도 일리가 있네요. 그냥 쉬운 말로 우리가
'산화'(산패) 된다고 하잖아요. 견과류 같은 게 공기랑 만나면 독성이
생긴다는 얘기죠. 그 독성이 아플라톡신이고요.

함정희: 그다음 세 번째는 다들 좋아하는 생선회, 이걸 가능하면 먹지
말라고 해요.

강수돌: 왜요?

함정희: 의외로 회가 간암을 부른다고 해요.

강수돌: 그래요?

함정희: 이미 아는 분들은 잘 안 먹어요. 생선회에 어마어마한 세균이
있다는 거죠. 그걸 먹으면 간에서 해독도 안 되고 그래서 간암이 올
확률이 높대요.

강수돌: 원래 생선에서 세균이 나온다는 거예요? 아니면 생선을
보관하는 수족관 같은 데서 문제가 생기는 걸까요?

함정희: 날생선 자체에서 온다는 거죠.

강수돌: 그런 말은 처음 듣는데요?

함정희: 물이 오염돼서 그렇다고 해요. 그래서 먹으면 절대 안 된다고
해요. 식품영양학 교수님 한 분도 자기는 절대 회를 안 먹는다고
하시더라고요. 보통 술을 많이 먹어 간암에 걸리는 걸로 아는데,
그보다 회에 있는 세균 때문에 간암에 걸릴 확률이 더 높다는 거죠.
이거 정말 조심해야 돼요.

강수돌: 참 좋은 정보네요. 감사합니다!

두루 좋은 영향을 끼치는 생활방식

함정희: 교수님도 뭔가 한 수 가르쳐주셔야죠?

강수돌: 제가 아는 게 뭐가 있을까요?

함정희: 뭐라도 좋으니 음식이나 생활 관련해서 유익한 이야기를 해주세요.

강수돌: 저도 우리가 개인적으로나 사회적으로 실천하면 좋은 것 세 가지만 말할게요.

함정희: 궁금하네요.

강수돌: 첫째, 아파트보다는 가능하면 좀 소박해도 텃밭 있는 집에 사는 게 좋다 이거죠.

함정희: 왜 그런데요?

강수돌: 아파트는 편리하긴 하지만 평면적 공간이라 TV 보는 일 말고 할 일을 찾기가 어려워요. 게다가 시멘트벽이란 게 몸에도 안 좋고요.

함정희: 단독주택이 좋긴 하지만 일이 너무 많잖아요. 요즘같이 바쁜 세상에 풀도 뽑아야 하고 뭐가 고장 나면 직접 고쳐야 하니까요.

강수돌: 물론 장단점이 있지요. 하지만 텃밭 있는 주택에 살면, 똥오줌을 잘 분리해 받아서 거름(퇴비)도 만들어 텃밭에 뿌려줄 수 있어요. 밥이 똥이 되고 똥이 밥이 되는 순환형 살림살이가 되는 거죠. 그렇게 해서 상추, 고추, 토마토, 가지, 오이, 호박, 대파 등을 조금씩이라도 직접 재배해 건강하게 먹는 재미는 말로 다 못해요. 물론 좀 힘든 점이 있지만 이런 게 사람 사는 재미 아니겠어요.

함정희: 할 수만 있으면 그렇게 사는 게 당연히 좋지요. 저도 요즘엔

수십 층짜리 고층 아파트에서는 못 살겠더라고요.

강수돌: 어떤 분들은 5층 이하에 사는 게 좋다고 말하기도 해요.
5층까지는 그래도 땅 기운이 올라온다는 거죠. 너무 고층이면 허공에
떠서 사는 셈이죠. 물론 경치는 좋겠지만요.

함정희: 단독주택에 살면 음식물 쓰레기도 버릴 것 없이 텃밭이나
거름 간으로 가니 그것도 좋죠?

강수돌: 물론이죠. 저희는 닭, 강아지, 고양이가 있어서 음식물이
남아도 애들이랑 나눠 먹고, 마지막에 아무도 못 먹으면 닭을 주거나
거름 간으로 보내요. 그러면 퇴비가 되거든요. 닭장에서는 달걀도
하나씩 나오고요.

함정희: 말이야 쉽고 재밌어 보이지만, 다 사람 손이 가야 하는
일이니 시간도 돈도 노력도 많이 들 것 같아요.

강수돌: 맞아요. 두 번째는 장을 보더라도 가능한 한 대형마트보다는
'한살림'이나 '초록마을' '자연드림' '행복중심생협' 같은
생협(생활협동조합)을 활용하시라고 말하고 싶어요. 찾아보면 곳곳에
생협이 꽤 많아요. 우리 집은 한살림 조합원인데, 가능하면 거기서
유기농 식품을 구입하죠. 아마 전국의 생협 중에서 한살림이 가장
먼저 생겼고, 또 철저하게 관리를 잘하는 것 같아요. 만일 농민이
정직하게 유기농으로 재배하지 않고 속이면 바로 그 자리에서
잘린다고 하거든요.

함정희: 우리 애들은 아이쿱생협(자연드림)에 가는 것 같던데….

강수돌: 어디든 생협은 비슷해요. 요즘은 여기저기 많이 생겼어요.
예전부터 여성민우회에서 하던 행복중심생협도 있고요. 일단 한번

써보고 판단하면 돼요.

함정희: 생협을 이용하는 사람들이 많아지면 우리 농업도 잘 살아나겠죠?

강수돌: 그럼요. 농민 생산자와 도시 소비자가 생협을 매개로 만나게 되면 서로 좋은 거죠. 물론 이런 아래로부터의 운동이 정부의 유기농 육성책이나 농민 기본소득제 같은 위로부터의 운동과 잘 결합하면 더 좋겠지요.

함정희: 맞아요. 2003년에 멕시코까지 가서 자결한 이경해 열사도 '제발 우리 농업을 죽이지 말라'고 했잖아요.

강수돌: 그런 열사들의 한을 우리가 풀어 드려야죠. 사실 생협을 왕성하게 이용하면 본인도 좋고 농민도 좋고, 농업도 살리고 땅도 살리고, 모두에게 좋은 거예요.

함정희: 그러면 세 번째는 뭘까요?

강수돌: 세 번째는 말씀드리기가 쪼끔 거시기하지만, 우리 함 대표님의 '함씨네토종콩식품'처럼 전국 곳곳에서 나름 깊은 뜻을 가지고 좋은 농산물(또는 가공물)을 생산하는 분들을 좀 더 적극적으로 도와주자, 이런 얘깁니다.

함정희: 아이고, 감사하죠.

강수돌: 이런 분들은 사실 크게 돈벌이가 안 되는데도 우리 농업을 살리거나 사람들 건강을 지키고자 하는 선한 의도를 가지고 사업을 하시는 거거든요. 이런 분들을 이 책 뒤에 '부록'으로 붙여 소개하려고 해요. 전국 곳곳에 숨은 일꾼들이 많더라고요.

함정희: 역시 교수님은 다르시네요.

강수돌: 제가 몇 가지 더 생각나는 데를 들면, 경남 산청에는 '콩살림'이란 데가 있어 우리 콩으로 메주를 만들어 팔고요. 지리산 근처 어딘가에서는 죽염을 제대로 구워서 팔기도 해요. 제주의 몇몇 농장에서는 무농약 귤이나 한라봉, 천리향 같은 걸 생산하기도 하고요. 또 어떤 분은 우리 쌀로 바삭바삭한 빵을 만들기도 해요. 우리밀이나 호밀, 귀리로 통밀빵을 만드는 분들도 전국 곳곳에 생각보다 많아요.

함정희: 그 사이에 정말 많이 찾아보셨네요?

강수돌: 저도 노력했지만 주위에서 많이 찾아주셨어요. 이런 것들은 모두 시중에서 파는 것들과 비교했을 때 가격대가 좀 높아도 품질은 보장할 수 있는 거라 저는 정말 고마운 마음으로 종종 삽니다. '제값'을 주고요.

함정희: 맞아요. 시중 상품보다 가격이 좀 높아도 비싼 게 아니라 제값인 거죠. 품질도 다르고 우리 건강과 우리 땅을 지키는 거니까요.

강수돌: 앞에서도 말씀드렸지만, 두 가지 계산법이 있지요. 하나는 평소에 무조건 싼 것만 찾다가 나중에 큰 병을 얻어 병원에 돈을 다 갖다 바치는 경우고, 다른 하나는 평소 유기농이나 이런 품질 좋은 것을 조금 비싸다 싶어도 '제값'을 치르고 먹어 건강을 유지하면서 큰 병 걸리지 않고 하늘이 주신 수명을 잘 누리고 사는 경우죠. 물론 여러 변수가 있을 테니 이런 계산법이 항상 딱 맞아떨어지는 건 아니지만, 그래도 우리 몸은 정직하니까 먹은 대로 나타날 가능성이 높겠죠. 이 두 계산법 중 어느 게 더 나을까요?

함정희: 당연히 두 번째죠.

강수돌: 그렇죠. 당연히 두 번째가 지혜롭죠. 그건 자신도 잘 사는 길이지만 그걸 통해 동시에 좋은 일을 하는 분들에게 도움도 되고, 농촌과 땅을 살리고, 이런 식으로 두루 좋은 영향을 주기 때문이죠.

함정희: 교수님의 세 가지 제안도 참 좋은 것들이네요.

2021년 6월 6일 전주에서 대화를 나누기 전 함정희 대표가 직접 차려준 건강 밥상.

사람이 큰 시련을 겪고 나면 뭔가 성숙해지듯이, 콩
역시 발효 과정을 잘 거치면 그냥 콩보다 더 좋은
보약이 된다. 그러나 시련을 겪은 뒤 트라우마가
심해 비정상적 사고나 행위를 하는 경우가 있듯이,
콩이 잘못 발효되면 곰팡이가 생기거나 냄새가
고약해져 음식이 아니라 독약이 되기도 한다. 그래서
발효 과정이 중요하다.

3 왜 우리 콩, 발효 콩이 좋은가

발효균의 승리

강수돌: 우리가 건강하게 살려면 좋은 음식을 먹어야 한다는 건 이제
모두 잘 알죠. 우리 콩이 수입 콩이나 GMO 콩보다 좋은 건
기본이지만, 그 콩을 발효시키면 더 좋아질까요?

함정희: 음식 문화에서 '발효를 시킨다'는 건 쉽게 말해 다시 태어나는
거라고 생각해요. 그래서 같은 우리 콩이라도 삶은 콩과 발효 콩은
하늘과 땅 차이예요. 발효 콩은 한마디로 거듭난 거예요. 우리도
인생을 살다 보면 엄청 힘든 일이 왔을 때 자기 성찰을 한다든지 자기
계발을 한다든지 해서 완전히 새로 태어나는 경우가 있잖아요?

강수돌: 그렇죠. 그래서 실패나 실수, 좌절과 절망 같은 것도 거기에
어떻게 반응하냐에 따라 새로운 도약의 발판이 될 수 있죠.

함정희: 어떤 사람은 좋은 사람으로 거듭나서 사회에 이바지하지만, 어떤 사람은 시련이 왔을 때 상대방을 원수 삼아 앙갚음을 다짐하고 결국 죄를 지어 감옥에 가기도 하잖아요. 똑같아요. 이 발효식품도 잘 발효만 되면 완전히 좋은 걸로 거듭나는 거예요.

강수돌: 우리 콩도 중요하지만 발효 콩은 더 좋겠네요. 발효 콩이란 다른 말로 된장이나 청국장, 이런 거겠죠?

함정희: 그렇죠. 청국장은 전문가들도 단순한 식품 수준을 넘는다고 그래요. 약보다 더 좋죠.

강수돌: 보약이다 그 말이죠? 청국장이 보약이라….

함정희: 그렇죠. 잘 발효된 청국장은 항암제, 해독제라고 보면 돼요. 청국장 박사님으로 김한복 교수라고 계신데, 이분이 쓴 책을 몇 년 전부터 다 읽었어요. 이분이 미생물학 박사인데, 청국장을 보약이라고 말씀하세요. 호서대에서 청국장 연구를 얼마나 했는지 영국 케임브리지 국제인명센터(IBC)에도 등재되었다고 해요.

강수돌: 그렇군요. 김한복 교수님이 청국장 박사로 유명하시군요.

함정희: 김 교수님 책을 보면, 청국장 안에는 수백억 마리의 미생물과 항산화물질, 항암물질, 면역증강물질, 생리활성물질 같은 게 다 들었다고 해요.

강수돌: 무궁무진하네요.

함정희: 그래서 김 박사님이 청국장을 국제 용어로 만드셨어요. 청국장을 그대로 'Chungkookjang'이라고 쓰는 거죠.

강수돌: 대단하신 분이네요. 그런 분이 청국장을 단순한 식품이 아니라 약보다 우수한 이상적인 건강식품이라고 하셨다니,

오늘부터라도 청국장을 애용해야겠어요.

함정희: 그래야 건강도 좋아지고 우리 콩, 우리 농사, 우리 농민, 또 우리 국토도 건강하게 오래 지속 가능하겠죠.

강수돌: 콩도 콩이지만, 콩 농사를 짓는다는 것 자체가 지금 우리가 직면한 기후위기를 완화하는 데 도움이 된다고 해요. 논밭에 농작물을 기르면서 땅을 잘 살리는 것, 온갖 생명체가 협동해서 살아가게 하는 것, 기계나 석유를 가능한 한 쓰지 않고 자연의 힘으로 농사 짓는 것, 대량 축산업에서 나온 온갖 육고기(돼지, 소, 닭 등)를 먹는 대신 콩으로 단백질을 보충하는 것, 이 모든 게 지구를 좀 더 오래 보존할 수 있게 만든다는 얘기거든요.

함정희: 기후위기란 건 지구 자체가 위기라는 말이니까 우리가 모른 척하고 그냥 넘길 일이 아니란 말이지요.

강수돌: 맞아요. 그래서 우리의 밥상도 시급하게 혁명하고, 생활 자체를 혁명해야 해요.

함정희: 네. 청국장도 청국장이지만 된장도 발효식품으로 참 좋아요. 된장은 항아리 안에서 뙤약볕도 쐬고 추운 겨울도 나면서 이 모두를 참고 기다리는 가운데 깊은 맛이 생기는 거예요. 곰팡이, 세균, 발효균, 이 모든 게 다 들어가서 날마다 조금씩 발효 과정을 밟는다고 해요. 그래서 해와 바람, 공기와 같은 자연이 도와주어 마지막에 좋은 맛이 나는데, 이게 결국은 '발효균의 승리'라고 보면 돼요.

강수돌: 그렇죠. '발효균의 승리'죠. 사실 발효균이 곰팡이나 세균에게 굴복하면 그해 된장은 망치는 거잖아요.

함정희: 그런데 콩과 같은 곡식이나 모든 농작물의 궁극적 목적은

사람 몸에 들어가서 몸을 건강하게 살리는 것, 그래서 자기 존재를 제대로 인정받는 것이라고 해요. 근데 우리는 그 좋은 콩이나 된장, 청국장 같은 발효식품의 가치를 잘 모르고 싼 것만 찾아 먹고 있죠.

강수돌: 정말 맞는 말씀이에요. 우리 콩이나 그 식품, 그리고 그걸 만들어주신 분들에게 감사하면서 '제값'을 주고 사 먹고, 그래야 우리 몸도 더 좋아질 텐데 말이죠. 좀 더 크게 생각하면 우리 자신이 또 죽으면 거름이 되어 다른 생명체를 살리게 되죠. 그런데 우리가 음식 속에 든 방부제나 항생제 같은 걸 너무 많이 먹어서 몸이 잘 안 썩거나 우리 똥도 잘 안 썩는다고 해요, 하하.

함정희: 방부제 음식을 많이 먹으면 자연에는 아무 도움이 안 되죠.

강수돌: 그렇죠.

함정희: 하여튼 발효식품은 그냥 식품이 아니라 보약이다. 특히 오늘날 어른이나 아이 할 것 없이 패스트푸드처럼 독소가 많은 음식을 매일 '티끌 모아 태산' 쌓듯 먹는데, 청국장이나 된장은 그런 걸 해독하는 작용도 한다. 그래서 보약이다. 이 정도라도 꼭 기억하면 좋겠어요!

강수돌: 처음부터 건강한 것만 먹을 순 없으니, 어차피 먹는 음식들, 거기에 독소가 있다면 그것이 우리 몸속에 쌓이지 않게 수시로 해독을 해야 좋겠죠. 바로 그 해독제가 된장이나 청국장이라니, 정말 반갑네요!

함정희: 이참에, 전통 된장의 5덕이라고 들어보셨나요?

강수돌: 잘 모르겠네요. 뭘까요?

함정희: 그것은 나름 고유의 맛을 내며(단심), 오랫동안 상하지

않고(항심), 기름진 냄새를 제거하고(불심), 매운맛을 부드럽게
하며(선심), 어떤 음식과도 잘 조화된다(화심)는 거예요. 멋지죠?

강수돌: 아, 그렇게 깊은 뜻이 있었네요. 우리 콩으로 잘 만든
된장이나 청국장이 갑자기 새롭게 보이는데요?

우리 콩 지킴이 인증

강수돌: 그런데 함 대표님, 언젠가 '전통식품 인증 마크'를 받으셨다고
했는데, 그게 뭐죠?

함정희: 그건 우리는 수입 콩을 절대 안 쓴다, 오로지 우리 전통
원재료로 식품을 만든다, 이런 뜻이죠. 그래서 일단 그 인증 마크를
받으면, 그 상태에서 만약 수입 농산물을 쓰거나 조금이라도 섞으면
호되게 처벌을 받아요.

강수돌: 그래야겠죠? 얼마나 세게 받아요?

함정희: 3년 이하 징역 또는 3천만 원 이하의 벌금을 내는 회사가
되죠. 돈도 돈이지만 망신살이 이만저만 아니고, 이제 사업이 망하는
거죠.

강수돌: 함 대표님은 어떻게 이런 전통식품 인증 마크까지 받게 되신
거죠?

함정희: 제가 직접 찾아갔지요. 경기도 과천까지 농림부를
찾아갔어요.

강수돌: 아니, 우리 콩을 현지에서 사 오랴, 그 콩 제값 치르랴, 두부나

청국장 만들랴, 이래저래 눈코 뜰 새 없으셨을 텐데, 과천까지 직접 가셨다고요? 아이고….

함정희: 처음엔 전주 시청에다 신청해달라고 요청했죠. 그랬더니 담당자가 알았다고 하고선 그냥 손놓고 있는 거 있죠? 몇 달 뒤 다시 시청에 찾아갔는데 제 서류가 그대로 있더라고요. 속이 터져서 내가 직접 갈 테니 서류를 돌려달라고 했지요. 그래서 제가 직접 가게 된 거예요.

강수돌: 정말 부지런하고도 똑부러지세요. 저도 그렇게 어물쩍거리는 걸 눈 뜨고 볼 수가 없거든요. 되면 되고 안 되면 안 되는 거지….

함정희: 근데 웃긴 우연이 벌어졌어요. 제가 과천까지 가도 농림부가 어딘지 잘 모르잖아요. 묻고 또 물어 찾아갔단 말이죠. 마침내 엘리베이터를 탔어요. 농림부로 간다고 해서 그 엘리베이터를 탔는데, 전통식품 인증 마크 담당 부서가 어딘지는 또 모르는 거죠. 그래서 그 엘리베이터를 같이 탄 사람한테 물어봤어요. 그랬더니 몇 층으로 가면 된다고 해요. 그래서 거기로 갔죠. 근데 바로 그 사람이 그 자리에 앉아 있는 거예요. 내가 물어봤던 사람이… 서로 웃었죠. 인사도 나누고요. 그래서 금방 접수가 됐어요. 접수를 하면 담당 공무원이 일주일 안에 실사를 나온대요.

강수돌: 그다음에는요?

함정희: 진짜 일주일 안에 공무원들이 왔어요. 우리 공장까지 와서 조사를 해보더니 깜짝 놀라요. 이 비싼 콩을 사서 당신이 어떻게 돈을 벌겠냐는 거죠. 제가 말했어요. 나는 돈을 버는 게 목적이 아니라 우리 농산물을 살리는 게 목적이라고. 우리 국민 건강을 챙기려는

것이라고요. 그분들이 정말 기가 막히다는 표정으로 고개를 끄덕이며 가더군요. 그러고는 인증 마크가 나왔어요.

강수돌: 그게 몇 년도 이야기죠?

함정희: 2001년인가, 2002년인가? 아, 2002년이 맞겠네요. 우리 콩 독립선언을 한 그다음 해니까요.

강수돌: 대개 그런 걸 하려면 이것저것 까다롭고 보완할 것도 꽤 많았을 텐데요?

함정희: 맞아요. 쉽지는 않았는데, 그걸 그 사람들이 다 해줬어요. 부족한 서류는 보완하라고 해서 추가로 제출했고요. 그분들 말이, 당신은 우리 콩을 살리는 사람이 확실하니 잘 도와주겠다는 거였어요. 그렇게 인증 마크를 받았어요.

강수돌: 고생 많으셨습니다! 그러면 인증 마크를 받았으니 수시로 단속이나 점검 같은 것이 나오겠네요?

함정희: 그렇죠. 근데 나는 단속이 나오니까 너무 좋은 거예요. 내가 수입 콩을 전혀 안 쓴다는 걸 공개적으로 확인받을 수 있으니까요. 어느 해인가는 콩값이 너무 비쌌어요. 1킬로그램에 8800원까지 가기도 했죠. 수입 콩은 단돈 600원밖에 안 했고요. 그러니 단속이 나오는 것도 당연했죠. 과연 저 비싼 우리 콩을 제값 주고 사서 하겠냐는 거죠. 여기가 전라도 호남권인데, 광주 식약청만이 아니라 서울 식약청까지 단속을 나왔어요.

강수돌: 왜 한곳에서만 안 오고 여러 곳에서 온 거죠?

함정희: 원래 우리 공장은 광주 식약청 관할구역인데 서울 식약청까지 단속을 나왔고, 식약청만이 아니라 검찰청,

농산물품질관리원, 위생계, 소비자고발센터 등 다 왔어요. 분명히
뭔가 속이는 게 있을 거라고 생각한 거죠. 우리 집을 샅샅이 다
뒤지더군요. 근데 제가 수입 콩을 안 쓰니 이상한 게 나올 리가 없죠.
그리고 그 무렵엔 강원도 홍천에서 최고로 비싼 콩을 사다 놨으니,
그분들 입이 딱 벌어지고 말았죠. 속으로 '하하하, 잘 봐라' 하며
웃었죠. 마음에 거리끼는 게 하나도 없었으니까요.

강수돌: 홍천에서 제일 비싼 콩이라고요?

함정희: 제일 좋은 콩이 있다고 해서 거기까지 갔었어요.

강수돌: 시간도 없는데 거기까지 갔어요?

함정희: 홍천만이 아니라 춘천에도 갔어요. 새벽부터 설쳐서
전주에서 서울을 거쳐 홍천, 춘천, 이렇게 꼬박 하루를 다 쓰고 아주
밤늦게야 집에 돌아왔죠. 하여간 그렇게 우리 콩만 다 있으니 점검
나온 분들이 할 말이 없는 거죠. '당신은 돈 버는 사람이 아니고 우리
콩 지키는 사람이다', 이렇게 저를 확실히 인정해주더군요.

강수돌: 일종의 콩 싸움에서 승리한 기분이었겠네요?

함정희: 말하자면, '공무원 여러분들, 나를 잘 보시라, 이런 존재도
있다', 이런 마음이었죠.

강수돌: 자랑스럽네요. 대단하십니다.

함정희: 그때 그렇게 국산 콩만 쓴다고 인정을 받으니까 포상 같은 걸
할 때면 늘 나를 추천해요, 그분들이. 그래서 이런저런 상도 다 받게
됐고요.

강수돌: 그렇군요. 게다가 국산 콩으로 쥐마청(쥐눈이콩마늘청국장환)
특허까지 땄으니 상을 받을 만도 하죠.

함정희: 그게 결정적이었지요. 제 나름 실험에 실험을 거쳐 2007년에 특허를 땄어요.

강수돌: 그러고 보니 2007년에 농림부장관상(신지식농업인), 2018년에 대통령상(동탑산업훈장)을 받으셨네요. 게다가 2018년 11월엔 대한민국노벨재단에서 노벨상(노벨생리의학상) 후보 인증까지 받았고요. 야, 이거 보통 일이 아닌데요? 여기서도 박수 한번 세게 쳐야죠? 짝짝짝!

그 옛날 히포크라테스가 이렇게 말했다고 한다.
음식으로 치료하지 못하는 병은 약으로도 못
고친다고. 그런데 오늘날 우리가 사 먹는 대부분의
음식은 농약(살충제), 제초제, 화학비료, 석유농법,
방부제, 환경호르몬, 발암물질, GMO 등으로부터
자유롭지 못하다. 그래서 그 옛날처럼 음식으로 병을
다 치료할 수 없는 시대가 오고 말았다. 심한 경우
음식 자체가 독이요, 병인 시대다. 그래서 오늘날
우리는 비싼 돈 주고 독을 사 먹고 있는 것인지도
모른다. 따라서 좋은 음식을 잘 골라 먹는 것은
한편으로 좋은 기운을 불어넣는 영양제가 되고, 다른
한편으로는 그동안 우리 몸속에 차곡차곡 쌓인
독소를 천천히 제거해주는 해독제가 된다.

4 좋은 음식이 보약이다

'쥐마청'의 탄생 과정

강수돌: 이제 '좋은 음식이 보약이다'라는 철학으로 함 대표님이 직접 사업으로 해오신 일들에 대해 들어보고 싶어요.

함정희: 그러죠.

강수돌: 제가 간단한 질문을 먼저 드릴게요. 2001년부터 우리 콩으로 새 사업을 해오신 거죠?

함정희: 그렇죠. 우리 콩 독립선언을 한 게 2001년 10월이니까요.

강수돌: 어차피 두부나 청국장 만드는 공정은 같으니까, 이제 재료만 국산 콩으로 바꿔서 두부나 된장, 청국장, 이런 걸 만들기 시작하신 거죠?

함정희: 네. 나중엔 쥐눈이콩(서목태 또는 약콩)으로 청국장을 만들고,

또 마늘까지 넣어서 쥐마청(쥐눈이콩마늘청국장환)까지 만들어 특허도 냈죠, 2007년에.

강수돌: 청국장 환을 만들기 전에 가루를 먼저 했나요?

함정희: 네, 가루를 먼저 했어요.

강수돌: 일단 좋은 재료를 쓰되, 사람들이 먹기 좋게 온갖 아이디어를 생각하신 거네요?

함정희: 그렇죠. 맨 처음에는 청국장을 끓여서 먹어보니까 맛이 정말 구수하고 좋긴 한데, 이건 만날 끓여서 먹어야 하잖아요.

강수돌: 그렇죠. 불도 있어야 하고 그릇도 필요하고, 아예 부엌이 있어야죠.

함정희: 그러니까 청국장은 식사 시간에만 먹을 수가 있어요. 그래서 생각을 좀 했죠. 이걸 식사 시간이 아닌 다른 시간에도 먹으려면 어떻게 해야 할까?

강수돌: 그렇지, 맞아요.

함정희: 그렇게 고민하다가 청국장을 말려보았어요. 과감히 말려버렸죠. 그래서 이제 청국장을 알콩으로 판매했어요. 그거 맛있거든요. 그런데 사람들이 그냥 먹으니까 이빨이 좀 힘들다, 치아에 안 좋다, 이런 말을 하는 거예요. 그래서 그걸 가루로 만들었죠. 박살을 낸 거예요. 그렇게 청국장 가루가 되었죠.

강수돌: 청국장을 박살 내서 가루로 만드셨다… 기가 막히네요, 진짜.

함정희: 사람들이 먹기 좋게 하려고 온갖 방법을 다 써본 거예요. 그런데 그 가루를 가지고 일종의 임상실험을 해야 하는데, 그 실험 대상이 제 동생들이었어요. 동생들이 먹어보니까 맛도 좋고 몸에도

좋은 것 같고 다 좋은데, 먹다가 자꾸 흘린다고 하더라고요. 그래서 환으로 만들어야겠다고 생각했고, 결국 청국장 환이 나오게 된 거죠.

강수돌: 그러니까 처음엔 걸쭉한 된장 같은 것에서 잘 말려 알콩으로 만들었다가 다시 가루로 만들고, 마침내 작은 환이 된 거군요. 일종의 진화 과정이네요?

함정희: 그렇죠. 그런데 이제 환으로 먹어보니까 청국장, 이 한 가지만 먹는 거라서 맛이 좀 심심한 거예요. 그래서 뭔가 몸에 좋은 걸 하나 더 넣어야겠다고 생각했고, 결국 마늘을 넣게 된 거죠. 마늘 자체가 일종의 항암제잖아요.

강수돌: 청국장 환의 진화 과정은 계속된다, 기대하시라, 뭐 이런 거네요?

함정희: 그러면 이제 마늘을 얼마나 넣는 게 가장 좋을까, 이게 문제였어요. 그래서 맨 처음에는 5퍼센트 정도를 넣었어요. 그리고 시식을 해보고, 또 마늘을 10퍼센트 정도 넣고 다시 시식하고… 이런 식으로 마늘 비중을 조금씩 늘려 나갔죠.

강수돌: 그러면 몇 퍼센트까지 올라갔을까요?

함정희: 그렇게 비중을 늘리는 것도 실은 문제가 좀 있어요.

강수돌: 왜죠?

함정희: 마늘의 끈적거리는 성질이 문제더라고요. 알리신 성분 때문이죠. 이게 몸에 좋은 것이긴 한데….

강수돌: 맞아요, 알리신. 이게 항암작용을 한다고 하죠?

함정희: 그렇게 조금씩 늘리다가 마늘을 한 35-38퍼센트 정도 넣었더니, 우리 동생들이 먹어보고선 '이게 최고다' 하는 거예요. 그

정도가 맛도 좋고 쾌변이 나온다고 그래요. 진짜 이걸 하루만 먹어도 쾌변이 나온다고 해요. 오래 걸려도 이틀 만에 나온대요. 변비 있는 사람들한테는 이 쥐눈이콩마늘청국장환이 아주 딱 맞죠.

강수돌: 정말 좋은 소식이네요. 쾌변이 나온다는 건 우리 몸의 독소가 잘 빠진다는 것 아닌가요?

함정희: 그럼요. 정말 변이 잘 나와요. 사흘이나 닷새 정도만 먹으면 변이 황금색으로 변하고요. 황금색 변이 나오는 게 한방에서는 최고라고 치거든요.

강수돌: 어? 저는 일주일 먹어도 그런 색은 안 되던데요?

함정희: 너무 조금씩 드신 거 아니에요?

강수돌: 요즘 쑥 같은 걸 많이 먹어서 그런지 쑥색 변이 나와요, 하하.

함정희: 아, 그러면 채소를 너무 많이 먹어서 그런 모양이에요.

강수돌: 맞아요. 텃밭에서 나는 채소를 많이 먹는 편이에요.

함정희: 채소를 많이 먹으면 아무래도 채소 색이 많이 섞이겠죠. 그런데 채소를 덜 먹는 사람들은 금방 황금색 변이 나온다고 해요.

강수돌: 그러니까 평소 시골에서 유기농으로 먹고사는 사람들은 쥐마청을 먹어도 특별한 효과가 나타나기보다는 평소와 비슷하게 느껴질 수 있겠군요.

함정희: 그렇죠. 하여간 평소 채소보다 고기를 많이 먹는 사람들은 쥐마청을 며칠만 먹어도 바로 황금색 변이 나온다는 거죠.

강수돌: 채소나 미역이나 이런 걸 많이 먹으면 좀 다른 변이 나오겠네요.

함정희: 그래도 좋은 거예요. 어차피 몸속의 독소를 빼내는 거니까요.

일단 변도 잘 나오고 색깔도 황금색이면 건강 유지나 개선에 아주
좋다는 이야기죠.

강수돌: 제 아내가 대표님한테 산 쥐마청을 엄청 열심히 잘 먹었어요.
진짜 쾌변이 나온다고 하며 훌륭하다고 해요. 아내가
함씨네토종콩식품을 확실히 믿어요. 요즘 쥐마청을 아예 박스째
사다놓고 간식처럼 먹고 있어요.

함정희: 심심할 때마다 간식처럼 먹으면 돼요. 간식도 되고 보약도
되니 좋은 거죠.

강수돌: 맞아요. 제가 어디 멀리 강의를 가거나 일을 볼 때 갑자기
허기가 느껴지거나 밥때를 놓치는 경우가 있거든요. 그때 쥐마청을
먹으면 허기가 가시고 좀 든든해요.

함정희: 약이라고 생각하지 말고 간식이나 과자처럼 먹으면 기분도
좋고 맛도 있어요.

강수돌: 구수하고 맛있어요.

함정희: 그리고 꾸준히 먹으면 얼굴 혈색이 차츰차츰 밝아져요. 원래
좀 건강하지 않은 사람은 얼굴빛이 약간 팍팍하거든요. 그런데 이걸
계속 먹으면 얼굴색이 밝게 변해요.

강수돌: 꾸준히 먹는 게 중요하다는 이야기죠?

함정희: 한 달, 두 달, 계속 먹는 게 중요해요. 일단 두 달 정도 먹으면
확실히 효과가 나타나요. 그리고 석 달을 먹으면 효험을 완전히 알 수
있어요. 사람들이 어디서 날 보면 어떻게 얼굴색이 그렇게 좋아졌냐고
물어요. 그러면 제가 설명해줘요. 쥐눈이콩이랑 마늘이 서로 만나
엄청 신비한 해독작용을 해서 그런 거라고.

강수돌: 그런 걸 과학적으로 명확히 밝혀내고 그 연구 결과가 널리 알려지면 좋겠어요.

함정희: 제가 박사 논문에서 그걸 해냈으면 좋은데, 시간도 돈도 없고 역량도 부족했지요.

강수돌: 저도 그게 좀 아쉬웠어요.

함정희: 그런데 쥐눈이콩, 마늘, 청국장의 효능은 이미 다 제각기 밝혀졌거든요. 저는 그것들을 나름의 독특한 비법으로 잘 결합을 한 것뿐이고요.

강수돌: 그것만 해도 대단하신 거예요.

함정희: 문제는 사람들이 '비싸다'는 소리만 하고 그 진가를 잘 알아주지 않는다는 거예요. 온 사회에 불신이 팽배하다 보니까.

강수돌: 온갖 장사치들이 이상한 걸 만들어서는 보약이다 뭐다 해가며 사람들 주머니를 털어가려 하는 세태니, 이렇게 좋은 것이 있다고 해도 사람들은 잘 믿지를 못하죠.

함정희: 맞아요.

강수돌: 게다가 함 대표님이 빚을 져가면서까지 이 좋은 걸 개발해서 파는 건 모르고 값이 비싸다고만 얘기하기 쉽지요. 물건의 진가를 잘 알아차리지 못하는 것이니 그저 안타까울 뿐이에요.

함정희: 그래도 조금씩 알아주는 사람들이 늘어나고 있어요. 하루아침에 되는 게 있겠어요?

강수돌: 아이고, 오히려 제가 위로가 되네요. 대단하세요.

함정희: 두세 달이라도 이 쥐마청을 계속 먹으면 몸속의 독소를 거의 완전히 다 빼줘요. 해독작용은 특히 쥐눈이콩이 1등이라고 하고

마늘은 우리 몸에 축적된 중금속 오염물질을 배출시킨대요.

강수돌: 그렇군요.

함정희: 게다가 마늘은 살균효과도 있어요. 몸속 나쁜 균들을 죽이는 거죠. 그래서 몸에 아주 좋아요. 유해균을 없애주니까 황금색 변이 나오는 거겠죠.

강수돌: 아하, 그렇구나!

함정희: 또 소화액이나 인슐린 분비를 제일 많이 시키는 게 마늘이라고 해요. 위벽을 자극해 소화액을 분비하게 만드는 거죠. 인슐린 분비도 촉진시키고요. 그런데 자꾸 마늘만 먹으면 속이 쓰리죠, 독해서. 마늘을 청국장하고 같이 먹으면 그런 속쓰림이 없어요. 그래서 당뇨 환자에게도 참 좋아요.

강수돌: 그러니까 쥐마청은 변비, 신진대사, 아토피, 당뇨, 면역 강화 등에 두루 좋은 셈이네요?

함정희: 맞아요. 확실히 교수님이라 정리를 참 잘하세요, 하하.

세계의 약, 세상을 구하는 약

강수돌: 함 대표님이 개발하신 쥐마청의 효능을 좀 더 구체적으로 말씀해주시겠어요?

함정희: 솔직히 제 늦둥이(08년생) 아들요, 걔는 지금 개평으로 사는 거예요. 10년도 더 전에 죽을 뻔했거든요.

강수돌: 그게 무슨 말씀이신지? 이 함씨네는 죽고 살고 스토리가 참

많아요, 하하.

함정희: 앞에서도 말씀드렸듯이 당시 온갖 고초와 우여곡절 끝에 늦둥이인 막내를 낳았어요. 그런데 태아였을 때 받은 스트레스 때문인지 나중에 성장기에 혈당수치가 자그마치 1,000까지 올라간 거예요. 죽을 뻔했죠.

강수돌: 아이고, 혈당수치가 200이나 300만 넘어가도 조심하라고 하는데, 1,000이라니, 정말 아찔하네요.

함정희: 그러니까요. 저도 병원에 갔다가 깜짝 놀랐어요. 그런데 저 아이로 인해 제일 먼저 깨지는 것이 결국은 남편이더라고요. 한창 커가는 자기 아들이 혈당수치가 1,000이나 돼서 잘못하면 죽는다고 하니까 태도가 급변하더라고요. 아이 낳지 말라고 그렇게 미워하던 사람이 이제 세상에서 그 아들을 제일 사랑하는 사람으로 변했어요.

강수돌: 정말 신기한 일이죠. 아이가 태어나는 순간부터 모든 것이 기적이고 행복이죠.

함정희: 맞아요. 그런데 혈당수치가 1,000이나 되면 눈도 잘 안 보인다고 해요. 막둥이가 시력이 나빠 잘 보이지 않는다고 하니까, 남편이 이제 자기 눈까지 빼주겠다고 하니 하늘이 놀랄 일이죠.

강수돌: 뭔가 기적 같은 일이 일어난 거네요. 남편분 마음 안에서.

함정희: 그런데 그 말에 진짜 하늘이 감동을 받았는지, 아니면 아이가 그 말을 듣고 심신이 안정됐는지, 신기하게 바로 그 순간부터 당뇨 치료가 잘되는 거예요.

강수돌: 어떻게 해서 치료가 됐다는 말씀?

함정희: 제가 애한테 쥐마청을 매일 한 주먹씩 먹이기 시작했죠.

그랬더니 혈당수치도 차츰차츰 내려가고 모든 게 다 좋아져서 아이가 잘 크는 것 아니겠어요?

강수돌: 정말 다행입니다. 작은 기적이 여러 번 일어난 셈이네요.

함정희: 아이가 인슐린을 맞는다는 게 얼마나 힘든 일인지 상상이 잘 안 가죠? 제가 우리 아들 인슐린을 맞히는데, 몸에 멍이 다 들도록 아침저녁으로 찔러대는데 마음이 참 아프더라고요. 게다가 또 정해진 시간을 놓치면 저혈당으로 쇼크가 와서 기절도 하고 그랬어요.

강수돌: 정말 마음고생이 이만저만 아니었겠어요.

함정희: 그래도 어떡해요, 살려야지.

강수돌: 그럼요. 당연히 살려야죠. 한 사람의 인생은 그 자체로 하나의 우주라고도 하잖아요.

함정희: 맞아요. 이 세상에 소중하지 않은 목숨이 어디 있겠어요. 하여간 우리 막둥이는 그래서 지금 사는 것도 개평이라고 그래요. 이미 엄마 뱃속에서 죽을 뻔했고, 또 중학교 갈 무렵에는 혈당수치가 1,000까지 올라갔었으니, 지금 살아 있는 게 참 기적이죠.

강수돌: 결국 쥐마청이 막둥이를 살려낸 거네요?

함정희: 그렇죠. 제가 힘들게 개발한 보람이 우리 막둥이한테 잘 나타난 셈이죠. 병원 약을 포기한 상태에서 제가 개발한 쥐마청으로 애를 살렸어요.

강수돌: 와우, 이 부분에서 다시 함 대표님과 아드님께 큰 박수를!

함정희: 저도 막둥이도 남편도 모두 생사를 오간 순간이 참 많은 인생이죠? 사실 이런 얘기는 창피스럽기도 하고 자존심이 상하기도 하는 것 같아 말하기 싫은 거지만, 어쩌다 보니 강 교수님과

얘기하면서 다 나와버렸네요, 하하. 하기사 좀 털어놓고 나니 제
마음도 많이 나아졌어요. 아무 말도 않고 있었으면 제가 벌써
죽었을지도 몰라요.

강수돌: 가슴에 맺힌 건 다 풀어내야 좋대요. 아까 말씀하신 대로
우리 몸속 독소를 청국장 환이 해독해주는 게 몸에 좋듯이, 그동안
속에 뒀던 얘기들을 다 풀어내시는 것이 몸에도 좋을 거라 확신해요.

함정희: 그 애가 이제 스물네 살이 되었고, 그 사이 시력도 좋아져서
자동차 운전도 잘해요. 그래서 제가 서울이건 어디건 출장을 가면
우리 막내가 기사 역할을 해요. 대견하죠?

강수돌: 저는 막둥이 막둥이 해서 그냥 귀여워 그러시는 줄 알았는데,
아주 특별한 사연이 있었네요. 결국 엄마의 조건 없는 사랑이 아이를
살린 셈이네요. 이제 그 아이가 거꾸로 엄마 일을 돕고 있고요. 정말
잘되었어요.

함정희: 이제 걔는 치료가 되어 아무 약도 안 먹어도 멀쩡해요.
예전처럼 졸도도 안 하고요. 그렇게 해서 인슐린만 안 맞혀도 좀
살겠더라고요.

강수돌: 결국 쥐마청의 효능이 막내아드님 임상을 통해 경험적으로
증명된 거네요?

함정희: 그렇다고 봐야죠. 쥐마청을 꾸준히 먹여서 치료가
됐으니까요. 그러니 제가 쥐마청에 대해 확신을 가지는 것이 당연하지
않겠어요? 저는 확실히 믿어요. 꾸준히만 먹으면 여러 가지 병이 잘
낫고, 항암, 해독 효과가 있다고요.

강수돌: 대단하십니다. 쥐마청으로 죽을 뻔한 아이를 살려냈으니

노벨상 후보가 될 만해요.

함정희: 이제 이걸 누구든지 먹으면, 아기들도 먹으면, 다 좋아진다는 확신이 있어요. 이걸 많은 사람들이 알아주면 좋겠어요. 일단은 한번 잡숴보시라니까요. 변비부터 다 없어져요. 성격도 좋아져요. 속이 편해지니까요. 그래서 이게 바로 '세계의 약'이다, 이렇게 확신해요.

강수돌: 세계의 약, 세상을 구하는 약, 세상 사람 누가 먹어도 좋은 약, 정말 그렇게 되면 좋겠어요.

함정희: 그리고 그 효능이 나타날 수밖에 없는 건, 내가 절대 콩값을 한 번도 깎아본 적 없기 때문이에요. 농민들한테 콩을 사 올 때면 언제나 고맙고 감사하다는 표현을 했고, 운임도 내가 다 물고 실어왔어요. 그러면서 그분들을 최고로 대접했죠. 그러니 콩들도 아마 행복하게 올 거예요.

강수돌: 제가 강조하듯, '제값'을 치르고 산 콩이라 진짜 몸에 좋을 것 같아요.

함정희: 그건 제가 100퍼센트 보장해요.

강수돌: 보통은 어떻게 하면 단가를 후려칠까 연구하는데, 우리 대표님은 그게 아니에요. 농민이 행복해야 좋은 콩이 오고, 그래야 또 두부나 청국장(쥐마청)까지 모두 효험이 좋은 보약이 되겠죠. 저는 이 말을 믿어요. 사람을 귀하게 여기고 좋은 콩에 대해 그 진가를 알아주는 만큼, 그걸로 만든 음식 역시 효험이 좋을 거라는 걸요.

함정희: 그뿐만이 아니에요. 저는 우리 직원들도 제 나름대로 최고의 대접을 해요. 다른 두부공장보다 급여를 더 주고 쉬는 시간도 더 많이 줘요. 토요일, 일요일 다 쉬면서 직원들이 기분 좋게 일하도록

만들어줘요. 만일 일하는 사람들이 스트레스를 받으면 그게 다 식품 속으로 독이 되어 들어가거든요.

강수돌: 그럼요, 건강한 음식은 재료도 재료지만 사람의 정성과 사랑이 녹아들어야 하죠.

함정희: 김치 담글 때도 짜증을 내면서 담그면 김치 맛이 별로 없어요. 그 어떤 기운이 있어요. 눈에 보이지 않더라도 그런 기운이 확실히 맛을 다르게 해요. 그래서 저는 우리 직원들을 최대한 아껴요. 결국은 쥐마청이 우리 막둥이한테도 또 다른 모든 분들에게도 은혜를 갚는 것 같아요.

강수돌: 와우, 이 부분은 완전히 제가 대학에서 학생들에게 강의할 때 이야기하는 것과 유사해요. 일하는 사람이 행복하고 즐거워야 일도 잘하고 손님들에게도 잘한다. 그렇게 만들어진 제품이나 서비스는 모두를 행복하게 한다. 이런 이야기죠. 물론 자본주의 경쟁 속에서 이런 아이디어가 완벽하게 실현되긴 어렵지만 그 원리는 대체로 맞거든요. 여기서 우리 대표님과 직원분들께 큰 박수를 보냅니다.

함정희: 고맙습니다. 앞으로 이 '세계의 약'을 꼭 지키고 널리 알리고 싶어요. 이제 우리는 사회생활을 하다 보면 어쩔 수 없이 GMO를 먹을 수밖에 없거든요. 외식을 하면 자기 의지와 상관없이 식품첨가제도 다 먹죠. 그러니 그걸 수시로 해독해줘야 해요.

강수돌: 이건 역설적이지만 '병 주고 약 주고'라는 말과 비슷한데요? 함씨네가 '약은 확실히 준다, 이런 거네요? 따지고 보면, 우리는 평소에 '돈 주고 독을 사 먹는' 꼴이거든요. 그런데 함 대표님은 독소에 오염된 우리 몸을 독소로부터 해방시키자, 이런 철학을 갖고

계신 거네요.

함정희: 그럼요. 쥐마청을 꾸준히 먹으면 독소가 변으로 배출되잖아요. 그렇게 해독되는 거죠. 이 좋은 성분들이 우리 몸 구석구석 세포로 들어가 독소를 하나씩 빼내죠.

강수돌: 막내 아드님이 그 효능을 잘 증명해준 셈이 되었고요.

함정희: 우선 아들이 그렇게 해서 좋아졌고, 제 동생들이 다 고지혈증이 있었는데 쥐마청을 꾸준히 먹었더니 변비 해소는 물론 혈색도 좋아지고 고지혈증도 다 나았어요.

강수돌: 그런 식으로 실제 사례들이 더 많이 소개되고 효능이 입증될수록 쥐마청의 인기는 올라갈 수밖에 없겠네요.

함정희: 자료를 차곡차곡 잘 모아야죠. 김한복 교수님은 이미 2010년에 '세계 100대 과학자'로 등재된 분이고, 이분이 청국장의 효능에 대해서는 상세한 보고서와 논문을 다 써놓았어요. 마늘의 효능도 많이 입증된 상태죠. 이제는 쥐마청이라는 제 특허품을 실제로 몇 개월 이상 복용해본 사람들에게 어떤 효험이 나타나는지, 그 사례들을 모으고 있어요.

강수돌: 저랑 아내도 쥐마청을 꾸준히 먹으면서 몸에서 일어나는 변화를 관찰하고 있는 중입니다. 우선 변비 해소 효과는 확실하고요. 물론 저희는 평소 유기농 텃밭 채소를 직접 재배해 먹기 때문에 예전에도 변비나 변 색깔 문제는 별로 없었지만요. 그리고 아내는 당뇨가 좀 있는데, 일단은 혈당치가 120 내외로 왔다갔다한다고 해요.

함정희: 강 교수님 댁이야 오래전부터 텃밭에서 난 좋은 걸 드시고 맑은 공기 속에서 큰 욕심 없이 사시니 건강할 거예요. 그래도

사모님이 당뇨가 있다고 하시니 이 쥐마청을 꾸준히 먹고 완전 회복하시길 빌게요.

강수돌: 고맙습니다. 이제 정리를 하면, 좋은 음식이 보약이다. 그런데 우리가 평소에 독소가 많은 음식을 '티끌 모아 태산'처럼 먹다 보니 몸속에 독소가 많이 누적되어 있다. 이게 해독이 잘 안 되면 결국은 암과 같은 치명타가 되어 나타난다. 예컨대 우리 함 대표님이 오랜 고생 끝에 특허까지 획득한 쥐마청을 꾸준히 먹으면, 이게 영양제도 되지만 해독제도 된다, 이런 얘기죠?

함정희: 네, 몸이 아프신 분들이 쥐마청을 꾸준히 드시고 다시 건강한 몸을 되찾으시길 빌어요. 제가 옛날에 아무것도 모를 적에 수입 콩, GMO 콩으로 돈벌이를 하면서 많은 사람들 건강을 망친 것 같아 정말 죄송한 마음인데, 제 특허품인 쥐마청을 드시고 꼭 나으셔야 제가 제대로 속죄가 됩니다. 그리고 우리 콩 제품을 많이 드시면 그게 바로 우리 농민과 농촌, 우리 땅을 살리는 길이라는 점도 꼭 기억해주시면 좋겠습니다!

함정희 대표가 강수돌 교수에게 함씨네토종콩식품의 제품들이 만들어지는 공정을 설명하고 있다.

우리가 흔히 먹는 GMO 가공식품

- 콘플레이크, 팝콘, GMO 사료를 먹인 우유.
- GMO 원재료가 들어간 패스트푸드: 꼬치, 라면, 샌드위치, 와플, 타코, 프렌치프라이, 피자, 핫도그, 햄버거 등.
- 시럽(액상과당), 전분(녹말가루), 식용유, 참치 통조림.
- 콜라, 사이다 등 청량음료.
- GMO 콩으로 만든 된장, 간장, 청국장, 두유, 두부, GMO 사료 먹인 치킨과 달걀, 돼지고기, 쇠고기, 양식 연어 등.
- (말토덱스트린=옥수수 가공분말이 든) 아이스크림, 분말 차, 분말 쥬스, 쿠키, 양갱, 젤리, 분유, 이유식, 셔벗, 마요네즈, 케첩, 드레싱, 인공감미료(아스파탐) 들어간 소주, 막걸리, 빵, 과자류 등.

3부 우리 농업과 초국적기업

대기업 위주의 산업화 과정에서 농업은
희생양이었고, 이른바 민주정부 아래서도 농산물
수입 개방은 저지되지 못했다. 수입 농산물은 대체로
살충제, 제초제, 화학비료, 방부제, GMO로부터
자유롭지 못하다. 현재 한국의 곡물자급률은
20퍼센트 내외다. 중국은 100퍼센트 내외, 일본은
27퍼센트다. 동북아시아 3국 중 한국이 최저다.
그나마 쌀은 거의 100퍼센트 자급하고 있지만,
콩이나 옥수수, 밀 등은 대부분 수입한다. 그 사이에
농민은 급속도로 줄어 1970년 1400만 명에서 1980년
1천만, 1990년 700만, 2000년엔 400만, 2010년
300만, 2020년엔 100만 명 수준이 되고 말았다.
앞으로 누가 대한민국 밥상을 차릴 것인가?

1 우리 콩과 한국 농업의 현실

목숨을 내놓고 지킨 우리 농업

강수돌: 우리 농업의 현실이 참담하다는 건 모두 아는데, 함 대표님이 앞에서 이경해 열사 이야기도 잠깐 하셨잖아요. 어떤 분인지 자세히 얘기 나눠볼까요?

함정희: 평생 농민운동 하시던 이경해 열사님이 2003년 9월에(당시 56세) 돌아가셨잖아요.

강수돌: 그렇죠. 그것도 이국만리 멕시코 칸쿤까지 가서요. 그때가 아마 세계무역기구(WTO) 각료회의였죠?

함정희: 그럴 거예요. 그냥 돌아가신 게 아니라 'WTO가 세계의 농민들을 죽인다!' '세계무역 협상에서 농업을 제외하라' 하며 할복 자결을 하셨어요.

강수돌: 얼마나 분노가 치밀고 견디기 어려웠으면 외국까지 가서 자결을 했을까요.

함정희: 그때 2003년도면 제가 '우리 콩 독립운동'을 하기로 마음먹고 남편과 엄청 갈등을 겪던 시기예요.

강수돌: 아이고, 그러게요.

함정희: 그때 든 생각이, 그러니까 이경해 이분은 우리 농업을 지키기 위해 자기 목숨을 내놓고 죽어버렸잖아요.

강수돌: 수입 농산물이 국산품의 사분의 일, 오분의 일 가격으로 들어오니까 우리 농민과 농업을 살리려고 산화하셨죠. 그때 온 세상이 충격을 받았어요. 알고보니 태국 농민 한 분도 거기서 돌아가셨더라고요. WTO에 대한 저항이었던 거죠.

함정희: 근데 저는 남편과의 관계에서 모진 어려움을 겪었지만 그래도 아직 살아 있잖아요.

강수돌: 그럼, 살아야죠.

함정희: 그래서 최근에 늦둥이랑 둘이 그분 고향인 장수에 가서 분향을 했어요. 거기 가면 이경해 열사 추모비가 있거든요. 분향하면서 엄청 울었어요. 저도 '우리 콩 독립운동'을 한답시고 싸우고 있으니까요.

강수돌: 모두 우리 콩, 우리 농민 살리자고 고생이 많으세요.

함정희: 제가 그분께 그랬어요. 당신은 죽음으로 목숨을 내놓고 농업을 살리고자 했으니, 나는 살아서 당신이 못 다한 일을 하겠다. 내가 분명히 대한민국 우리 콩으로 우리 농업을 지킬 것이다. 이렇게 말했어요.

강수돌: 감동입니다.

함정희: 저 혼자 그렇게 맹세를 하면서 펑펑 울고 있으니까 그때 마침 그곳을 찾았던 '오마이뉴스' 기자가 나보고 '왜 이렇게 우시냐, 친척이냐'고 묻더라고요.

강수돌: 그래서요?

함정희: 나는 우리 콩 살리기 운동을 하면서 시련을 겪고 있는데, 이것도 목숨을 내놓고 하는 일이다. 돈도 없고 남편과의 관계도 안 좋다. 하지만 나는 꼭 이 사람이 못 다한 일을 할 거다. 그래도 나는 살아 있으니 나름 나은 형편 아니냐. 아직 살아 있으니까. 나는 우리 콩을 꼭 지킬 것이고, 이런 마음으로 맹세를 하니 눈물이 콸콸 쏟아졌던 거다. 이렇게 말했어요.

강수돌: 여기서 다시 한번 이경해 열사님과 함 대표님을 위해 박수!

함정희: 그런데 2003년 이경해 열사가 돌아가신 날이(9월 10일) 하필 바로 제 생일이에요.

강수돌: 아이고, 우연도 이런 우연이….

함정희: 그래서 저는 그분이 나한테 바통을 넘겨주고 갔구나, 생각해요.

강수돌: 다른 사람들은 그렇게 생각하지 않을 텐데, 함 대표님은 뭐가 달라도 달라요.

함정희: 근데 지금 20년이 다 되어 가는데, 이경해 열사가 차츰 잊혀가고 있잖아요. 전라북도 사람들도 이분을 많이 몰라요.

강수돌: 전라북도 사람만이 아니라 전국의 모든 사람들이 기억해야죠. 그분은 돌아가셨어도 그 정신은 우리가 기억하면서 우리

가슴속에 살아 있도록 해야 해요.

함정희: 해마다 기념식이나 추도식을 하긴 하는 모양인데, 하는 둥 마는 둥 그렇게 넘어가는 것 같아요.

강수돌: 기념식이나 추도식도 중요하지만, 이제 우리 농업이나 농민 문제가 나라 전체의 문제가 되어서 큰 방향을 바꿔야 하는데, 만날 수출 액수만 따지고 '세계 7대 경제 대국'이니 이런 소리만 하고 있으니 참 안타까워요.

함정희: 그러니까요.

강수돌: 그래도 농민 단체나 생각 있는 농민들은 많이 기억하고 있죠.

함정희: 일반 시민들이나 요즘 자라는 아이들은 전혀 모른다는 사실이 안타깝죠.

강수돌: 이경해 열사님은 전라북도 장수에서 자라 농업고를 졸업하고 농대까지 졸업하셨죠?

함정희: 그렇죠. 아마 멕시코에 가기 전에 죽을 결심을 이미 하신 게 아닌가 싶어요. 일제강점기 때 독립운동가나 다름없는 분이죠.

강수돌: 이제 함 대표님 말고 이경해 열사까지 독립군에 합류한 셈이네요?

함정희: 아니, 제가 뒤늦게 합류한 셈이죠. 그래서 제가 기어코 우리나라 농업에서 우리 콩이라도 꼭 살려야겠다, 이렇게 하고 있는 거예요.

강수돌: 이경해 열사 추모비에는 저도 아직 가보지 못했는데, 다음엔 꼭 한번 가봐야겠네요.

함정희: 전북 장수에 가면 있어요. 제가 박사가 된 뒤 논문 하나 들고

우리 늦둥이 아들과 둘이 같이 갔어요. 왜냐하면 우리 때문에, 우리 농업 살리려고 그분이 자기를 희생했다고 생각하거든요. 이걸 아들한테도 알려줘야겠다고 생각한 거였고요.

강수돌: 그렇군요. 참 대단하세요.

여전히 존중받지 못하는 농민과 농업

강수돌: 이경해 열사님 얘기를 하다 보니 백남기 열사님을 건너뛸 수 없네요.

함정희: 아, 그렇죠. 그 물대포 맞고 쓰러지신….

강수돌: 그렇습니다. 원래 전남 보성 분이신데, 2015년 11월 민중총궐기 때 서울에 갔다가 경찰 물대포에 맞고 뇌진탕으로 쓰러져서 결국 해를 넘겨 거의 1년 만에 돌아가셨죠.

함정희: 그때 연세가?

강수돌: 68세라고 들었어요. 한참 더 사셔도 되는데….

함정희: 아이고, 지금 제 나이랑 비슷하네요… 그분이 가톨릭농민운동도 하셨다고 들었어요.

강수돌: 젊을 때는 학생운동도 열심히 하셨고 한때는 가톨릭 수사가 되려고도 했대요. 많은 동료들은 정치운동으로 뛰어들었는데, 이분은 농민이 되겠다고 귀향하셨대요.

함정희: 정말 보통 분이 아니세요.

강수돌: 그렇죠. 자녀들 이름도 백도라지, 백두산, 백민주화라고

지었다고 해요. 아이들 이름 속에 이미 그분 삶의 철학이 녹아 있죠.

함정희: 백남기 열사께서 물대포를 맞을 당시 농민들 구호는 무엇이었나요?

강수돌: 그때가 박근혜 정부 땐데, 원래 대선 공약에 쌀 수매가 인상이 있었는데 그게 잘 안 지켜지니까….

함정희: 농사를 지어도 제값을 못 받으니까요. 근데 그분이 결국 서울대병원에서 돌아가셨을 때, 무엇 때문에 그랬는지 사인을 둘러싸고 논란이 많았죠?

강수돌: 정말 논란거리도 아닌데 1년 내내 논란이었죠. 크게 두 가지였어요.

함정희: 그게 뭐죠?

강수돌: 하나는 경찰 측에서 주장한 것이 문제였고, 다른 하나는 서울대병원 담당 의사가 이야기한 게 문제였죠.

함정희: 경찰 측은 뭐라고 했나요?

강수돌: 경찰은 과잉진압은 절대 없었고 통상적인 시위 진압이었는데, 백남기 열사가 경찰차 밧줄을 잡아당기는 바람에 방어 차원에서 물을 쏜 것이다, 그리고 넘어졌는데 좀 운이 나빠 잘못 넘어진 것이다, 이런 식이었죠.

함정희: 당시 언론에도 많이 나왔지만 경찰의 과잉진압이 거의 확실한 것 같은데, 아무도 책임지는 자가 없더라고요.

강수돌: 제가 보기에도 그래요.

함정희: 그럼 서울대병원의 그 의사는 뭐라고 했나요?

강수돌: 그 의사는 백남기 열사의 사망 원인을 '병사'라고 했어요.

정말 황당한 얘기였죠.

함정희: 경찰 물대포를 맞고 아스팔트 바닥에 쓰러져 충격을 받았는데 그렇게 말해요? 진짜 그분이 서울대병원 의사 맞나요?

강수돌: 주변에서 본 사람들도 있고 CCTV 같은 것도 있을 텐데, 경찰 물대포를 맞고 돌아가신 것이니 '병사'가 아니라 '외인사', 즉 외부 요인에 의한 사망이 확실하죠.

함정희: 최종적으로는 어떻게 결론이 났나요?

강수돌: 나중에 재판까지 갔는데, 판사들도 그 의사가 잘못되었다고 했어요. 서울대병원 측도 병사가 아니라 외인사라고 수정했고요.

함정희: 정말 분통이 터지는 것이, 농민들이 잘 살도록 도와주어도 모자랄 판에 선거 공약대로 수매가를 올려달라고 한다고 물대포를 쏜다면, 이건 완전히 농민을 무슨 적으로 본다는 얘기 아니에요?

강수돌: 당시는 박근혜 정부였지만, 실은 지금 문재인 정부에서도 농민들은 여전히 존중받지 못해요. 나라 전체가 재벌 기업들 위주로 돌아가니, 농민이나 노동자, 빈민 같은 사람들은 늘 박수부대밖에 되지 않아요. 물론 박근혜 정부보다 좀 나은 면도 분명히 있지만, 촛불혁명을 외칠 당시에 비해 크게 바뀐 것도 없지 않나 하는 안타까움이 있어요.

함정희: 제가 이런 정부 저런 정부 다 경험해봤지만, 정치가들은 늘 농민 같은 사람들 앞에서는 아주 잘할 것 같이 얘기하는데, 실제로 정책이나 제도는 농민들이 농사짓는 보람을 느끼게 해주지 못하는 것 같아요.

강수돌: 맞아요. 이경해 열사님이나 백남기 열사님, 그리고 그 외에도

우리 농민들이 잘 사는 세상을 위해 싸우다 돌아가신 모든 분들의
명복을 빌면서, 또 그분들의 뜻이 헛되지 않게 향후 나라의
농민정책이나 농촌정책이 좀 제대로 되기를 빌면서, 여기서는 이
정도로 줄이겠습니다.
함정희: 네, 고맙습니다.

너른 들판에 펼쳐진 수확 무렵의 벼. 농민들이 농사짓는 보람을 느낄 수 있도록 해야 한다.

대한민국의 곡물자급률은 1970년의 80퍼센트에서
1980년 56퍼센트, 1990년 43퍼센트, 2000년
30퍼센트, 2020년 20퍼센트 수준으로 가파르게
추락했다. 2020년 현재 각국의 곡물자급률은 일본
27퍼센트, 중국 100퍼센트, 미국 120퍼센트, 독일
140퍼센트, 프랑스 160퍼센트, 캐나다 180퍼센트,
호주 290퍼센트, 우크라이나 300퍼센트다. 우리는
중국이나 호주, 미국, 남미에서 많은 농산물을
수입한다. 곡물수입량 세계 5위다. 특히
사드(고고도미사일방어체계)를 둘러싸고 중국과
미국이 갈등을 벌였는데, 만일 중국과 미국이
농산물을 팔지 않겠다고 하면, 우리는 돈이
있으면서도 굶주리는 상황에 처할 수 있다. 곳간이
든든해야 할 말 제대로 하며 살 수 있는 것이다.
식량자급이 자립경제의 근본이다. 모두 명심할
일이다.

2 한국의 식량자급률이 위험하다

죽음의 밥상, 살림의 밥상

강수돌: 한국은 1960년대부터 수출 지향적 경제개발을 하느라 우리 농업을 희생시키면서 공업 위주로 발전을 시켰죠. 그래서 지금은 곡물자급률이 20퍼센트 정도밖에 안 돼요.

함정희: 쌀 하나 겨우 자급하는 수준이고 그 외는 죄다 수입하죠.

강수돌: 맞아요. 쌀을 빼고 자급률을 계산하면 아마 10퍼센트도 안 될걸요.

함정희: 그나마 쌀도 WTO와의 약속 때문에 매년 엄청난 양을 수입하고 있죠?

강수돌: 맞아요. WTO라는 데가 약소국보다는 강대국, 그것도 자본의 이익을 대변하니까요.

함정희: 제가 어디 자료를 보니까 우리 농산물 자급률이 아주 낮더라고요. 국산 밀은 1퍼센트, 그나마 국산 콩은 10퍼센트, 제일 심한 게 옥수수인데 이건 0.9퍼센트밖에 안 돼요.

강수돌: 여기서 잠깐 개념적으로 짚고 넘어갈 게 있어요. 우리가 보통 식량자급률이라고 하는데 이건 동물 사료용을 빼고 말하는 것이고요, 곡물자급률은 동물 사료용을 포함한 거예요.

함정희: 그렇죠.

강수돌: 그래서 우리가 동물 사료용을 빼고 말하는 식량자급률 개념으로는 거의 50퍼센트 수준이고요, 동물 사료용까지 합친 곡물자급률은 20퍼센트 정도라는 겁니다.

함정희: 그게 더 정확하겠네요. 그런데 선진국들은 우리보다 높은 편이죠?

강수돌: 네, 다른 나라들, 특히 선진국들은 식량자급률이 100퍼센트가 넘는 경우가 많아요.

함정희: 그래야 국제적으로도 할 말을 하면서 살거든요.

강수돌: 제가 정부 자료를 보니까 호주는 곡물자급률이 무려 290퍼센트, 캐나다는 180퍼센트, 프랑스 160퍼센트, 독일 140퍼센트, 미국 120퍼센트, 중국이 딱 100퍼센트더라고요. 우리나라가 23퍼센트고 일본이 27퍼센트로, 이 두 나라가 아주 위험한 수준이었어요.

함정희: 작년(2020년) 같은 경우는 굉장히 농사가 힘들었잖아요. 장마도 두 달이나 지속되었고요. 그래서 올해 엄청 비싸졌죠. 콩값이 지금 다 올랐어요.

강수돌: 우리나라뿐 아니라 세계 전반의 곡물가가 상승 중이죠. 유엔 식량농업기구(FAO) 자료를 보니, 곡물가가 작년보다 20퍼센트 올랐고, 유지류(식용유, 버터 등)는 25퍼센트나 올랐어요.

함정희: 갈수록 값이 올라가면 올라갔지 내려가지는 않을 듯해요.

강수돌: 그렇죠. 현재의 코로나 사태로 모든 게 위축되면서 그렇기도 하지만, 특히 기후위기 문제는 농업생산성에 직격타를 주거든요. 가뭄과 홍수, 폭풍과 혹한, 이런 게 규칙도 없이 들이닥치니까 예전 기후에 적응해왔던 농작물이 정신을 못 차리는 거예요.

함정희: 그래서 저는 농업과 땅이 살아나야 하고, 또 땅과 숲이 살아야 공기도 살고 사람도 산다고 봐요. 그래야 우리 건강도 좋아지고 지구도 같이 좋아지죠.

강수돌: 물론이죠. 그런데 지금 세상은 생명보다 이윤을 추구하다 보니, 돈벌이 앞에 다른 걸 죄다 희생시키고 있어요.

함정희: 이윤보다 생명이 우선인데… 제가 들은 바로는 지금 GMO가 전 세계적으로 유통되는 농산물의 85퍼센트나 차지한다고 해요. 참 큰 문제예요.

강수돌: GMO에 대해 가타부타 논란이 있지만, 아무래도 부정적일 수밖에 없어요. 마치 원자력 발전소처럼 찬반 논란이 있지만, 방사능 위험을 무릅쓰고 자기 집 근처에 원전을 짓자고 할 사람은 아무도 없는 것과 마찬가지죠. GMO인 줄 알면서 자기 아이에게 GMO 콩이나 두유, GMO 옥수수 같은 걸 먹이고 싶어 하는 부모는 없을 거예요.

함정희: 전 GMO는 완전히 '죽음의 음식'이라고 봐요.

강수돌: 맞아요. 그렇게 차린 우리 밥상은 '죽음의 밥상'이죠. 이 부분에서 저는 피터 싱어와 짐 메이슨이 쓴 《죽음의 밥상》을 추천하고 싶어요. 좀 두꺼운 책이지만, 애들이 좋아하는 닭고기부터 우유, 맥도날드나 월마트, GMO 문제 등을 두루 다루면서 결국은 유기농과 채식이 올바른 방향이라고 얘기하거든요. 그게 '살림의 밥상'이란 거죠.

함정희: 관심이 확 가는데요? 근데 저는 다른 편으로, 왜 이렇게 의술이 발전해도 그런 나쁜 음식 때문에 생긴 암 같은 질병 하나 시원하게 치료를 못하나, 이런 의문이 들어요. 고혈압이나 당뇨도 평생 약만 먹으라고 하잖아요. 의술이 아무리 첨단을 걸어도 시원하게 치료해주는 게 별로 없어요.

강수돌: 제가 들은 바로는 의사들이 확실히 원인을 알고 치료하는 건 30퍼센트 정도밖에 안 된다고 해요. 다른 30퍼센트는 위약효과(placebo effect)라고, 대충 이야기를 들어주고 비슷한 증세에 쓰는 약을 처방해주면 낫는대요. 그리고 나머지 30퍼센트는 원인을 거의 모른다는 거죠. 희귀병이다, 원인 불명이다, 이런 식으로요.

함정희: 그 옛날 히포크라테스가 그런 얘기를 했잖아요. 음식으로 치료하지 못하는 병은 약으로도 치료하지 못한다고요. 그러니 건강한 음식이 바로 약인 거죠.

강수돌: 맞아요. 평소에 잘 먹으면 당연히 건강하죠. 무조건 싼 것 찾고 겉모양을 중시하다 보니 건강이 다 망가지는 거죠. 사람도 지구도… 이게 다 '돈벌이' 논리 때문이에요.

함정희: 그래서 이제는 GMO고 식품첨가제고 피하기가 어려워요.

직장생활하고 사회생활하면서 그런 걸 먹지 않기는 거의 불가능하거든요. 요즘 젊은 사람들은 외식도 자주 하고, 집에서 밥을 안 해 먹는 사람들이 참 많아졌어요.

강수돌: 예전의 '함씨네밥상'처럼 믿고 갈 데가 잘 없죠. 그러니 밖에서 먹으면 GMO 콩이나 옥수수, 액상과당, 인공 조미료 같은 식품첨가제 따위를 피할 수가 없어요. 한마디로 '돈 주고 독 먹기'죠, 어리석게도. 그런데 알면서도 피하지 못하는 게 현실이에요.

함정희: 자, 그럴 때 약이 뭐예요? 우리 몸에 독소가 쌓이고 쌓이면 암이나 당뇨, 고혈압 같은 큰 병이 올지 모르는데, 그걸 미리 치료할 수 있는 약이 뭘까요? 그때 바로 해독제가 필요해요.

강수돌: 그러네요. 독소로 오염된 우리 몸을 해독해야 하니까요.

함정희: 그래서 제가 해독제랑 영양제랑 같이 먹을 수 있는 '쥐마청'을 개발한 거죠!

강수돌: 일단 지금 현실에서는 해독을 잘 하면서 기본 영양을 섭취해야 해요. 평소에 밥을 먹더라도 해독과 영양을 생각하면서 먹어야 한다는 말이죠.

함정희: 그래서 제가 쥐마청, 쥐눈이콩마늘청국장환을 갖고 다니며 먹으라고 해요.

강수돌: 만일 우리 콩으로 만든 식품들이 폭넓게 애용되면 아무래도 우리의 콩 자급률도 지금의 10퍼센트에서 점점 올라가겠죠?

함정희: 당연하죠. 수입 콩보다 우리 콩이 활성화되면 자급률도 올라가고 우리 농민들도 신바람이 나고요. 그래서 제가 불쏘시개 역할을 하는 거죠.

강수돌: 그런 식으로 우리 콩 제품을 열심히 먹으면 건강도 좋아지고 우리 콩을 재배하는 농민들도 신바람이 나서 농사를 계속 짓는다. 또 우리 콩 재배량이 늘어나면 GMO 콩도 퇴출될 것이다. 더 장기적으로는 그런 식으로 우리 농산물이 더 많이 애용되면 식량자급률, 곡물자급률도 올라갈 것이다. 이런 생각으로 함 대표님이 '우리 콩 독립운동'을 하고 계신 거죠?

함정희: 그럼요. 저는 지금 비록 이렇게 힘들게 일하지만, 언젠가 우리나라 농업도 획기적으로 바뀌어 농민이 대접받는 사회가 되고, 나라 전체적으로는 식량자급률과 곡물자급률이 다른 나라들처럼 100퍼센트 이상 올라가면 좋겠습니다.

강수돌: 이 지점에서 우리 모두를 위해, '우리 콩 독립운동'을 위해, 식량자급률 100퍼센트를 위해 모두 박수를!

과감한 방향 전환의 필연성

강수돌: 이제 화제를 기술 분야로 좀 바꿔볼까요? 식량자급률이건 곡물자급률이건 이걸 높이는 게 중요하긴 한데, 요즘은 농업의 미래와 관련해서 온갖 아이디어가 나오고 있어요.

함정희: 스마트팜 같은 거요?

강수돌: 네, 정확해요. 과학기술의 발달로 요즘은 아파트 베란다나 아니면 책장처럼 켜켜이 칸을 만들어서 거기에 농사를 짓는 수경재배 또는 공기 중 재배 이런 개념들이 나와요. 스마트폰으로 원격

조정해서 물을 주거나 전기를 넣어 돌리거나, 뭐 이런 것들까지
나오거든요.

함정희: 그런 걸 좋다고 봐야 할지 어떤지, 저도 잘 모르겠어요.

강수돌: 이런 걸 과학기술만능주의라고 하는데, 저는 이걸 조심해야
한다고 봅니다.

함정희: 왜요?

강수돌: 원래 농산물이란 게 씨앗을 땅에 심고 하늘의 햇볕과 공기,
땅의 물과 미생물, 지렁이, 그리고 농부의 발자국소리, 이 모든 게
협동하여 만들어내는 생명의 먹거리 아니겠어요.

함정희: 2001년에 제 인생을 바꾼 안 박사님도 그런 식으로
말씀하셨어요.

강수돌: 원래 기본은 다 같은 거니까요. 그래서 땅을 살리고 공기를
살리고 사람을 살려야 천지인(天地人) 삼재, 이 우주적 협동이 잘
이뤄지는 거예요. 그럴 때 풋고추 하나, 토마토 하나라도 생명의
기운이 가득해 그걸 우리가 먹으면 기운이 솟아나는 것 아니겠어요?

함정희: 콩도 그래요. 농민들이 살아 있는 땅에서 기분 좋게 경작을
해야 아주 좋은 콩이 나오거든요. 그런 콩으로 메주도 쑤고 청국장도
만들고 해야 생명의 먹거리가 되죠. 그런데 GMO는 자연의 순리를
거슬러서 유전자를 변형시키니….

강수돌: 바로 그겁니다. 그래서 첨단 과학기술이랍시고 여기저기서
떠드는 걸 보면 약간 우습기도 해요. 결국은 좀 힘들어도 풀이나
벌레와 공생하느냐, 아니면 풀이나 벌레를 적대시하면서 내가 필요한
열매만 톡 따먹느냐 하는 것인데, 저는 힘들어도 같이 살아야 한다고

봅니다.

함정희: 그게 천 번 만 번 맞는 말이죠.

강수돌: 다른 한편 기계농이다, 대형화다, 기업농이다, 이런 걸 우리 농업의 미래라고 하는데, 이것도 알고 보면 '헛빵'이에요.

함정희: 그건 또 왜 '헛빵'일까요?

강수돌: 우선 기계농을 볼까요? 지금 농민들이 화학비료다, 영농기계다 해서 정부가 시키는 대로 따라했다가 부채가 얼마나 많이 늘었는지 아세요?

함정희: 정확한 수치는 모르지만, 너도나도 부채 덩어리죠. 하다못해 저도 빚이 많아요.

강수돌: 제가 통계청 자료를 보니 2020년에 농가 1가구당 평균부채가 3800만 원 수준이에요. 2018년엔 3300만 원, 2016년엔 2700만 원 수준이었어요. 세월이 갈수록 부채가 줄기는커녕 자꾸 는다는 거죠.

함정희: 정말 큰일이에요. 농민과 농사가 없으면 우리 밥상 자체가 위험한데, 앞으로 어찌 되는지 정말 걱정이에요.

강수돌: 농민들이 농산물을 생산해 '제값' 받고 팔기는 어려운데, 비룟값이나 농약값, 기곗값은 자꾸 올라가니까요. 갈수록 수지가 안 맞는 거죠.

함정희: 제가 우리 콩을 사올 때 수입 콩보다 다섯 배에서 열 배까지 값을 더 주지만, 농민들 입장에서는 그것조차 수지가 안 맞을 수 있단 말씀이시죠? 다른 비용이 워낙 많이 드니까.

강수돌: 아마도 함 대표님이 콩을 사 오는 그 농가들은 형편이 좀 나을지 몰라요. 그리고 일부 특용작물 재배자들이나 또 요즘같이

인터넷을 활용해 유통을 잘하는 농민들은 형편이 좀 나을 거라고 봅니다. 하지만 전통적인 소농민들, 벼농사하고 밭농사해서 곡식·채소·과일을 생산하는 농민들은 아마도 본전 찾기가 어려울 거예요. 이른바 '인건비가 안 나온다'고 하잖아요. 오히려 빚이 는다고 하거든요.

함정희: 참 갑갑한 노릇이에요.

강수돌: 기업농은 이제 재벌이나 대기업이 농지를 소유하고 농업 전문 기업을 만들어 농민들을 농업 노동자로 고용하는 거예요.

함정희: 아이고, 골치 아파요. 전통적인 자영민들이 없어지는 셈이네요?

강수돌: 그렇죠. 자본주의가 다 장악하는 거죠, 몬산토처럼. 몬산토 같은 기업이 아예 농촌을 통치하게 되는 거예요.

함정희: 절대 그렇게 되면 안 돼요.

강수돌: 저도 그렇게 생각해요. 근데 기계농만이 아니라 대형화도 문제예요.

함정희: 차라리 농지를 외국처럼 크게 만들어서 기계로 농사를 짓는 것도 괜찮지 않을까요?

강수돌: 얼핏 보면 그럴듯하죠? 실제로 농민들은 현재 인건비조차 못 건지니까요. 근데 저는 대형 기계농 발상을 듣자마자 생각나는 게, 그렇게 되면 이제 농민들은 '잉여'가 된다는 거죠.

함정희: 그래도 기계를 몰면서 일을 하면 효율도 오르고 힘도 훨씬 덜 들지 않을까요?

강수돌: 그 한 사람만 생각하면 맞는데요. 가령 1만 평의 논밭에서 총

다섯 명의 농민이 일하다가 한 명만 남아 기계로 일을 하면 나머지 네 명은 뭘 하죠?

함정희: 아하, 요즘 회사에서도 기계 효율이 좋아지니까 사람이 막 남아돈다는데, 그거랑 이치가 같다는 거네요?

강수돌: 그럼요. 일단 효율성을 생각하면 그렇게 되죠. 근데 효율성 뒤엔 비인간성이 숨어 있어요. 그리고 기계를 쓴다는 건 석유를 쓰는 건데, 우리는 석유가 안 나니 그것도 문제죠. 또 석유를 태우면 이산화탄소가 나와 지구는 더 더워질 테고, 기후위기와도 맞물려요.

함정희: 효율성을 높이면서 인간성도 구현하는 방법은 없을까요?

강수돌: 그게 두 마리의 토끼를 잡는 건데, 참 어렵죠. 차라리 하나를 포기하는 게 낫지 않을까요?

함정희: 하나를 포기한다는 건 무슨 말씀이죠?

강수돌: 인간성을 포기하고 효율성만 추구하든지, 아니면 효율성을 포기하고 인간성을 추구하든지, 이게 둘 다 추구하는 것보다는 쉽다는 얘기죠.

함정희: 인간성보다 효율성을 추구하는 게 기계화와 대형화의 방향이겠네요? 그럼 효율성보다 인간성을 추구하는 것은요?

강수돌: 그게 어쩌면 전통의 지혜가 아닐까 싶은데요. 소농의 원리죠. 가장 기초적인 건 가족농이죠. 가능하면 무농약, 유기농, 자연농 방식으로 하고요. 한 가족이 오순도순 몇백 평 내지 몇천 평 이내에서 그리 크지 않은 단위로 농사를 짓는 거죠.

함정희: 예전에 우리 어른들도 대부분 그렇게 살았죠?

강수돌: 그럼요. 프랑스 산과의사인 미셸 오당이 《농부와 산과의사》란

책에서도, 농사에서 기계나 농약을 씀으로써 인간의 심신이 병이 들 듯, 병원 출산에서 기계나 검사의 과잉으로 인해 산모나 태아, 특히 신생아에게 사실상의 폭력이 행사된다고 지적하죠.

함정희: 중요한 얘기네요.

강수돌: 그래서 화학농이나 기계농보다는 유기농이나 자연농 방식이 더 좋다는 거죠. 만일 규모가 좀 크거나 일시적으로 많은 일을 해야 할 때는 전통적인 두레나 품앗이 방식으로 서로 협동하는 게 좋고요. 그러면 가족이나 이웃의 우애도 돈독해지고 일도 재미나며, 기곗값이나 농약값, 화학비료값, 이런 것도 덜 들 것 아니겠어요?

함정희: 듣고 보니 그게 가장 이상적이긴 한데, 그러면 왜 지금까지 지난 60년 동안 우리 농업이 이렇게 쪼그라들었을까요?

강수돌: 그게 바로 나라 정책 때문이라는 거예요. 나라 정책이 박정희 시절부터 수출을 위한 공업화 위주로 달리다 보니, 농촌과 농사를 희생시키면서 대기업, 재벌, 이런 데만 날로 번창해갔죠. 그 사이에 농촌의 젊은이들은 모두 도시로, 서울로 가서 대기업 직원이 되어 돈 버느라 농촌과 농사가 축소되는 데 간접적으로 이바지했고요. 물론 대부분은 중소기업, 영세기업에서 일하지만요.

함정희: 하기야 자기 자식을 농사꾼으로 키우고 싶어 하는 부모는 거의 없으니까요.

강수돌: 제가 어릴 적부터 학교 선생님들에게 들은 얘기가 '땅 파고 살지 않으려거든 제발 공부 좀 해라'였어요. 절대로 농민이 되어선 안 된다, 공부해서 도시로, 서울로 가라, 이런 얘기죠.

함정희: 선생님들이야 제자들이 좀 편하게 잘살기를 바라니까요.

강수돌: 바로 그겁니다. 부모들이나 선생들이나 모두 개인적으로 학생들 입장에서 유리하고 좋은 것만 추천했는데, 그것이 사회 전체적으로는 꼭 필요한 농업 분야가 망가지는 길이었고, 농민들은 이제 살길이 막막해 희망을 찾기가 힘들죠. 그 사이에 도시인들은 농지 투기나 하고, 농민들도 무슨 개발이 된다고 하면 덩달아 박수를 치고… 이러니 어디 농업의 전망이 있겠습니까?

함정희: 지금부터라도 나라 정책을 바꾸면 안 되나요?

강수돌: 많이 늦은 감은 있지만, 지금이라도 바꿔야죠.

함정희: 그러니까요.

강수돌: 정말 정부가 큰 결심을 하고 이제부터라도 곡물자급률을 100퍼센트로 높이겠다, 땅 투기를 없애고 농민이 생계 걱정 없이 잘 사는 나라를 만들자, 화학농이나 기계농보다 유기농, 협업농으로 가자, 농촌에 사는 것이 더 보람이 있게 하자, 이런 식으로 방향을 잡고 과감하게 지원도 하면서 농업의 자립경제를 이룬다면 조금은 희망이 생기겠죠.

함정희: 전에 얼핏 쿠바의 유기농업이 아주 잘되었다고 들었어요.

강수돌: 맞아요. 그 말씀을 하시니 쿠바의 농업과 북한의 농업을 누군가 비교했던 게 생각나네요.

함정희: 뭔데요?

강수돌: 1990년경에 소련과 동유럽 국가들이 무너졌잖아요. 그 전에는 소련이 석유도 공급해주고 여러 모로 도움을 주어 북한이나 쿠바가 식량 문제로 그리 곤란을 겪지 않았다고 해요. 그런데 소련이 붕괴된 이후 쿠바의 길과 북한의 길이 달랐다는 거죠.

함정희: 어떻게 달랐을까요?

강수돌: 쉽게 말해 쿠바는 유기농에 집중했는데 북한은 관행농(화학비료, 농약, 석유 농사)을 계속했다는 거죠.

함정희: 유기농을 해서 성공했나요?

강수돌: 네. 쿠바는 유기농업을 하기 전인 1990년에는 식량자급률이 43퍼센트에 불과했대요. 그런데 1991년부터 도시나 농촌을 가리지 않고 대대적으로 유기농업을 시작한 이후 2002년에는 자급률이 95퍼센트까지 올랐대요. 엄청나죠?

함정희: 와우, 그렇군요. 그러면 온 국민이 유기농산물을 먹으니 건강도 좋아졌겠죠?

강수돌: 당연하죠! 밥상 자체가 유기농 중심으로 바뀌니 국민 건강이 좋아져서 병원 환자 수가 30퍼센트나 줄었대요.

함정희: 그럼 북한은요?

강수돌: 북한은 이제 소련으로부터 지원이 끊기니 기존 관행농법을 고수하며 사태를 해결하려 했는데, 그게 그리 성공적이지 못했던 거죠.

함정희: 그래서 배고파 죽거나 탈북하는 사람들도 늘어난 거군요.

강수돌: 여러 요인이 있겠지만, 농업과 식량의 문제가 큰 것도 사실인 것 같아요.

함정희: 북한도 쿠바처럼 갔으면 좋았을 텐데요.

강수돌: 그러게 말입니다. 하여간 저는 우리 대한민국 농업도 쿠바처럼 유기농 중심으로 재편되어 자급률도 100퍼센트 가까이 올라갔으면 좋겠습니다.

함정희: 동감입니다.

강수돌: 결론적으로 스마트팜이나 GMO 같은 기술만능주의도 안되고, 대형화·기계화·기업화를 통해 돈벌이 위주로 가는 게 아니라, 수많은 소농들이 때로는 협업도 해가면서 가능한 한 무농약, 유기농, 자연농으로 경작을 하는 게 좋다고 봅니다. 그때 정부는 이분들이 생계 걱정을 하지 않도록 소득이나 유통 부분을 잘 지원하면 좋겠어요.

함정희: 적극 찬성입니다. 그러면 건강하고도 행복한 나라가 될 것 같아요!

함씨네토종콩식품 공장 내부.

쿠바 협동조합 모델, 북한의 미래 될 수 있을까?

쿠바는 1961년 사회주의 선언 이후 약 60년간 사회주의 체제를 이어오고 있다. 쿠바는 국가를 중심으로 사회연대경제 조직을 형성하고 지원하는 형태로, 사회주의 체제에 사회연대경제를 접목했다. 또 다른 사회주의 국가인 북한도 국가 주도적 방식으로 사회연대경제를 이어왔다.…

닮은 듯 다른 '쿠바'와 '북한' …농업 위기로 한계 나타나

쿠바와 북한은 같은 사회주의 국가지만 '사회개방도' 면에서 차이가 크다. 쿠바는 수도 아바나를 비롯해 많은 관광 도시가 있으며 외부 여행자에게 개방적이다.

사회연대경제 발전 측면으로는 공통점이 있다. 두 곳 모두 협동조합이나 마을 공동체가 주민들의 일상을 구성하는 익숙한 단위로 존재해왔다는 것. 미국 등 국제사회가 쿠바와 북한을 봉쇄하면서 주민들의 공동체성이 강하게 유지됐다.

사회연대경제가 국가 주도로 운영되면서 경직성이 높고 비효율적이라는 점은 두 국가가 공통으로 가진 한계다. 김 교수는 이런 한계는 쿠바와 북한의 농업과 식량 문제와도 연관성이 있다고 지적했다. 식량 문제는 주민들의 불만을 키워 정치적 위기로까지 이어질 수 있는 중요한 문제다. 두 국가는 농업의 특수성에 대한 이해 없이 대규모 공업화 정책을 농업에 그대로 적용해 위기를 맞았다는 게 김 교수의 설명이다. 김 교수는 "대규모 영농은 특별한 작물 한두 개를 수백만 평에 재배하는 방식을 이용하는데, 이 과정에서 소농의 협동성과 자율성이 죽는다"며 "이는 결국 식량 위기에 대응하는 역량 약화로 이어질 수 있다"고 했다.

쿠바, 협동조합·민간 자영농에 농지 경작권 부여 …이후 다양한 협동조합 등장해

1993년 쿠바 정부는 대규모 농장경영의 실패를 인정하고 소규모 영농 방식을 도입했다. 2008년 2012년 두 번에 걸쳐 토지개혁을 했고, 20개 이상 법령과 결의안을 통과시켰다. 핵심은 국가가 독점해 온 국유지 이용권을 협동조합, 개인농장, 국영기업 등에 배분하는 것이다. 협동조합과 민간 자영농에 농지 경작권을 부여하고 자율적으로 소형 농업 협동조합을 설립할 수 있게 허가했다. …
김 교수는 사회주의 국가에 널리 받아들여지고 있는 농업협동조합을 농업 생산뿐만 아니라 복합경제·문화기업으로 발전시키는 방안도 제안했다. 그는 "과거 동독 지역에서는 농업협동조합이 승마장, 호텔 등을 운영하며 도시에서 농촌으로 휴가 온 사람들을 대상으로 서비스를 제공했다"며 "쿠바와 북한도 이런 형태의 농업 겸 문화 복합기관으로서의 협동조합에 대한 고민이 필요하다"고 덧붙였다.

*출처: 〈이로운넷〉, 서은수 인턴 기자, 2020년 12월 21일.

바이엘-몬산토, 다우-듀퐁, 신젠타 등 3대 농기업이 세계 종자시장의 60퍼센트를 장악하고, 카길, ADM, LDC, 붕게 등 4대 곡물메이저 역시 세계 곡물시장의 60퍼센트를 장악하고 있는 '식량의 제국.' 과연 여기서 우리가 해방될 수 있을까? '돈 놓고 돈 먹는' 냉혹한 자본의 세계에서 우리 콩 독립운동, 식량주권운동, 농민의 자치 공동체 같은 정의로운 운동이 성공할 수 있을까?

3 '식량의 제국'에서 어떻게 해방될까?

자급하는 소농 공동체

강수돌: 이제 화두를 세계로 좀 넓혀보죠. 앞에서 몬산토(지금은 바이엘로 넘어감)가 GMO를 개발하고 콩이나 옥수수 같은 걸 효율적으로 재배하기 위해 라운드업 제초제를 만들었다고 했죠. 그런 독성 제초제를 아무리 쳐도 죽지 않는 종자가 바로 GMO라는 거고요.

함정희: 그 제초제 안에 글리포세이트라는 발암물질이 있는데, 이게 흙은 물론 GMO 안에서도 검출된다는 게 또 다른 문제죠.

강수돌: 그런데 지금 전 세계 인구가 70억 규모인데, 이 70억 인구를 상대로 돈벌이를 하는 기업들이 있어요. 일례로 바이엘-몬산토, 다우-듀폰, 신젠타 등 세 개 회사가 전 세계 종자시장의 60퍼센트를 차지하고 있다고 해요. 독과점 시장인 셈이죠.

함정희: 우리나라 종자도 대부분 몬산토와 바이엘에 넘어가버려서 이제 해마다 새 씨앗을 사야 해요.

강수돌: 그래서 '토종씨드림'과 같은 단체에서는 토종씨앗 나눔 운동을 하고 있죠. 그분들, 참 훌륭해요. 참고로 변현단 선생이 지은 《화성에서 만난 오래된 씨앗과 지혜로운 농부들》에서는 경기도 화성 지역의 토종씨앗 농부들의 이야기를 자상하게 소개하고 있어요.

함정희: 맞아요. 그렇게 씨앗도 지켜야 하고, 농민도 살려야 하고, 흙도 살려야 해요.

강수돌: 그게 바로 우리의 미래죠. 평생 농민으로 살아오신 천규석 선생님도 최근에 《망쪼 든 세상, 그래도 기리버서》라는 책에서 '자급하는 생태적 소농 공동체' 없이는 인류의 미래가 없다고 하셨어요. 맞는 말이죠. 롭 던 교수 역시 《바나나 제국의 몰락》에서 산업농, 기계농, 기업농이 아니라 소규모 자급농, 유기농, 채식주의가 답이라는 얘기를 했고요.

함정희: 그럼 누가 소농 공동체를 지킬 것인가? 바로 우리가 해야 해요. 이걸 알리기 위해 우리 국민들에게 이런 이야기가 많이 공유되면 좋겠어요.

강수돌: 일단 '나부터' 시작하고 '더불어' 하다 보면, 여론이 조금씩 바뀌겠죠. 그렇게 여론의 흐름이 변하면 또 언론이 주목을 해요. 그렇게 되면 당연히 정치가나 행정가 들이 주목을 하고요. 그렇게 해서 새로운 정책이나 제도가 나오기도 하죠. 이런 식으로 세상이 조금씩 변한다고요. 안 변하는 것 같으면서도 조금씩 변해요. 이걸 믿고 '나부터' 시작해야죠.

함정희: 맞는 말씀이에요. 그래서 저도 '나부터' 나선 거죠. GMO 콩이 아니라 우리 콩이다!

강수돌: 천규석 선생님도 GMO는 개인 건강의 문제일 뿐 아니라 자영농 공동체를 파괴한다고 강조하시죠. GMO가 확산되면 소농이나 자영농은 전멸되니까요. 그러니 일단 생각 있는 사람들이 '나부터' 운동을 시작하면 이게 들불처럼 타오를 것이라고 확신합니다. 우리 대표님 말씀대로, '뜻하는 바를 72시간 안에 행동으로' 옮기는 게 곧 '용기'라고요.

함정희: 어딘가에서 본 건데, 멋있는 말이죠? 72시간 안에 행동하기, 이게 용기다!

자본의 얼굴, '세계화'의 실체

강수돌: 이제는 세계 식량 시장을 장악한 초국적기업 얘기를 해보죠. 몬산토나 바이엘 같은 초국적기업들이 세계를 상대로 돈벌이를 하는데, 진짜 약탈적이라고 해요. 물론 무식하게 총칼로 뺏어가는 건 아니지만, 특허나 지적재산권 같은 걸 통해 사실상 뺏어간다는 거죠.

함정희: 맞아요. 사실 TV야 없어도 살지만 식량이 없으면 못 살잖아요. 그러니 약삭빠른 자들이 종자부터 독점하는 거죠. 그렇게 식량을 잡아야 돈이 되니까요.

강수돌: 하여간 종자시장부터 해서 제초제, 화학비료, 동물사료, 농자재, 농기구, 가공식품, 양념과 소스, 설탕, 밀가루, 쌀, 옥수수,

카놀라유, 식용유, 패스트푸드나 인스턴트 체인점(프랜차이즈), 심지어 패밀리 레스토랑에 이르기까지, 즉 돈이 되면 안 하는 게 없죠. 종자부터 식당에 이르기까지 식품산업의 전 과정을 초국적기업 몇 군데서 거의 독과점을 하니, 가히 '식량의 제국'이라 할 만해요.

함정희: 맞아요. 몬산토니 바이엘이니 이런 데서 나라마다 전통으로 이어 내려온 토종 먹거리를 싹 없애 나가잖아요. 야금야금 들어와 나중엔 통째로 삼켜버리죠.

강수돌: 야금야금 들어와 하나씩 갉아먹고 나중엔 다 삼켜요. 우리나라 흥농종묘도 1997년 IMF 외환위기 때 몬산토로 넘어갔다가 이제 다시 바이엘로 넘어갔어요. 필요하면 토종 종자도 자기들이 특허를 내거나 지적재산권이라는 이름으로 독점을 해버리죠. 무서운 기업들이에요.

함정희: 그렇게 남의 것을 자기들 것이라고 싹 변질시켜 가져가니 완전 날강도죠?

강수돌: 분명 약탈이죠! 한국도 한국이지만 인도에선 더 심해요.

함정희: 맞아요. 인도에서는 한때 농민들이 1주일에 무려 1500명씩 자살하기도 했어요. 원래 자기들 것을 초국적기업에게 싹 다 빼앗겼으니까요. 인도 농촌 현지에는 몬산토 같은 초국적기업에서 고용한 용병들이 있다고 해요. 몬산토에는 700명인가 7000명인가 용병이 있대요. 무시무시한 사람들을 고용해 공포심을 조성하는 거죠. 그래서 인도 농민들이 GMO 종자를 거부하고 토종 씨앗으로 농사를 지으려고 하면 자기들에게 종자권이 있다면서 재산을 압류하거나 박살을 내버린대요. 완전 깡패들이에요.

강수돌: 돈과 권력, 주먹까지 가진 자들이 순박하고 여린 농민들을 폭력적으로 약탈하는 현실이죠.

함정희: 그 농민들은 힘도 없고 돈도 없잖아요. 빽도 없고요. 그러니까 죽을 수밖에 없어요. 자살해야 빚을 안 갚으니까….

강수돌: 우리나라에서도 실컷 농사 지어봐야 인건비도 안 나온다, 부채만 쌓이고 희망이 없다면서 많은 농민이 죽음으로 내달았는데, 그런 일이 인도 농민들한테는 더 가혹하게 일어났네요. 이게 이른바 '세계화'라는 것의 실체인 셈이죠.

함정희: 한 주에 1500명씩 자살하면 일 년이면 대체 얼마나 많은 사람이 죽어나가는 거예요?

강수돌: 그러니 몬산토나 바이엘 같은 기업은 한마디로 '악마'라고 할 수 있어요. 인도 농민들이 형식적으로는 자살을 하지만 사실상 사회적 타살인 셈인데 모른 척하다니, 정말 악마들이에요.

함정희: 어떤 분은 몬산토 같은 기업을 '천재성을 가진 악마'라고 해요. 이 악마는 팀을 이뤄 움직이는데, 미국 행정부, 식약청, 몬산토 같은 조직이 크게 보면 한 팀이라는 거죠.

강수돌: 맞아요. 우리나라 영화 〈내부자들〉을 보면, 은행, 정치가, 재벌, 언론, 검찰, 조폭 등이 한 덩어리로 움직이는 게 나오죠. 이들이 자기들만의 동맹과 연합을 이루어 온 나라를 좌지우지하는 거예요. 한 나라만이 아니라 전 세계를 상대로 그런 짓을 하는 게 초국적기업, 강대국 정부, 그들의 이익을 대변하는 언론과 정치가들, 그 뒷돈을 대는 은행들, 그리고 온갖 법적인 문제를 자문해주고 소송에서 이기도록 도와주는 법률팀이나 판검사들, 마지막으로 폭력이나 기습

공격으로 반대자들을 박살 내는 특수부대와 용병들, 이런 자들이 다 한 덩어리죠.

함정희: 알고 보면, 아는 놈이 더 해요.

강수돌: 다큐 영화 〈몸을 죽이는 자본의 밥상〉(what the health)을 보면 미국의 암학회, 심장병학회, 당뇨학회 같은 데서 권장 음식을 알려주는데, 놀랍게도 상당수가 질병을 유발하는 음식이라고 해요. 알고 보면, 그 학회랑 소속 교수들, 의사들이 결국은 축산업자, 유제품업자, 가공육업자들에게서 연구비나 로비 자금을 받고 그런 잘못된 정보를 일반 시민들에게 전달하고 있다는 거죠.

함정희: 알면 알수록 치사하기도 하고 무섭기도 해요.

강수돌: 무섭다고 물러설 수도 없죠. 여럿이 같이 하면 무서움도 줄어들죠. 그래서 사회적 연대가 필요한 거예요. 경쟁과 분열은 절망을 초래하지만 소통과 연대는 희망을 만들죠.

함정희: 딱 맞는 말씀이에요. 저 혼자 우리 콩 지킨다, GMO 콩과 싸운다, 이랬을 적에는 정말 힘들었어요. 그런데 오로지 돌세네(Orogee Dolsenhe) 선생이라고, 한국계 미국인인데, 이분이 쓴 책이 있어요. 2015년인가에 나온 《한국의 GMO 재앙을 보고 통곡하다》란 책이죠. 이분이 GMO가 얼마나 무서운지 잘 밝혀주니까 저 같은 사람도 힘이 났어요. 2001년 안학수 박사님 강의 이후 제게는 이 책이 가장 강력한 근거를 제시해주더라고요.

강수돌: 물론 그 책에 대한 논란이 많은 걸로 알아요. 특히 과학적 근거가 약하다는 비판도 있고요. 하지만 저 역시 그분이 가진 우려를 상당 부분 공유해요. 한번 사람들에게 물어보세요. 자기 자식들에게,

특히 유아에게 GMO로 만든 분유나 음식을 먹이고 싶은지 말이죠.

함정희: 아무도 안 먹이려 할걸요?

강수돌: 그런데 그런 아가들이 자라 청소년 시기에 학교 매점 같은 데 가서 사 먹는 걸 보면 GMO로부터 자유로운 게 별로 없어요. 어른들도 마찬가지고요. 카페 같은 데 가서 커피를 마시면 꼭 시럽 같은 걸 넣어 먹는 사람들이 있어요. 그 시럽은 대체로 액상과당(HFCS)으로 만들어진 건데, 주로 GMO 옥수수로 만든 거죠. 이게 몸에 아주 해로운데도 잘 모르고 그냥 먹는 거예요. 겉으로 보기엔 설탕보다 좋은 것 같지만 실은 더 해롭다고 해요.

함정희: 저는 오로지 돌세네 선생이 진실하고 용기 있는 분이라고 생각해요. 그 책을 쓴 것도 자기 목숨을 내놓고 한 거죠. 그분도 GMO를 계속 먹으면 대한민국 5천 년 역사의 문을 닫는다고 했어요. 저는 그런 책이 나와서 얼마나 감사한지 몰라요.

강수돌: 2001년에 안학수 박사님 강의를 듣고 '삘' 받았는데, 이제 2015년에 오로지 돌세네 선생의 책을 읽고 또 '삘'을 받은 셈이군요. 원광대학 김은진 교수님도 《김은진의 GMO 강의》라는 책을 냈는데, 이 책도 두루 참고하면 좋겠어요.

함정희: 맞아요. 저 혼자 떠들면 저만 이상한 사람이 되기 쉽거든요. 심지어 저더러 '유언비어를 유포한다'고 하는 사람들도 많아요. 제 남편부터 그랬죠. 그런 나를 고발한다고 했는데, 이제는 증거가 있잖아요. 그런 책들이 증거가 되거든요. 힘이 나죠.

강수돌: 논란의 여지가 있다 해도 일단 책으로 나와서 GMO의 문제점이 좀 널리 알려진 것만은 확실해요. 환경운동이나

소비자운동을 비롯한 시민운동 일각에서는 GMO 반대 운동이 매우 강한 편이죠.

함정희: 분명한 것은 악이 선을 절대 이길 수 없다. 선이 꼭 승리한다고 봐요 저는.

강수돌: 비록 현실에서는 악이 더 힘센 것 같지만 언제나 진실이 승리하게 돼 있어요. 특히 우리가 돈이나 권력을 추구하는 게 아니라 양심과 정의를 추구한다면 말이죠.

함정희: 근데 노벨상 이런 데도 가만히 들여다보면, GMO를 하는 쪽이 꽤 많더라고요. 더 놀라운 건 미국의 빌 게이츠가 몬산토 같은 회사의 최대 주주라는 말도 있어요.

강수돌: 빌 게이츠 같이 알 만한 이도 결국은 돈벌이라는 큰 틀에서 벗어나지 못하니, 정말 화가 나죠. 하지만 아무리 화를 많이 내도 문제가 풀리진 않으니, 차분한 성찰과 창의적 대안을 함께 만들어나가는 수밖에 없어요.

함정희: 그래서 제가 '우리 콩 독립군'으로 나선 거 아니겠어요?

강수돌: 이런 문제를 우리 사회가 더 많이 토론하고 성찰하도록 이런 대화도 나누고 있고요.

함정희: 그래도 생각할수록 화가 나요. 빌 게이츠 같은 이가 몬산토의 최대 주주라니, 있을 수 없는 일 아니에요? 양면의 얼굴을 가진 기업가 아닌가요?

강수돌: 그런데 가만히 따지고 보면, 양면의 얼굴이 아니라 하나의 얼굴이죠. 왜냐하면 이 사람은 돈을 버는 게 목적이니까요. 자선사업이나 이런 것도 결국은 돈이 되니까 하는 거예요. 그렇게

봐야 사람을 제대로 보는 거지, 만일 자선사업을 한다고 그 모습만
보고 이 사람 훌륭하다, 믿을 만하다, 이렇게 되면 나중엔 반드시 속게
돼 있어요. 배신당하는 거죠.

함정희: 맞네요. 저는 겉과 속이 다른 사람이라고 생각했는데, 이제
보니 겉과 속이 같은 사람이네요. 돈벌이를 추구하는 일관성에서요.

강수돌: 돈벌이를 추구하는 자본은 지옥이건 천국이건 이윤만 나오면
어디든 간다고 하잖아요. 일단 그걸 인정하고 나서 빌 게이츠나 워런
버핏, 조지 소로스 같은 사람을 봐야 제대로 평가를 할 수 있어요.

함정희: 그런데 2014년부터인가 미국의 몬산토가 독일의 바이엘로
넘어갔다고 들었어요. 완전 합병은 2018년에 이뤄졌다더군요.

강수돌: 회사 소속은 달라졌지만, 크게 보면 그놈이 그놈이라고
생각해요. 자본은 국적이 없거든요. 미국 기업이건 독일 기업이건
추구하는 바(이윤)는 동일하죠. 경영 과정이 겉으로 보기엔 조금
다를지 모르지만요.

함정희: 그러니까요. 지금 코로나 때문에 우리가 이렇게 마스크를
쓰고 다녀야 하고, 백신을 맞아야 하고, 이러는 것도 결국 다 그
백신을 팔아먹으려고 하는 건지도 모르겠어요.

강수돌: 마스크를 쓰니 저도 참 갑갑하고, 이래서 어디 살겠나, 싶을
때가 많아요.

함정희: 제가 어느 스님한테 들었는데요. 암 환자가 무지 많이 생길
거라고 해요. 또 기존의 암 환자들도 몸에 산소가 많이 필요한데
마스크를 쓰고서는 호흡이 어렵잖아요. 그러니 이 환자들이 치료를
받아도 회복되기가 쉽지 않죠.

강수돌: 일리가 있네요. 안 그래도 좋은 공기를 많이 마시는 게 중요한데….

함정희: 그래서 사람들 뇌에 안 좋은 것들이 생길 위험도 커진대요.

강수돌: 마스크를 빼도 초미세먼지투성이니….

함정희: 어쩌다 잠깐이면 모르지만 이걸 오래 쓰고 있으면 얼굴이나 몸이 완전히 질식할 것 같아요.

강수돌: 종일 마스크를 써야 하는 사람들은 진짜 힘들겠어요.

함정희: 애기들도 다 쓰잖아요. 그 애들이 정말 문제라고, 마스크를 계속 쓰는 것이 안 좋다고, 누가 그러더라고요.

강수돌: 일단 마스크도, 사회적 거리 두기도, 백신도 다 필요하지만, 보다 근본적으로는 코로나 사태의 근원에 대한 진지한 성찰이 필요하다고 봅니다. 그것은 이 세상 만물을 상품과 화폐로 바꿔서 무조건 돈을 많이 벌겠다는 패러다임, 한마디로 자본의 패러다임이 모든 사태의 뿌리라는 거죠. 그래서 저는 현 코로나 상황을 '성찰의 시간'이라 부르죠.

함정희: 맞아요, '성찰의 시간!' 자본이 가장 깊은 뿌리라는 성찰을 해야 해요.

강수돌: 자본이라는 게 쉽게 말해 '돈 놓고 돈 먹는' 관계거든요. 더 많은 돈을 벌기 위해 움직이는 돈 말이죠. 함 대표님이 하시는 것도 겉으로 보기에는 더 많은 돈을 벌기 위해 투자한 것처럼 보이긴 해요. 하지만 진심은 우리 콩과 우리 농업, 사람들 건강을 살리기 위해 투자한 거죠. 그래서 일반적인 자본과는 성격이 좀 다르다고 봐요. 그래도 사업은 사업이니까 자본이 아닌 건 아니죠.

함정희: 맞아요. 저도 그 사이에서 늘 갈등이에요.

강수돌: 그래서 함 대표님이 힘이 많이 드는 거예요. 차라리 돈만 벌려고 하면 수입 콩으로 하는 게 낫죠. 근데 이제 완전히 새로운 철학과 새로운 뜻으로 '우리 콩 독립군'을 자처하고 나섰으니, 다른 사업체들보다 몇 배로 힘들죠.

함정희: 실은 저도 어떻게 해야 좋을지 잘 모르겠어요. 다만 제가 간절히 소망하는 것은, 더 많은 사람들이 제 뜻을 알고 '함씨네토종콩식품'을 더 많이 애용해주어 제가 콩값 걱정 않고 이 사업을 계속할 수 있으면 좋겠다는 거예요. 그래서 우리 콩도 살고, 우리 농민도 살고, 우리 땅도 살리고, 우리 국민들 건강도 좋아지고, 그러면서도 제가 손해는 안 보고 계속 이렇게 갔으면 좋겠다, 이런 정도죠.

강수돌: 그래서 제가 이렇게 함 대표님을 여러 차례 만나 대화도 하고 기록을 해서 책으로 내려는 거죠. 그래야 함 대표님 사업의 뜻을 더 널리 알리고, 또 고생하신 보람도 찾을 것 같아서요. 자, 이 대목에서도 우리 모두 박수를 한번 쳐야죠. 함씨네토종콩식품, 만세! 우리 콩 독립운동, 만세!

GMO에 포위된 한국 농업의 미래
식탁 위 안전 문제에서 들판의 농업 문제로 확대된 GMO

우리는 지금 식탁에 오르는 GMO로 만든 식품이 얼마나 되는지 알지 못한다. 또 내가 먹고 마시는 것들 중 어떤 것이 GMO 식품인지도 모른다. 우리 국민이 먹는 것들 중에 어떤 것이 GMO 식품이고 얼마나 먹고 있는지에 대한 공개된 통계가 없다.

정부는 GMO 식품을 수입하는 업체가 얼마나 되는지, 어느 업체들인지 밝히지 않고 있다. 현재 우리가 알 수 있는 것은 수입되는 GMO 곡물의 양과 수입사, GMO 곡물로 만들어졌을 것으로 추정되는 식품류 정도다. …

GMO옥수수나 콩은 제초제에 견디는 유전적 특징을 가지고 있다. 밭에 제초제를 뿌리면 풀은 죽고 콩과 옥수수만 살아남는 식이다. 이런 작물들엔 제초제의 주성분인 글리포세이트가 잔류하게 된다. 소나 사람이 섭취했을 때 2A급 발암물질(2015년 WHO 산하 국제암연구소 IARC 발표)인 글리포세이트가 몸 안에 축적될 가능성이 높다. 또한 제초제는 땅에 남아 토양의 유익균을 무차별적으로 죽여 비옥도를 떨어뜨리고 지하수를 오염시킬 가능성도 있다. 그 땅에서 일하는 사람, 그 수계의 물을 마시는 사람의 안전이 위협받게 되는 것이다. …

농촌진흥청은 지난 2014년 경기 수원에서 전북 완주로 이사를 했다. 이사 후에도 수원에서 해왔던 GMO 농산물 연구를 계속했다. 2016년 농촌진흥청이 GM 벼 상용화 발표를 하자, 이를 받아들이기 어려웠던 지역 농민들이 정부 기관의 GMO 재배 사실을 세상에 알린 것이다. 농도인 전북, 그것도 만경평야와 호남평야로 연결되는 길목에서 GM 벼를 연구하다니 충격적인 일이었다. 그 벼의 꽃가루가 호남평야 곡창지대로 날아가 다른 벼들을 오염시키면, 농업을 주로 삼는 전북 지역은 망한다는 위기감이 고조됐다.

소비자들의 식탁 위 문제가 농민들의 들판의 문제로까지 확대된 것이다. 그동안 GMO 문제에서 한발 떨어져 있던 농민들까지 움직이게 했다. 이들이 함께 성명을 발표하고 또 농촌진흥청을 찾아가 기자회견을 하며, 이 문제는 시민사회 전반의 문제로 확대됐다. 이후 밀양과 목포에서도 GMO 자연계 재배가 진행됐음이 확인됐고, 소비자·농민 단체는 물론 종교계까지 반대를 표명한다. 그러자 정부는 국민적 합의가 있을 때까지 GMO 재배를 하지 않겠다는 발표를 한다.

GMO가 농촌과 생태계의 위협으로 떠오르고 있으니, 농민들이 GM벼 재배를 반대하는 것은 당연하다. 이 농민들은 주로 친환경 농사를 확대하고자 노력하는 이들이다. GMO는 GAP(Good agricultural practices, 우수 농산물 관리제도)에서는 허용되지만 친환경농법에서는 허용되지 않는다. 그래서 이들은 GMO 자연계 재배 시 일반 농지가 오염될 수 있다고 판단하고 있다

이미 전국 59개 지역에서 GMO 작물의 자연계 생육이 확인됐다. GMO 작물의 농생태계 교란 우려가 현실로 나타나기 직전이다. GMO 재배가 확대되면 언제 어디에서 프랑켄슈타인 같은 '괴생명체'가 탄생할지 모를 일이다. …

미국 몬산토 사는 '라운드업'(Roundup)이라는 제초제로 막대한 매출을 올린다. 이 라운드업은 작물을 재배하는데 가장 큰 골칫거리인 잡초를 제거한다. 이것을 치면 각종 잡초를 비롯해 모든 작물이 다 고사한다. 몬산토는 라운드업을 뿌렸음에도 죽지 않고 살아남은 토양미생물을 발견하고 거기서 라운드업 저항성 유전자를 찾아냈다. 그리고는 이것을 콩과 옥수수에 이식해 GMO 콩과 옥수수를 만들어냈다. 그 결과 라운드업에 다른 풀들은 다 죽지만 이 GMO 콩과 옥수수는 산다. 몬산토 사는 이를 팔아 거대 농산복합체로 발돋움했다. …

그럼에도 우리나라는 '식량안보'라는 구호 아래 GM 작물 개발과 상용화에 열을 올리는 일이 어이없는 일이 벌어지고 있다. 앞에 거론된 민승규 외에도 많은 학자, 교수 정치인들이 몬산토 같은 농산복합체와 카길 등 거대 곡물자본들의 앞잡이 노릇

을 하고 있다. 나는 그 결과물이 GAP로 나타나고 있다고 본다.

지난 2016년 이들은 저농약 인증을 중단하고 GAP로 전환해야 한다고 침을 튀겼다. 실제로 정부는 그해 폐기했다. 저농약 인증제는 다른 친환경 인증제처럼, 제초제 사용을 금지하고 농약 및 화학비료의 사용량도 제한한다. 그러나 GAP는 전혀 친환경 인증제가 아니다. 제초제 사용을 허용하는 것은 물론 앞서 언급한 것처럼 GMO 재배에도 제한이 없다.

GAP가 농약은 물론이고 제초제와 GMO를 허용한다는 사실을 숨기고 '좋은(Good) 농산물'이란 말을 붙여 현혹하는 잔꾀를 부렸던 것이다.

현재 소비자들은 건강상 우려를 표하며 GMO식품완전표시제를 요구하고 있다. 역사상 되짚어보면, 한때 안전하다고 판정한 것도 이후에 그렇지 않은 사례가 수없이 등장했다. 그러니 소비자들이 자신들 입장에서 GMO완전표시제 도입을 촉구하는 것은 당연하다.…

* 출처: 〈민중의 소리〉, 한도숙(전국농민회총연맹 고문), 2021년 5월 23일.

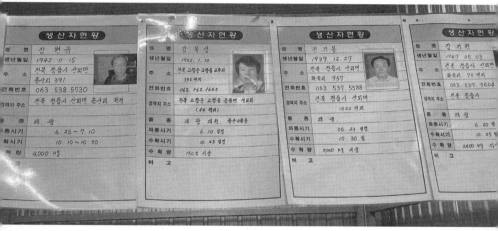

함씨네토종콩식품 저온보관창고에는 전국 각지의 토종 콩 생산자들의 현황이 정리되어 있다.

우리가 모르는 사이에 우리의 밥상은 이미 세계화된 상태고, 이 세계화된 밥상은 사실상 초국적기업이 주무르고 있다. 텃밭이나 지역에서 나던 농산물만 먹다가 세계 각국에서 온 농산물을 먹는다면 세계적 수준의 식사를 하는 것이니 더 풍요로워진 것일까? 아니면 세계를 무대로 돈벌이를 하는 초국적기업에 우리 밥상이 장악된 것일까?

4 초국적기업에 장악된 우리 밥상

자본의 속성

강수돌: 언젠가 집에서 식사를 하며 맥주를 한 잔 마시다가 깜짝 놀란 적이 있어요.

함정희: 왜요?

강수돌: 거기 쓰인 원재료 내용을 자세히 보니 맥아는 호주산 100퍼센트, 전분은 러시아·헝가리·세르비아 등에서 오고, 호프는 독일에서 왔더라고요.

함정희: 맞아요. 모든 게 '세계화'됐죠. 두유도 그래요. 대두 자체는 미국·캐나다·호주에서, 대두유는 태국·미국·벨기에 등에서, 땅콩페이스트는 인도에서… 이런 식이죠. 일반 우유보다 좋다는 두유가 이 지경이니 다른 건 말할 필요도 없겠죠.

강수돌: 이런 식으로 우리가 모르는 사이에 초국적기업들이 씨앗부터 밥상까지 실질적 지배자로 군림하고 있는 게 현실이죠.

함정희: 앞서 말한 GMO 콩도 결국 몬산토 같은 초국적기업이 만들어서 온 세계로 다 퍼뜨린 거잖아요. 그 콩으로 두부나 콩나물, 두유, 사료 따위를 죄다 만드는 거고요.

강수돌: 그렇죠. 씨앗부터 제초제, 콩, 두부, 콩나물, 두유, 심지어 닭 사료 등이 모두 GMO 콩으로 만들어지는 셈이죠.

함정희: IMF 시기엔 우리나라 씨앗 회사인 흥농종묘가 몬산토에 팔려 나갔죠.

강수돌: 제가 사는 조치원에 조천이라는 하천이 있는데, 그 하천 변에 흥농종묘가 있었어요. 외환위기 때 달러 유치한답시고 다 팔아 넘긴 거죠. 처음엔 몬산토로 넘어갔다가 지금은 독일의 바이엘이 인수했어요. 전 세계 각국에서 온갖 욕을 다 얻어먹으니 몬산토도 견디기 어려웠을 거예요. 하지만 자본은 국적이 바뀌어도 그 속성은 변함이 없죠. 무한 이윤 추구라는 속성.

함정희: 저만 해도 콩 사업을 하면서 사람의 건강을 지키자, 우리 콩이랑 우리 농업을 지키자, 우리 농민이 살아야 한다, 이런 철학이 있는데, 몬산토나 바이엘 같은 자본은 오로지 이윤만 추구하는 것 같아요.

강수돌: 그게 중요한 지점입니다. 제가 꽤 오래전에 번역한 책인데, 독일의 페터 슈피겔이란 분이 쓴 《더 나은 세상을 여는 대안경영》이란 책이 있어요. 이 책에 사회혁신적 비즈니스 사례가 많이 나와요. '함씨네토종콩식품' 역시 그런 비즈니스죠. 하지만 상당수 일반

비즈니스들은 오직 이윤만 추구하는 사회파괴적 비즈니스가 많죠. 자연이나 사람을 무시하면서 돈벌이하는 사업체들요.

함정희: 그렇게 말씀해주시니 제 어깨가 으쓱하네요.

강수돌: 사실인걸요.

함정희: 그래서 그런 초국적기업들이 자연의 씨앗을 가져다가 '자기 것'이라고 다 특허를 내버리거나 GMO로 만들어버렸어요. 무서운 일이죠. 대기업, 재벌, 악덕 기업 들의 어떤 말할 수 없는 그 힘의 논리가 무서워요.

강수돌: 그게 바로 자본이라는 겁니다. 자본은 그냥 돈이 아니라 더 많은 돈을 벌려는 돈이죠. 처음 투자한 돈보다 더 많은 이윤을 얻기 위해 발버둥 치는 게 자본이에요. 그러니 사람이나 자연을 자기들 마음대로 주무르죠. 물론 함씨네토종콩식품도 자본은 자본인데, 땅을 살리고 사람을 살리겠다, 그리고 GMO 콩이 아니라 좋은 국산 콩으로 건강한 식품을 만들겠다는 철학을 지니고 있으니, 일종의 '착한 자본'이라고 할 수 있죠.

함정희: 그럼요. 착한 자본, 착한 사업체죠.

강수돌: 물론 자본인 이상 돈은 벌어야 하는데, 사람을 살리고 땅을 살리면서 하자니 힘든 거예요. 그나마 빚을 안 지고 '똔똔'만 되어도 좋겠는데, 만날 콩값이 없어 절절맨다고 하시니 참 안타까워요.

함정희: 저는 아직은 빚이 좀 있지만, 앞으로는 좋아지지 않겠나, 그래서 땅도 살리고 사람도 살리고 우리 콩도 살려 온 세상에 빛이 되자, 이런 마음으로 이 일을 하고 있어요.

강수돌: 바로 사회혁신적 비즈니스죠. 요즘 말로 사회적 기업이라고

하기도 하고요. 남편의 반대와 경제적 어려움에도 꿋꿋하시니, 정말
대단하셔요.

함정희: 그런 말씀은 이제 그만하세요. 사실 저는 우리 것, 토종, 이런
걸 지키는 게 중요하다고 생각했을 따름입니다. 세계 각국의 3천 종이
넘는다는 콩이 이제는 거의 사라졌다고 해요.

강수돌: 와우, 3천 종이 넘었대요? 저는 열 가지도 모를 것 같은데….

함정희: 그나마 남아 있는 것이 우리 콩, 토종 콩이고, 우리 토종 밀도
있어요. 금강밀도 있지만 앉은뱅이밀이 더 낫다고 해요. 이런 것들은
종자 사용료, 로열티를 안 줘도 되니 더 많이 심어야 해요. 그래서
저는 토종씨앗운동 하시는 분들 정말 훌륭하다고 생각해요.

초국적기업의 면면

강수돌: 지금 세계 씨앗(종자) 시장을 누가 주도하고 있을까요?

함정희: 몬산토 아닌가요?

강수돌: 몬산토도 들어가긴 해요. 지금은 독일 바이엘에 팔려서
'바이엘-몬산토'라고 하기도 하고요.

함정희: 아, 그렇죠.

강수돌: 그럼 2위는 어딜까요?

함정희: 어딘가요?

강수돌: 다우-듀퐁이라고 해요. 이것도 다우케미컬이랑 듀퐁이랑
합친 거래요.

함정희: 다우나 듀퐁도 들어는 봤는데, 여기도 종자 회사인가요?

강수돌: 종자도 다루고 농약도 만들어 파는 화학회사죠.

함정희: 아하, 그렇구나. 다 초국적기업이죠?

강수돌: 그럼요. 원래는 출신 나라가 있지만, 이제는 의미가 없고 완전 세계를 무대로 농업이나 식품 시장을 장악해 나가고 있죠. 그러면 종자만 따져서 3위는 어딜까요?

함정희: 잘 모르겠는데요.

강수돌: 신젠타라고 들어보셨어요? 신젠타.

함정희: 가끔 농민들이 쓰고 다니는 모자에 '신젠타'라고 써 있는 걸 본 적 있어요.

강수돌: 저도 2005년부터 2010년까지 마을 이장을 할 때 다른 이장님들이 '신젠타' 모자를 쓰고 다니는 걸 보고 속으로 저게 뭔가 했는데, 알고 보니 농화학 초국적기업이더라고요.

함정희: 긍게로, 그 회사가 전국의 이장이나 농민들한테 홍보용 모자를 사그리 뿌렸는가봐요.

강수돌: 일종의 사은품이나 기념품처럼 나눠준 거겠죠. 기업 이미지를 위해서 말이죠.

함정희: 우리 '함씨네토종콩식품'에서 나오는 콩물처럼 몸에 좋은 걸로 주면 좋을 텐데….

강수돌: 농민들이야 햇볕 가리는 데 모자를 잘 쓰겠죠.

함정희: 그렇긴 하네요.

강수돌: 그러면 우리가 먹는 쌀, 밀, 옥수수, 콩 등 곡물이나 과일 등 식품을 취급하는 세계적 기업에는 어떤 것들이 있을까요?

함정희: 카길?

강수돌: 네, 맞아요. 카길이 주식시장에 상장은 안 되었지만 일단 매출액이 세계 1위거든요. 그럼 2위는 어딜까요?

함정희: 아이고, 몰라요….

강수돌: 영어로 ADM이라고 있어요. 아처 대니얼스 미들랜드(Archer Daniels Midland)의 약자죠. 미국 시카고에 본사가 있는 식품 가공 및 무역 회사라고 할 수 있어요. 이게 2위죠. 그다음은요?

함정희: 글쎄요.

강수돌: LDC라고, 루이 드레퓌스 컴퍼니(Louis Dreyfus Company)의 약자죠. 마찬가지로 식품 가공 및 무역 회사래요.

함정희: 이제 그다음은 묻지 마세요. 어차피 모르니까, 하하.

강수돌: 실은 저도 잘 몰라요. 자료들을 좀 찾아보고 같이 정리해보자는 거죠. 4위 업체는 붕게(Bunge)라고 하기도 하고 번지(Bunge)라고 하기도 하는데, 정확한 발음은 잘 모르겠어요.

함정희: 이름도 좀 희한하네요, 하하.

강수돌: 하여간 이런 회사들이 세계 곡물 시장의 60퍼센트 이상을 차지한대요. 완전 독과점 체제죠.

함정희: 네 개의 회사가 70억 인구가 먹고사는 지구 시장의 60퍼센트를 차지해요? 그거 대박인데요?

강수돌: 함씨네 청국장이 세계시장을 그렇게 점령을 확~ 해버리면, 진짜 대박이겠죠? 하하.

함정희: 그게 제 꿈이긴 해요, 허허.

강수돌: 아이고, 꿈 좀 깨셔야 해. 지금 세상이 어떻게 돌아가는데….

함정희: 긍게요.

강수돌: 잘 보세요. 이 네 개 회사들의 순서를 좀 바꾸면, ABCD가 돼요. A는 ADM, B는 Bunge, C는 Cargill, D는 LDC, 이렇게요. 그래서 흔히 이 ABCD 네 개 회사가 우리 밥상의 60퍼센트를 장악하고 있다고 해요.

함정희: ABCD 네 개가 60퍼센트 이상을 차지한다? 정말 무서운 현상이네요. 그럼 EFG 정도면 70억 인구의 생명줄을 잡겠네요?

강수돌: 그런 셈이죠.

함정희: 그럼 이 회사들이 곡물이나 과일 가격을 멋대로 올려버리면 우리는 꼼짝없이 당한다 그 말이네요?

강수돌: 바로 그거예요. 그런데 또 한 가지 흥미로운 게 있어요. 푸드 마일리지라고 들어보셨죠?

함정희: 푸드 마일리지? 얼마나 멀리서 비행기나 배를 타고 오나, 그거죠?

강수돌: 정확해요. 그러니까 우리 식탁에 오르는 것 아무거나 하나 말씀해보세요.

함정희: 꽃게?

강수돌: 꽃게는 인도네시아에서 많이 온다고 해요. 푸드 마일리지는 운송량 곱하기 이동거리로 구하니까, 꽃게 1톤이 배를 타고 오면 푸드 마일리지는 3278톤킬로미터(t·km)라고 해요.

함정희: 그럼 노르웨이 연어는요?

강수돌: 그건 좀 더 먼데요, 5113톤킬로미터라고 하네요.

함정희: 남미 칠레에서 오는 포도는요?

강수돌: 칠레니까 제일 먼 데서 와요. 우리와는 완전 반대 위치니까요. 그건 1만 2726톤킬로미터네요. 그리고 호주산 쇠고기의 경우는 노르웨이산 연어랑 비슷하게 5177톤킬로미터예요.

함정희: 결국은 그렇게 먼 데서 오는 것보다 우리 지역에서 나는 '로컬푸드'가 훨씬 건강하다, 이 말씀이죠?

강수돌: 바로 그겁니다. 그렇게 먼 곳에서 식량을 사 오기 위해 들어가는 달러도 달러지만 비행기나 배가 뿜어대는 매연과 소모되는 엄청난 연료를 생각해보세요. 먼 거리를 이동하기 위해 그 식품들 자체도 방부제 같은 걸로 처리해야 하고요.

함정희: 그 매연이 모두 탄소화합물 아닌가요? 지구 온난화를 초래하는 온실가스요.

강수돌: 맞아요. 비행기 한 대가 내뿜는 탄소가스가 지상의 자동차 3천 대 분량이라는 얘기도 본 적이 있어요. 비행기 여행이나 화물 같은 걸 가능하면 줄이는 게 좋긴 해요.

함정희: 세계화다, 국제화다 하면서 좋아했는데, 따지고 보면 안 좋은 것도 많네요.

강수돌: 그래서 지혜가 필요해요. 여하간 지금 세계의 곡물시장이나 식품시장, 심지어 종자시장도 모두 초국적기업들이 장악한 상태고, 거기에 곡물가격 문제나 품질 문제, 그리고 푸드 마일리지나 온실가스 문제, 이런 게 막 복잡하게 중첩되어 나타나고 있어요.

함정희: 그래서 우리 농업 육성하고, 로컬푸드 애용하고, 토종 종자 널리 보급하고, 식량자급률 높여가자, 이런 결론이네요.

강수돌: 맞습니다! 그래서 농민이나 일반 시민, 정부 관계자들이

정신을 바짝 차리고 우리 농업과 농민, 농사와 농촌을 잘 살리는 방안을 고민해야 합니다.

함정희: 그렇죠!

강수돌: 제가 과거 5년 동안 마을 이장을 할 때 매월 1회씩 읍에 모여 이장 회의를 했는데, 놀라운 일이 있었어요. 매월 회의 끝에 농업기술센터 공무원이 나와서 이십여 명의 이장들에게 이른바 농사 지도를 하는데, 그 내용이 바로 화학비료나 농약 선전이었어요.

함정희: 그거 실화예요?

강수돌: 그럼요, 실화죠! 그래서 제가 손을 번쩍 들고, '제가 건의를 하나 하겠습니다. 적어도 농업기술센터라면 이장들에게 달마다 유기농 기술 한 가지씩이라도 가르쳐주고, 농약이나 제초제 대신 쓸 수 있는 대안 같은 걸 알려주는 게 좋지 않을까요? 이런 말을 했지요.

함정희: 당연히 그래야죠.

강수돌: 아이고, 그랬더니 그분들 대답이 가관이었죠. '강 이장님 말은 맞는데, 그래가지고서는 농업생산성이 낮다'는 얘기였어요. 농사의 원리는 공장의 원리랑 다른데 말이죠.

함정희: 그렇다니까요.

강수돌: 다른 곳도 아니고 적어도 농업기술센터나 농업 진흥을 하려는 곳이면 화학농법이 얼마나 문제가 많은지, 또 초국적농기업이 어떤 것인지 정도는 알고서 이장들에게도 올바른 방향을 알려줘야 해요.

함정희: 그래야죠.

자본 축적을 위한 약탈과 착취의 역사

강수돌: 우리가 지금 카길, 콘티넨탈, 콘에그라, 몬산토 등과 같은 농식품 관련 초국적기업이 온 세상을 자기들만의 제국, 즉 '식량의 제국'으로 만들고 있다는 얘기를 하고 있는데요. 사실 이것도 역사가 좀 길어요.

함정희: 어떻게요?

강수돌: 인류가 지금처럼 농사를 짓기 시작한 게 신석기 시대부터라고 해요. 그게 지금으로부터 약 1만 년 전이고요.

함정희: 그렇군요.

강수돌: 그 이전에는 수렵이나 채집을 하며 불안정하게 살다가 마침내 안정적인 정착생활이 농사와 더불어 시작된 거죠. 수렵·채집에서 정착·농사로의 변화는 거의 혁명적 변화라고 할 수 있어요. 그런데 그렇게 농사짓고 가축을 키우며 사는 생활양식이 그 이후로 죽 지속되다가 또 한 번 엄청난 혁명적 변화가 와요.

함정희: 언제일까요?

강수돌: 그게 바로 자본주의 산업혁명 시기예요. 산업화 이전에는 노예제나 봉건제나 사람의 힘이 중심이고 가축의 힘이 보조 역할을 하면서 (시장을 위한 생산이 아닌) 일종의 자급을 위한 농사였어요.

함정희: 맞아요. 예전에 우리 어르신들도 주로 집에서 먹기 위해 소규모로 농사를 지었지, 시장에 내다 팔 걸 염두에 두고 농사를 짓지는 않았거든요.

강수돌: 그런데 16세기 이후 서양 나라들이 소위 '지리상의 발견'이나

'신대륙 개척'… 이런 거에 나서면서 완전히 새로운 패턴이 생기기 시작하죠.

함정희: 이건 완전 세계의 역사 이야기네요?

강수돌: 그럼요. 혹시 〈미션〉이란 영화 보셨어요? 거기 보면, 스페인이나 포르투갈 사람들이 16-17세기에 남미(남아메리카)의 여러 나라를 침략하거나 종교인들(가톨릭)이 본토 원주민들을 개종시키려는 장면들이 나오거든요.

함정희: 그런 영화를 본 것 같기도 하고 안 본 것 같기도 하고 가물가물하네요.

강수돌: 물론 그 영화 속에 명확하게 나오는 건 아니지만, 서양인들이 원주민 땅에 들어가 야금야금 점령해 들어가는데, 결과적으로 서양인들이 필요로 하는 커피나 설탕, 면화 같은 걸 노예노동으로 생산하는 그런 농업이 탄생하게 되죠.

함정희: 그게 식민지 개척이란 거 아니에요.

강수돌: 그렇죠. 말이 식민지 개척이지 알고 보면 자본 축적을 위한 수탈과 약탈, 착취죠.

함정희: 100여 년 전에 일본 제국주의가 조선을 침략해 그렇게 한 거랑 똑같은 거죠?

강수돌: 정확해요. 일본이 서양 흉내를 내서 제국주의 행세를 한 거죠. 그렇게 16세기 이후 서양 여러 나라들이 이른바 '제3세계'(남아메리카, 아프리카, 아시아)를 사실상 침략하면서 자기들에게 필요한 노예노동력, 금, 은, 다이아몬드, 커피, 설탕, 면화, 바나나, 망고 등등 온갖 것을 다 가져갔는데, 특히 농업과 관련해 또 다른 문제는 그

이전에 원주민들이 다양한 작물을 소소하게 짓던 (자급적) 농사 개념을 자기들 필요에 따라 돈 되는 작물만 생산하는 (산업적) 농업 개념으로 바꾸었다는 거예요.

함정희: 그러니까 농사가 농업으로 바뀌게 되는군요.

강수돌: 맞아요. 이 얘기는 천규석 선생님의 최근 책 《망쪼 든 세상, 그래도 기리버서》에 나오는 거예요.

함정희: 그렇게 되면 이제 그 원주민들의 농사는 식민지 농업이 되는 거군요.

강수돌: 맞아요. 농사만 이상하게 되는 게 아니라 사람도 식민화, 노예화되는 거고요.

함정희: 유럽도 그렇고 미국도 노예를 많이 부렸죠.

강수돌: 〈노예 12년〉이란 영화를 보면 그 옛날 노예들의 애환과 고통이 정말 잘 표현되어 있어요.

함정희: 그들의 삶이란 게 상상도 하기 어려울 만큼 끔찍했을 것 같아요.

강수돌: 그런데 실은 노예만의 문제가 아니라 자본주의 노동자나 농민도 이제 기업가를 위해 일을 해야 하니 결국은 사역동물(인간을 위해 일하는 동물)화하는 거예요. 마치 사람이 소를 부리듯 기업가가 사람을 부리는 거죠.

함정희: 약간 섬뜩한 얘기네요.

강수돌: 그래서 어떤 학자들은 오늘날 자본주의 노동자를 '임금노예'라고도 하죠. 돈을 벌기 위해선 무조건 시키는 대로 해야 하니까요.

함정희: 저 같은 경우는 우리 직원들을 정말 존중하면서 일하는데….

강수돌: 그건 함 대표님이 착해서 그렇죠. 그런데 그런 착함이나 악함과는 무관하게 노동자들은 일단 기업이나 공장에 들어가면 위에서 시키는 대로 해야 하고, 더 중요하게는 이제 그런 노동을 하지 않으면 먹고살기 힘들게 되었다는 거죠. 돈도 없고 땅도 없고 아무것도 없으니까 오로지 자기 몸을 움직여 임금을 벌어야 먹고사니까요.

함정희: 그건 누구도 부정할 수 없죠.

강수돌: 그러면 이제 산업화 이후의 농업이란 게 무엇이 문제냐? 농업을 점차 기계화, 화학화하면서 오로지 생산성을 높이는 방향으로 나아갔다는 거죠. 그것이 이제 유전자변형식품(GMO)까지 왔고요.

함정희: 교수님 이야기를 들을수록 좀 무서워져요.

강수돌: 몬산토 등 초국적기업들이 세상을 장악해온 과정일 뿐인데요 뭐.

함정희: 그러니까요. 앞으로 세상이 어떻게 될지….

강수돌: 자, 그럼 이제 예전의 자급적 농사 대신 산업적 농업이 되었다는 건 보통 사람들이나 공장 노동자들에게 어떤 의미일까요?

함정희: 좀 어려워요.

강수돌: 농업생산성이 높아져서, 예를 들어 설탕이나 밀가루가 값이 아주 싸게 되면 일반인들의 생계비가 낮아지겠죠? 다른 말로, 임금이 별로 높지 않아도 먹고살 수 있다는 거죠.

함정희: 그건 좋은 것 아닌가요?

강수돌: 좋은 것 같기도 하지만 실은 그 높아진 생산성이 화학비료나

살충제, 제초제, GMO 등으로 만들어진 거라면, 우리가 값싸게
먹는다는 게 결국 '보기 좋은 개살구' 꼴이 아닐까요?

함정희: 아이고, 그게 그렇게 되는군요.

강수돌: 그래서 천규석 선생님도 그 책에서 이런 것을 "지속생산이
불가능한 거대 기업들의 식민지적·반생명적 독점 농업"이라고
호되게 말씀하셔요.

함정희: 듣고 보니 틀린 말씀이 아니네요. 그래서 지금의 세계 농업
체계가 엉망이 됐다, 이런 말씀이죠?

강수돌: 맞아요. 결국은 자본이 농업을 지배하여 인간 노동력도 싸게
부려먹는 도구로 사용한다, 이런 얘기죠. 이런 구조를 우리가 제대로
알면, 나라 경영도 달라져야 하고, 농업정책이나 경제정책도 다
바뀌어야 해요.

함정희: 맞아요. 농사짓는 농민이 보람을 느끼고 살려면 자급농,
협동농, 유기농, 이런 게 돼야 하고, 나라는 이 농민들이 농작물을
아무 걱정 없이 유통·판매·소비할 수 있도록 잘 도와주는 게
바람직하겠네요.

강수돌: 그렇죠. 정확한 답은 없지만 큰 방향은 그렇게 가야죠. 인도의
반다나 시바 역시 《이 세계의 식탁을 차리는 이는 누구인가》에서
천규석 선생님과 비슷한 말을 하죠. 농사의 공공성을 드높이고
농민들이 자부심을 갖고 살 수 있게 하면서도 화학농이나 산업농,
무역농 대신 유기농, 소농, 자급농의 방향으로 가야 한다고.

함정희: 참 좋은 말씀이에요.

경제성장중독의 굴레

강수돌: 우리가 볼 땐 이런 게 당연한데, 왜 안 될까요? 그것은 기업가나 정치가, 행정가들이 무조건 경제성장을 해야 한다는 성장 논리를 앞세우기 때문이죠. 농사나 농업은 아예 경제성장에서는 괄호 밖이라는 거죠.

함정희: 왜 그럴까요?

강수돌: 이미 김종철 선생님이 《근대문명에서 생태문명으로》에서 지적했듯이, 지금 세상을 움직이는 것은 돈인데, 이 은행이 유통시키는 돈이란 기본적으로 부채인 데다가 이자가 붙는 돈이란 거죠. 시간만 지나면 이자를 붙여야 하니 부단히 성장해야 한다는 압박에 시달려요. 오늘날 좀 잘사는 나라에서는 물가의 약 30퍼센트가 이자분이라고 해요. 이 압박 탓에 계속 경제성장을 해야 한다는 강박증에 시달린다는 거예요. 이걸 저는 경제성장중독증이라고 불러요.

함정희: 경제성장중독증이라… 말이 되네요. 알코올중독처럼 성장에 중독된 거네요. 이자란 게 그렇죠. 계속 불어나니까… 이건 우리 같은 보통 사람들이 스스로 조절할 수도 없는 큰 힘이 작동한다는 거죠?

강수돌: 네. 그러고 보니, 일본의 야마자키농업연구소에서 나온 《자급을 다시 생각한다》란 책에서도 '세계무역'이란 결코 민중이 원했던 것이 아니라 부와 권력을 가진 특권층들이 자기들 특권을 확대하기 위해 약탈적으로 만들어냈던 것이라고 말해요. 민중은 원래 자급적으로 살았고, 그렇게 소규모로 소박하게 사는 걸 원했다는

이야기죠. 이런 점에서 카길, 콘아그라 등 농식품 초국적기업이
장악한 식량의 세계화도 결코 민중의 필요를 반영한 게 아닌 거죠.

함정희: 그러고 보면 오늘날 양계장이나 소, 돼지 키우는 곳들도 엄청
규모가 크죠.

강수돌: 그런 걸 '산업축산'이라고 하는데, 닭·소·돼지 같은 동물들의
'생명권' 문제도 있지만, 결국 그 수백, 수천 마리 동물을 한꺼번에
사육하려면 사료 또한 만만찮거든요. 그 사료는 대개 GMO
곡물이고요. 그러니 우리가 육식을 하면 산업축산으로 인해 숲이
파괴되고, 대규모 메탄가스가 발생하고, 축산분뇨 유출이나 GMO
사료곡물 등의 문제가 생기는 거죠. 육고기 생산을 위해 GMO 곡식을
재배해 사람이 먹는 곡물을 동물 사료로 사용하니 한쪽에서는 비만이,
다른 쪽에서는 기아가 공존하는 모순이 발생하죠.

함정희: 그 말씀을 들으니 장 지글러의 《왜 세계의 절반은
굶주리는가》라는 책이 생각나네요.

강수돌: 저도 그 책을 보고 꽤 충격을 받았어요. 지금 지구
전체적으로 식량은 충분한데 초국적기업의 농간으로 분배가
엉망이다. 비만과 기아가 공존하는 것은 모순이다. 골고루 나누자.
그래야 죽어가는 아이들도 살린다. 이런 이야기가 인상적이었어요.

함정희: 지구 전체로 잘 나누어야 세계 평화가 올 텐데요.

강수돌: 정말 그래요. 그런데 산업축산의 문제를 지적한 좋은 책이 또
있어요. 《육식, 건강을 망치고 세상을 망친다》라는 책인데, 이 책을 쓴
존 로빈스는 매우 흥미로운 사람이에요.

함정희: 왜요?

강수돌: '배스킨라빈스'라고 들어보셨죠?

함정희: 아, 그거, 아이스크림 프랜차이즈 아닌가요?

강수돌: 그렇죠! 한때 아주 많이 유행했는데, 요즘은 좀 시들해졌죠.

함정희: 그런데요?

강수돌: 그 배스킨라빈스라는 회사를 원래 1945년에 버턴 배스킨과 어바인 라빈스라는 두 사람이 창업했대요. 그리고 대단한 성공을 거두었죠.

함정희: 그래서요?

강수돌: 바로 그 어바인 라빈스의 아들이 존 로빈스예요.

함정희: 그렇군요. 라빈스, 로빈스, 우리말로 다른 것 같지만, 발음하기 나름인데, 같은 성씨네요?

강수돌: 맞아요. 그런데 아버지 라빈스가 나이가 들어 몸도 안 좋고 해서 아들에게 회사를 물려주려 했대요.

함정희: 아들이 좋아했겠네요?

강수돌: 아니요, 반대였어요.

함정희: 엥, 왜요?

강수돌: 아들이 아버지의 사업을 가만히 살펴보니 이게 대량축산과 유제품이 연결된 거라는 게 명확하거든요.

함정희: 그렇죠. 아이스크림도 결국은 우유를 가공해서 만드는 거니까요.

강수돌: 존 로빈스는 대량축산의 문제점과 유가공업의 문제점을 너무나 잘 파악하고 있었기 때문에, 아버지께 감사하지만 그 사업을 절대 물려받을 수 없다고 하며 상속을 거부해요.

함정희: 이야~ 참 대단하네요. 보통의 경우라면 이게 웬 떡이냐 하면서 달려들 텐데요.

강수돌: 그러니까 역사가 발전하는 거죠, 하하. 아버지보다 아들이 훨씬 훌륭하니까요. 그 존 로빈스가 《육식, 건강을 망치고 세상을 망친다》라는 책을 쓰고, 미국인의 건강을 위해 가능하면 육식을 줄이고 채식을 늘리자, 이런 제안을 하게 된 거죠.

함정희: 이거 정말 많이 배우네요. 현재까지의 역사에 이렇게 많은 이야기가 깃들어 있다니….

강수돌: 미국의 제레미 리프킨도 《육식의 종말》에서 비슷한 얘기를 해요. 육식을 줄이자는 얘기도 하지만, 육식 문화가 자연이나 인간에게 얼마나 해로운 영향을 끼치는지 밝히는 책이에요.

함정희: 유명하신 분이죠.

강수돌: 또 풀무원에서 일하시는 남기선 박사님도 《식사혁명》이란 책에서 리프킨과 비슷한 이야기를 하면서, 음식이 당신을 먹는지 아니면 당신이 음식을 먹는지 질문하기를 촉구하죠. 한편 우리나라 초식마녀란 분은 《오늘 조금 더 비건》이라는 재밌는 책에서 만화 형식으로 채식을 쉽게 할 수 있는 레시피를 소개해요. 집에서 누구나 할 수 있는 쉬운 요리법이죠.

함정희: 정말 배울 게 많네요.

강수돌: 우리가 공부하는 것도 단지 시험을 잘 치기 위해서가 아니라 세상이 돌아가는 이치를 깨달아 정말 지혜롭게 잘 사는 게 무엇인지 이런 걸 알기 위해서죠.

함정희: 채식에 대해서도 한번 깊이 고민해볼 필요가 있겠어요.

이런 텃밭도 있습니다 … 돈도 벌고, 지역도 지키는 언니들
[지역을 바꾸는 사람들] 언니네텃밭 경북 상주 봉강공동체

"귀농해서 행복하다."
"경제적으로 자립해서 행복하다."
"다른 사람과 함께해서 행복하다."

늘 행복한 모습의 박경숙(65)씨에게 이유를 물었다. "내가 먹을 수 있는 건강한 먹을거리를 직접 길러서 먹을 수 있으니 행복하다. 내 일을 하면서 경제적으로 도움이 되어 행복하다. 무엇보다도 언니네 텃밭을 통해서 이웃과 함께 어울려 사니 행복하다. 나이가 들었지만 무언가 생산할 수 있는 삶이 행복하다"라고 한다. …

첫째, 식량주권을 실현하고자 한다. 식량주권(Food Sovereignty)이란 생태계에 안전하고 지속가능한 방법으로 생산된 건강하고 문화적으로 적합한 식량에 대한 민중들의 권리이며, 민중들이 자신의 고유한 식량과 농업체계를 결정할 수 있는 권리를 말한다. 언니네 텃밭은 여성 농민과 소비자가 함께 식량주권을 지키기 위해 생산과 소비의 관계를 회복시키는 일과, 토종씨앗 지키기, 전통음식 문화 보전 활동을 하고 있다.

둘째, 지속가능한 생태농업을 확산하고자 한다. 소농의 상징인 텃밭 농사는 순환적인 생산방식, 생명과 생태를 존중하는 유기농업이다. 유기물이 축적되고, 지역의 자원이 순환하고, 자원을 보존하며 환경과 생태를 살릴 수 있는 농사가 텃밭 농사이다.

셋째, 공동체 지원 농업(Community Supported Agriculture : CSA)을 실현한다. 언니네 텃밭은 다품종 소량생산으로 생태순환 농사를 짓는 여성 농민 생산공동체와 소비자들이 함께 짓는 농사이다. 소비자 회원은 생산자 공동체와 제철꾸러미로 연결되며, 생산지를 방문하고 일손 돕기, 생산자와의 만남 등 다양한 교류를 하며 농업의 미래를 열어 간다.

넷째, 지역 식량 체계를 구축한다. 지역 먹을거리 체계는 곡물메이저를 비롯한 초국적 농식품 기업에 의해 장악된 세계 식량 체계로부터 발생하는 먹을거리의 위험성, 환경파괴, 가족농의 해체, 지역공동체의 붕괴 등에 대응하기 위해 일정한 지역을 단위로 생산자와 소비자가 먹을거리를 매개로 공동체를 형성하는 활동이다.

봉강공동체의 다양한 활동

2009년 결성된 봉강공동체는 전여농의 언니네텃밭이 추구하는 가치를 실천하는 조직이다. 현재 봉강공동체 생산자 회원은 16명이며 제정이 대표, 황재순 사무장이 중심이 되어 재미있게 활동하고 있다. 봉강공동체는 사무소와 작업장이 있는 상주시 외서면 봉강리의 여성 농민들이 중심이지만, 이웃 마을에도 회원이 있다. … 소비자 회원은 매주 꾸러미를 받는 회원이 100명, 격주로 꾸러미를 받는 회원이 200명이다. 꾸러미는 기본적으로 8-9 품목(두부, 김치, 달걀, 간식 1가지, 채소 4-5가지)으로 구성된다. 꾸러미는 4인 가구 기준으로 꾸러미당 2만 6500원으로 매주 혹은 격주로 보내며, 1인 가구에는 2만 1500원의 꾸러미를 격주로 보낸다. … 봉강공동체의 중요한 활동 가운데 하나는 토종 씨앗 지키기이다. 봉강공동체가 속해 있는 전여농은 2008년부터 토종 씨앗 지키기 네트워크 '씨드림' 결성에 주도적으로 참여했고, 현재 토종씨앗지키기 운동을 활발히 진행하고 있다. 봉강공동체 회원들은 1인 세 가지 품종 이상의 토종 씨앗을 심고 가꾸고 보존한다. 1997년 말 외환위기를 겪으면서 우리나라의 5대 종자 회사 가운데 네 곳이 외국기업에 팔려나갔다. 우리나라를 대표하는 청양고추의 주인은 다국적 종자 회사인 몬산토이다. 무와 배추를 비롯한 토종 채소 종자의 50퍼센트, 양파·당근·토마토 종자는 80퍼센트가 인수 과정에서 해외로 넘어가게 되면서 다국적 기업에 로열티를 지불하고 있다. 10대 다국적 종자 기업이 세계 종자시장의 75퍼센트를 과점하고 있다.

종자 종속은 우리의 식량주권을 위협하는 가장 무서운 요소의 하나이다. 이런 상황을 고려해 정부는 2012년에 종자산업 기반 구축을 위한 이른바 골든 시드 프로젝트(Golden Seed Project)를 시작했다. 여성 농민들이 정부보다 먼저 나서서 종자, 그것도 토종 종자의 보존을 위해 힘쓰고 있으니 박수를 보낼 일이다.…

제철 꾸러미와 토종 씨앗 지키기, 목요농민장터 이외에도 봉강공동체는 정신대 여성 쉼터, 비전향 여성 장기수, 노숙자 등 사회적 약자인 여성들을 위한 다양한 연대사업도 하고 있다. 또한 창립 이래 12년째 한 주에 4개의 기부 꾸러미를 보내고 있는데, 상주 지역의 어려운 가정에도 매주 2개씩 꼬박꼬박 보낸다.

오래된 미래, 봉강공동체

…봉강공동체에서 우리의 '오래된 미래'를 본다. 1970년대까지 농민들은 대략 1.0-1.5헥타르(ha)의 농지에서 가족끼리 가축을 기르고 다양한 농산물을 생산해 농업소득으로 가계비를 충당했다. 그러나 1980년대 말 이후 농산물 시장이 개방되고 국제경쟁력이 농정의 주요 목표가 되면서 농업경영의 규모화·기계화·시설화·단작화(단일한 작물을 대량으로 재배하는 것)가 급속히 진전됐고, 농촌의 사회적 경제적 생태적 균형은 급속히 붕괴했다. 생산주의 농정은 농촌의 생태환경을 파괴했을 뿐 아니라, 전체 농민의 1퍼센트도 되지 않는 경지 규모 10헥타르(ha) 이상의 농민만이 농업소득으로 가계비를 충당할 수 있는 황당한 결과를 초래했다.

우리 농업과 농촌의 재생을 위해서는 생산주의에서 벗어나 농업과 농촌이 지닌 본래의 다원적 가치(경제적·사회문화적·생태적 가치)를 복원해야 한다. 봉강공동체는 생태적 농업을 통해 인간과 자연의 관계를 되돌리고 자연계의 다양성을 살려내고자 한다. 세계화에 맞서 지역은 자기 필요(식량과 에너지 등)를 기본적으로 자립하는 지역화를 위해 노력한다. 마을에서는 화목보일러(나무를 연료로 물을 끓여 증기를 발생시키는 보일러)를 널리 사용한다. 공동체적 삶을 통해 사람과 사람의 선한 관계를 실현하고 동시에 도시와 농촌의 상생을 추구한다.…

지속가능한 봉강공동체를 위하여

봉강공동체의 활동을 통해서 농촌에서의 자립과 공동체 활성화의 가능성을 볼 수 있었다. 하지만 봉강공동체를 위협하는 최대의 난제는 언니들의 나이가 점차 많아지는데 새로운 회원의 유입이 쉽지 않다는 것이다. 봉강공동체 언니네 텃밭 회원들의 연령 구성을 보면 80대 2명, 70대 3명, 60대 5명으로 다수를 차지하고, 50대는 4명, 40대는 1명에 지나지 않는다. 창립 이후 12년이 지난 지금 언니네 텃밭은 할머니네 텃밭이 되었다. 80대와 70대 회원들은 최소한으로 활동하고 있으며 곧 은퇴할 것이다.

봉강공동체의 존속을 위해서는 젊은층의 귀농이 꼭 필요하다. 김정열 씨는 최저임금만 보장된다면 봉강공동체의 가치를 공유하면서 농촌에서 자기 삶을 실현하고자 하는 젊은이가 주변에 적지 않다고 한다. 봉강공동체는 젊은이들에게 안정된 일자리를 제공하기 위해 사회적 기업을 준비하고 있고, 땅을 마련하기 위해 기금도 적립하고 있다.… 이를 위해 정부가 준비된 농촌 공동체에 젊은이들이 일할 수 있도록 다양한 방식으로 지원하면 어떨까. 귀농할 젊은이들을 양성하기 위한 교육과 연수, 지원을 전담할 기구도 필요하지 않을까. 봉강공동체가 마을을 넘어 면으로, 상주시로, 네트워크를 확장해 가기를 기대해본다.

*출처: 〈오마이뉴스〉, 박진도 기자, 2021년 2월 19일.

4부 우리 콩이 백신이다

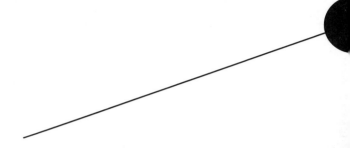

왜 우리 콩이 백신인가? 어떻게 우리 콩 자급률도
높이고 우리 농업, 유기농업을 살릴 것인가? 우리 콩
독립운동을 완성하기 위해 '나부터' 할 수 있는 일은
무엇일까?

1 우리 콩이 백신인 까닭

조상 대대로 이어온 완전식품

강수돌: 함 대표님은 '우리 콩이 곧 백신이다', 이런 신념을 갖고
계시죠?

함정희: 네, 맞아요. 일단 콩의 한자(豆)를 보세요. 콩의 원산지가
두만강(豆滿江)이라고도 하는데, 이 '콩 실은 배로 가득한 강'인
두만강의 두가 바로 콩이잖아요? 콩 두 자. 찰 만 자.

강수돌: 그러고 보니 그러네요. 두만강이라, 그 두만강 일대도 만주
지역처럼 콩을 많이 심었다고 하더라고요.

함정희: 어디 두만강만 그런가요? '풍년'(豊年)할 때 풍부(豊富)하다는
풍(豊)자 안에도 바로 콩 두(豆) 자가 들어 있죠. 우리 몸을 말하는 몸
체(體) 자에도 뼈가 풍부한 게 몸이라고 해서, 콩 두 자가 있어요.

강수돌: 역시 콩 박사님은 뭐가 달라도 달라요!

함정희: 사실 콩의 단백질이나 지방이 우리 건강에 있어서도 가장 중심에 있지 않나, 이 말이죠.

강수돌: 당연하죠! 제가 어릴 때도 어른들이 콩을 두고 '밭에서 나는 쇠고기'라고 했거든요. 처음엔 농사짓던 부모님이 쇠고기 사 먹을 돈이 없으니 그냥 우리 밭에서 나는 콩이나 많이 먹으라고 그런 말을 하시는 줄 알았죠, 하하. 저도 중·고교 때 도시락 반찬은 늘 콩이었어요. 메주콩, 강낭콩, 검은콩….

함정희: 저는 콩의 꽃말이 '꼭 오고야 말 행복'이 된 것도 결국은 콩이 건강에 좋아서 행복을 가져다주기 때문이라고 생각해요. 건강해야 일도 하고 뭐든 하죠. 콩 한 알엔 단백질, 탄수화물, 지방, 비타민, 미네랄 등 5대 영양소가 고루 들어 있거든요.

강수돌: 저도 콩을 많이 먹고 자라서 비교적 공부를 좀 했나봐요, 하하.

함정희: 미네랄(무기질)도 철, 마그네슘, 칼륨, 아연, 엽산 등 골고루 들었어요. 그러니 콩을 매일 먹으면 건강도 좋아지고 행복감도 올라가겠죠?

강수돌: 맞는 말씀이에요. 사실 우리가 건강을 잃고 나면 그 무엇이 소용이겠어요? 만사가 귀찮아지고 나중엔 아예 살맛도 안 나죠. 건강할 땐 잘 모르다가 막상 건강을 잃어봐야 그게 얼마나 소중한지 아는 게 우리 보통 사람들이죠.

함정희: 교수님다운 말씀이네요.

강수돌: 필수 아미노산이라고 있잖아요. 우리 몸에서 만들어지지

않기 때문에 음식으로 꼭 먹어줘야 하는 여덟 가지 필수 아미노산(라이신, 트레오닌, 류신, 이소류신, 발린, 페닐알라닌, 트립토판, 메티오닌)이 있는데, 콩 속엔 이중 메티오닌을 뺀 나머지 일곱 가지가 모두 들었다고 해요.

함정희: 긍게로 내가 콩에 미친 게 행운이죠? 어릴 때부터 콩밥을 안 주면 막 울고 그랬으니까요. 필수 아미노산 같은 건 몰랐는데, 그냥 콩이 좋았던 거죠.

강수돌: 일곱 가지 필수 아미노산이 들어 있으니 콩 하나만 먹어도 단백질이….

함정희: 콩에는 필수 아미노산이 일곱 개나 들었고, 나머지 한 가지 필수 아미노산(메티오닌)이 쌀에 들었다고 해요.

강수돌: 그렇군요. 그러니 찹쌀하고 콩을 같이 먹으면 완전 최고네요.

함정희: 그렇죠. 여덟 가지 필수 아미노산을 다 먹는 셈이니까요. 우리 몸이 100이라고 하면, 66퍼센트가 물, 16퍼센트가 단백질, 미네랄이 4퍼센트, 탄수화물 0.6퍼센트, 기타 0.4퍼센트라고 하거든요.

강수돌: 그러니까 일단 물, 오염되지 않은 중성이나 약알칼리의 물을 자주 마시면 좋고요. 어떤 분은 하루에 '따뜻한 물 여섯 잔의 기적'을 실천해보라고 하시더군요. 따뜻한 물을 하루 여섯 번, 자주 마시면 몸이 좋아진대요. 그리고 나머지는 단백질이니까 일단 콩밥, 잡곡밥만 먹어도 충분하겠죠?

함정희: 물론 콩밥 하나만 먹으면 심심하니까 다른 것(야채, 생선, 김치, 젓갈…)도 두루 먹어야죠. 하지만 기본이 콩밥이다, 이거죠. 병을 이기려면 단백질을 꼭 먹어야 하는데, 단백질 공급원으로 대개 육식만

생각하잖아요.

강수돌: 예전과 달리 고기의 대부분이 산업형 축산에서 나온 거라 여러 문제가 많아요. 그래서 밭에서 나는 쇠고기가 바로 콩이다, 콩이 좋다, 이거죠.

함정희: 실제로 고기는 이미 다 오염됐다고 보면 돼요. 그러니까 먹어도 조금만 먹어야 돼요. 근데 콩은 많이 먹어도 부작용이 없는 단백질이죠. 그래서 콩이 좋은 백신이에요!

강수돌: 사실 콩으로 만드는 요리도 참 많아요. 콩나물이나 두부, 된장, 청국장만이 아니라.

함정희: 게다가 요즘은 콩고기도 있고, 콩죽도 좋아요. 쌀도 넣고 콩도 넣어 콩죽을 끓이면 맛도 기가 막혀요.

강수돌: 저도 어렸을 때 엄마가 콩죽을 많이 해줬는데….

함정희: 콩물도 좋고요. 그래서 입맛 없고 소화 안 될 때, 아이들 이유식 할 때 콩물을 주면 좋아요. 여덟 가지 필수 아미노산을 섭취하는 데 콩으로 만든 음식만큼 좋은 게 없어요.

강수돌: 그러니까요. 일단 국산 콩으로 여러 맛있는 음식을 만들어 먹으면 몸에 참 좋죠. 아이고, 두부김치에 막걸리 한잔 하고 싶다.

함정희: 막걸리도 생탁을 마시면 좋아요. 아스파탐 같은 인공 조미료 안 들어간 게 좋은데….

강수돌: 그럼요. 그건 그렇고, 콩(대두)의 효능을 다시 한번 정리해보죠.

함정희: 콩을 꾸준히 먹으면 장(腸) 건강이 좋아지고 살도 빠진다고 해요. 또 신경계에 좋은 엽산이나 섬유질 덕분에 심장이 좋아진다고도

하고요. 그러니 콩을 많이 먹는 사람들은 심부전이나 뇌졸중 등 전체 심혈관 질환을 앓을 확률이 줄어든다는 이야기죠.

함정희: 앞서 말씀드렸듯이 우리집 막둥이의 경우도 그렇잖아요. 중학교 갈 무렵(2010년경) 혈당 수치가 1,000까지 올라갔는데, 병원에서 인슐린 주사 맞고 약을 먹어도 호전되질 않았어요. 그러다가 나중에 콩(쥐마청)을 먹였더니 서서히 안정되었고 콜레스테롤(고지혈증) 수치도 떨어졌어요. 지금은 완전 정상이에요.

강수돌: 정말 다행이에요. 또 콩이 항산화작용도 한다고 하죠?

함정희: 네, 콩 안에는 항산화물질이 들어 있어 항산화작용을 하고, 특히 검은콩인 쥐눈이콩에는 글리시테인이라는 항암제, 해독제 성분이 있어 암세포 발생을 미리 막는대요.

강수돌: 그럼, 우리 '함씨네'는 주로 콩을 어디서 사 오시나요?

함정희: 제가 '다 함께' 함씨잖아요. 그래서 콩도 전라북도 콩만 쓰는 게 아니라 전국의 콩을 다 써요. 강원도, 경상도, 전라도, 충청도, 제주도, 어디든 우리 콩은 다 갖다 쓰죠.

강수돌: 그럼 이제 우리 콩 박사님이 자라나는 청소년이나 이웃들에게 우리 토종 콩에 대해 한 문장으로 말씀하신다면요?

함정희: 토종 콩이야말로 조상 대대로 이어온 완전식품이자 미래의 식량자원이다. 아니, '우리 콩이 백신이다!' 이렇게 간단히 말하겠어요.

강수돌: 우리 콩이 백신이다, 멋지네요!

함정희: 감사합니다.

강수돌: 그러고 보면 함 대표님은 단순히 콩을 가공해 판매하는 사업가가 아닌, 우리 토종 콩을 지키고 알리는 독립군 내지

시민운동가인 셈이네요!

최고의 백신은 식량

함정희: 2020년 10월에 노벨평화상을 수상한 단체가
세계식량계획(WFP)이거든요. 그 수상자가 말했어요. '최고의 백신은
식량'이라고요.

강수돌: 맞는 말이죠. 기본은 잘 먹는 거니까요.

함정희: '식량이 백신'이라는 말은 기본 식량으로 골고루 영양을
섭취해야 병도 안 걸리고 건강하다, 이런 얘기죠. 그러면 어떤
식량이냐? 저는 제 나름대로 'GMO 없는'(non-GMO) 식량이 백신이다,
이렇게 말하고 싶어요.

강수돌: 그러네요. 요즘은 GMO가 우리를 포위했으니까요.

함정희: 그러면 GMO 아닌 식량 중에서 어떤 것이 좋을까요? '콩'이죠.
콩 중에서도 어떤 콩이 좋을까요? 당연히 '쥐눈이콩'이죠! 이게 세계의
약이고, 세계의 백신이라고 봅니다. 제 나름대로 쉽게 푼 거죠.

강수돌: 멋져요. 그래서 쥐눈이콩으로 노벨상까지 가보자, 이런
이야기네요?

함정희: 네. 제가 쥐마청(쥐눈이콩마늘청국장환)을 만든 이유도, 이게
필수 아미노산 여덟 가지를 다 가진 기본 영양제이면서도 그동안
사람들이 나쁜 음식을 먹어 몸에 쌓인 독소를 시원하게 씻어내는
해독제가 되기 때문이죠. 쥐눈이콩에는 해독 기능도 있고, 강력한

항암, 항바이러스 성분도 있으니 암이나 여러 바이러스로부터 우리 몸을 지키는 백신이라 할 수 있죠. 그러니 모두 콩을, 그중에서도 쥐눈이콩을 매일 꾸준히 먹으면 좋겠어요.

강수돌: 쥐마청은 영양제면서 동시에 해독제네요. 그래서 '백신' 역할을 한다, 이런 말씀이고요. 세계식량계획도 콩이 참 좋다며 섭취를 권장했다고 하더라고요.

함정희: 다만 GMO 콩이 아니라 토종 콩이라야 해요!

강수돌: 함 대표님께서 '우리 콩이 백신'이라고 하시는 이유, 우리 콩으로 만든 것들, 가령 된장이나 간장, 청국장, 콩물, 콩나물, 두부, 이 모든 것이 몸에 좋은 이유는 그 자체로도 영양소가 풍부할 뿐 아니라 나쁜 음식을 먹어서 우리 몸에 쌓인 독소까지 없애주기 때문이죠?

함정희: 그럼요. 예를 들어, 간장 이야기를 좀 해볼까요?

강수돌: 그거 좋네요.

함정희: 우리 몸은 여러 가지가 필요하지만, 일정 농도의 염분이 필요하다고 해요. 소금에 있는 나트륨이 부족하면 무기력해지고 현기증이 나거든요.

강수돌: 사람의 몸에는 적정 수준의 염분이 있어야 심신이 모두 제대로 작동한다고 하죠. 특히 면역체계 유지엔 혈당과 단백질, 지방과 더불어 염분도 필수고요.

함정희: 그럼요. 수분도 필요하고, 미네랄도 필요하고, 비타민도 필요하죠.

강수돌: 일단 염분에 초점을 맞춰보죠. 대개 세계보건기구의 염분 섭취 권장량은 하루 2,000밀리그램(소금 5그램, 작은 티스푼 하나)이라고

하는데, 보통 우리가 국과 탕(찌개)이 포함된 식사를 하면 3,200밀리그램 정도를 섭취한다고 해요. 염분을 너무 많이 섭취하는 거죠.

함정희: 그래서 국물을 끝까지 먹지 말라고 하잖아요.

강수돌: 반대로, 고혈압을 예방한답시고 너무 저염분 식사를 하면 2,000밀리그램보다 모자랄 수 있다는 거죠. 그래서 적정량인 2,000밀리그램 수준을 잘 유지하는 게 좋다고 해요.

함정희: 그래서 우리가 적정량의 염분을 섭취하는 게 중요한데, 가장 최고는 역시 간장이에요. 일반 소금, 특히 꽃소금이나 정제소금은 절대 쓰지 마세요.

강수돌: 물론 그래야죠. 말씀하신 그 간장은 우리 콩으로 담근 전통 간장이죠? 진간장 말고 조선간장.

함정희: 그럼요. 이 간장도 1년, 2년짜리보다 5년 정도 지났을 때 아주 좋다고 해요. 그 정도가 되면 거의 항암제라고 해요. 암세포가 자라는 걸 억제한다죠. 전문가들 실험 결과래요.

강수돌: 이미 실험에서 그 효능이 객관적으로 밝혀진 거라는 말씀이죠?

함정희: 네, 그래서 5년 지난 좋은 간장을 먹으면 대장암에 걸릴 확률도 거의 절반으로 떨어진대요.

강수돌: 그러니까 간장 속에 발효되어 녹아 있는 소금이 우리 몸에 가장 좋은 염분이다, 이런 말씀이네요?

함정희: 그래서 우리 조상들이 해마다 힘들게 힘들게 이 간장을 만들어서 먹었던 거예요. 그걸 요즘 젊은 사람들은 귀찮다면서 거의

안 해 먹죠. 그냥 아무 간장이나 사 먹죠.

강수돌: 저희도 집에서 몇 번 담가 먹었는데, 맛도 좋고 기분도 좋아요. 우리 콩을 사서 메주 쑤고 황토방에서 발효시켜 말리고, 나중에 그 메주를 항아리에 넣고 계란을 이용해 소금물 간도 맞추고, 다음에 날씨 좋은 날 봐서 간장 따르고 메주 가르고… 이 모든 과정을 다 해봤죠.

함정희: 아이고, 다 해보셨네요.

강수돌: 그럼요. 근데, 이거, 정말 쉽지 않아요. 힘들어요. 시간도 문제고, 귀찮기도 하고. 그러니 우리 세대가 지나면 더 이상 이걸 직접 만드는 법을 모르게 될걸요? 오로지 돈 벌어 마트 가서 사 먹을 줄만 알겠죠.

함정희: 이미 많이 그렇지요. 다들 어르신들 살아계실 적에 집집마다 전통 지혜를 잘 물려받아 이걸 또 자식들에게 물려주고 해야 하는데, 그냥 돈만 벌어 다 해결하려 하니 그 사이에 전통 기술과 전통 지혜가 죄다 사라져버리는 거죠.

강수돌: 바로 그겁니다. 화폐와 상품이 우리 생활 속으로 들어오는 만큼 우리는 편리함을 얻는 대신 전통 지혜를 잃어버리는 거죠. 동시에 친구나 이웃이 모여 협동 작업을 하던 전통도 사라지고요. 나도 모르는 사이에 공동체가 해체되는 거죠. 다들 각자 알아서 돈 주고 사 먹는 것만….

함정희: 여하간 우리 콩으로 만든 간장, 된장, 고추장, 두부, 청국장, 이런 걸 양념이나 반찬으로 꾸준히 먹으면 면역력도 길러지고 체내 독소도 잡아주고, 또 그걸 만드는 과정에서 (혼자서 하긴 어렵고 여럿이

해야 좋으니까) 사람들끼리 모여 일하는 즐거움도 누리고, 여러모로
좋아요.

강수돌: '우리 콩이 백신'이라고 할 때, 암이나 바이러스, 질병에 대한
면역력뿐만 아니라 우리의 공동체적 인간관계가 해체될 위기에
있는데, 이런 것에 대한 백신도 된다, 이렇게 봐야겠네요?

함정희: 그렇죠!

맹목적 돈벌이가 초래한 반생명적 결과

강수돌: 이제 주제를 조금 바꿔서 GMO, 유전자변형 농산물에 어떤
문제가 있는지, 그걸 제대로 따져볼까 합니다.

함정희: 우리나라 사람들은 GMO에 대해 잘 모르는 편이에요. 그게
안타까워요. 그런데 '오로지'라는 분이 쓴 《한국의 GMO 재앙을 보고
통곡하다》라는 책을 보면 아마 귀가 번쩍 뜨일 거예요.

강수돌: 그분이 한국계 미국인이죠. 저는 김은진 선생의 《김은진의
GMO 강의》도 추천해요. 일단 오로지 선생에 대해 얘기해볼까요?

함정희: 네. 전체 이름은 오로지 돌세네예요.

강수돌: 필명이겠죠?

함정희: 그건 잘 모르겠어요. 한국 출신인데, 미국에서 30년 이상 살아
국적이 미국이죠. 그 사람이 한국에 와서 보니까 한국인들이 너무
많이 아픈 거예요. 특히 1990년대 이후 GMO 농산물이 많이
수입되면서부터 온갖 질병이 급증하고, 마침내 한국 사회가 서서히

죽어간다고 본 거예요. 그래서 그분 나름대로 연구해서 책을 쓴 거죠. 그 책을 보면, 지금 우리는 소멸하고 있다고 해요. 회생할 수 없을 정도로 소멸 중이라는 거죠. 사태가 이렇게 심각한데도 우리는 너무 모른다는 거예요.

강수돌: 지금도 길거리 나가 GMO가 뭔지 아느냐고 물으면, 아마 절반 이상은 잘 모를걸요?

함정희: 실제로 한국은 OECD 국가들과 비교했을 때 암 1등, 자살 1등, 자폐 1등, 당뇨 1등, 고혈압 1등, 전부 1등이래요. 이게 모두 잘못된 음식이나 GMO와 관련이 있다는 얘기죠. 그런데도 거기에 관심을 가지는 사람이 별로 없어요. 그냥 치료한다고 만날 병원만 가니까요. 그래서 오로지라는 분이 통곡을 하면서 그 책을 썼다고 해요.

강수돌: 저는 아직 못 읽어봤는데, 흥미롭게 들리네요.

함정희: 꼭 읽어보셔야 해요.

강수돌: 사실 GMO라는 말 자체가 유전자가 변형된 식품이니까요. 그 비정상적으로 변형된 단백질 DNA가 우리 몸에 해롭기도 하겠거니와 그것을 재배할 때 라운드업 제초제를 마구 뿌려대니 거기에 포함된 글로포세이트라는 발암물질이 신체에 손상을 끼쳐 '이중의 위험'이 있다는 얘기겠네요?

함정희: 그게 핵심이죠.

강수돌: 아, 물론 '음모론' 같은 시각에서는 몬산토나 바이엘 같은 초국적기업들이 GMO를 확산시켜 특정 민족이나 국가를 서서히 죽여나간다고 보기도 하지만, 저는 그런 식으로 보기보다는 초국적기업의 맹목적 돈벌이가 초래한 반생명적 결과라고 해석하고

싶어요. 하여간 그 책을 한번 읽어봐야겠네요.

함정희: 제가 그 책을 보고 놀랐던 것은 GMO 하면 반드시 따라 나오는 글리포세이트가 기형아 가능성을 높이고, 몸속 호르몬을 교란시키기도 하며, 기관이나 세포를 파괴하고, 독성물질 제거를 방해하며 유전자를 파괴한다는 내용이었어요. 정말 무서워서 소름이 돋았어요. 그래서 더욱 '우리 콩 독립운동'을 하는 게 자랑스러웠죠.

강수돌: 언젠가 언론에서도 '차코의 눈물'이라는 제목으로 보도된 내용이 있어요. 아르헨티나(세계 3대 GMO 콩 수출국)에서는 GMO 반대 운동이 거세게 일어나는데, 우리나라는 오히려 GMO 소비량이 200만 톤으로 증가하면서 온갖 질병이 늘었고, 그 연관성에 대해 거의 모르고 있다는 사실이 충격적이죠. 거의 중독 수준이에요, GMO 중독!

함정희: 맞아요, 중독 수준이에요.

강수돌: 그 무엇에건 중독이 된다는 건, 원래의 자기 감각이나 느낌이 마비된다는 뜻이기도 하거든요. 그래서 자기 몸에서 무슨 일이 일어나는지도 모른 채 보기 좋고 값싸고 편한 것에 중독되어 죽는 줄도 모르고 빠져들게 되죠.

함정희: 우리는 GMO에도 중독되어버렸어요.

강수돌: '차코의 눈물'이란 방송에서는 아르헨티나에서 GMO 콩 재배를 하고 라운드업 제초제를 갈수록 강하게 쓰면서 어떤 문제들이 나타났는지 소상하게 잘 보여줘요. 생각만 해도 끔찍한데, GMO 콩을 재배하는 지역에 사는 아이들 몸에 시커먼 점이 가득한 걸 보고는 제가 정신이 아찔해지더라고요. 거기서는 비행기로 제초제를 뿌려대는데, 이게 바람을 타고 사방팔방으로 날아간 거예요.

함정희: 무서워요, 정말. 사람도 병들고, 식수도 오염돼버렸죠. 비행기로 막 뿌려대니까요.

강수돌: 그렇게 비행기로 글리포세이트를 살포했지만, 그렇다고 잡초나 벌레가 다 죽는 건 아니고, 내성이 더 강화된 잡초나 벌레가 등장하는 거죠. 그래서 아르헨티나에서 1996년에 제초제를 2만여 톤 썼는데, 그게 2008년에는 그 열 배인 23만 톤으로 급증했다고 해요. 무서운 일이죠. 이게 바로 중독의 원리 중 하나로, 갈수록 악순환이 되는 거예요. 잡초나 벌레를 잡기 위해 여기서는 '라운드업'에 강박적으로 의존하지만, 그렇다고 (내성이 증가해) 모든 잡초나 벌레가 죽는 게 아니니 갈수록 더 강한 도수를 써야 하고, 또 만일 이 라운드업을 안 쓰면 잡초나 벌레 때문에 농사를 망칠 것 같아 불안해서 견디질 못하죠. 이런 게 전형적인 '중독' 현상이거든요.

함정희: 교수님이 '중독'이라는 개념으로 설명을 해주시니 뭔가 분명해지는 것 같아요.

강수돌: 이와 관련해 《빅 치킨: 항생제는 농업과 식생활을 어떻게 변화시켰나》가 생각납니다. 이 책에서는 대형 양계장의 닭을 중심으로 설명하는데, 특히 페니실린, 즉 항생제를 중독적으로 오·남용함으로써 갈수록 더 강한 균들이 탄생한다고 해요.

함정희: GMO 콩도, 항생제 닭도 온갖 병충해를 막는다고 화학물질을 써서 오히려 세균이나 바이러스만 강하게 키운 셈이네요. 그래서 결국 아르헨티나에서는 GMO 콩을 재배한 지 10여 년이 지나 온갖 병이 급증했다는 것 아니겠어요?

강수돌: 그렇죠. 예를 들면, 불임, 난임, 유산, 사산, 암, 종양, 뇌성마비,

다운증후군, 지적장애, 면역결핍증, 내분비질환 등이 바로 그런 것들이죠. 실제로 아르헨티나의 경우 신생아의 30퍼센트가 기형아로 태어나기도 하고, 가축은 떼죽음을 당했다고 해요.

함정희: 우리나라도 2016년에 GMO 벼를 재배하려고 했는데, 시민들 반발로 무산됐어요. 그게 만일 강행되었더라면 우리도 결국 아르헨티나 꼴이 나고 말았을 거예요. 생각만 해도 등골이 오싹해져요.

강수돌: 맞습니다. 아르헨티나 문제가 곧 우리 문제죠. 아르헨티나에서 해당 지역 주민들이 분노 속에서 정부를 상대로 시위를 벌이며 질병 급증이나 기형아 출산에 대한 원인 규명과 제초제 사용 금지를 요구했죠. 그런데도 당시 정부는 GMO 콩이 연간 수출액의 50퍼센트를 차지한다는 이유를 들어 그 요구를 거절했고요. 결국 돈의 논리죠. 그래서 참된 민주주의를 위해서 일하는 정치가를 뽑아야 해요. 대다수는 돈과 권력을 위한 정치를 하거든요.

함정희: 시민들도 똑똑해져야 하고, 정치가들도 이런 문제의식이 강한 분들을 뽑아야 해요.

강수돌: 민주주의에 관해 김종철 선생님이 《근대문명에서 생태문명으로》에서 하신 말씀으로 마무리를 하죠. "참다운 민주주의의 성립에 무엇보다 필요한 것은 민중이 주체적인 삶을 영위할 수 있는 자립과 자치의 조건, 사회성원들 간의 평등한 관계… 노예의 삶을 강제당하지 않기 위한 근본적인 조건을 갖추어야" 한다!

* 우리가 흔히 섭취하는 식품첨가물(과다 섭취 시 질병 유발)

종류	용도	첨가물	주요 식품
감미료	단맛 증가	구연산, 사카린나트륨, 아스파탐, 이디핀산, 이산화탄소, 인산, 자일리톨, 젖산, D주석산, DL사과산	가공품, 과자, 발효유, 어패류, 탄산음료, 청량음료
계면활성제	액체 성분 간 혼합을 쉽게	레시틴, 지방산에스테르, 폴리소르베이트	샴푸, 식기세제, 치약, 화장품
발색제	색깔을 선명하게	(아)질산나트륨, 질산칼륨, 황산제일철	소시지, 햄
방부제	부패와 변질 막아 오래 가게	데히드로초산, 소르빈산(칼륨), 안식향산(나트륨), 프로피온산(칼륨, 나트륨)	간장, 된장, 마요네즈, 박카스, 버터, 비타민음료, 잼, 치즈, 탄산음료
산미료	신맛, 상쾌함, 식욕 촉진	구연산, (빙)초산, 사과산, 이산화탄소, 인산, 주석산, 푸말산	과자, 아이스크림, 젤리, 청량음료, 청주, 통조림, 피클
산화방지제	지방의 산패·변색·퇴색 방지	부틸히드록시아니졸, 에리솔빈산, 토코페롤, 히드록시톨루엔, L아스코르빈산	쇼트닝, 쥬스, 크래커
살균제	균, 미생물 제거	이염화이소시아눌산나트륨, 치아염소산나트륨, 표백분	두부, 소시지, 어육, 햄
유화제	다른 물질이 서로 잘 섞이게	(글리세린, 소르비탄, 자당, 프로필렌글리콜)지방산에스테르	두유, 생크림케익, 아몬드밀크, 아이스크림, 화장품
증점제	점도를 올려 쫄깃한 맛과 부피를 키움	메타셀룰로즈, 알긴산(나트륨, 프로필렌글리콜), 초산전분, 카제인, 폴리아크릴산나트륨, 펙틴	김가공류, 마요네즈, 발효유, 소시지, 아이스크림, 요구르트, 푸딩, 햄
착색제	인위적 착색으로 식욕을 촉진	식용색소 녹색3호, 적색2호, 3호, 청색1호, 황색4호	버터, 빙과류, 소시지, 아이스크림, 치즈, 캔디(사탕), 푸딩, 통조림
착향제	좋은 향기를 내게	계피알데히드, 낙산부틸, 멘톨, 바닐린, 벤질알코올, 시트랄	사탕, 알록달록 젤리, 치약
팽창제	부풀게, 부드럽게 하여 식감 높임	글루코노델타락톤, 명반, 염화암모늄, 인산칼슘, 주석산수소칼륨, 탄산(마그네슘, 수소나트륨)	빵, 비스켓, 초콜렛
표백제	불필요한 색소를 미리 파괴함	과산화(벤졸, 질소), 삼염화질소, 이산화염소	과자류, 빵, 빙과류

쥐눈이콩마늘청국장환, 줄여서 쥐마청!
이 쥐마청을 개발한 과정과 비법 이야기를 들어보자.

2 함씨네가 개발한 '쥐마청'

건강한 메주의 탄생 과정

강수돌: 그러면 함 대표님이 노벨상 후보에 오르게 된 건 결정적으로 무엇 때문일까요?

함정희: 아따, 좀 천천히 갑시다요, 우리 교수님!

강수돌: 아이고, 죄송해요. 그럼, 아주 천천히 말씀해주세요, 하하.

함정희: 제가 뒤늦게 대학 공부를 할 때, 콩에 관한 공부를 자꾸 하다 보니까 우리나라는 삼면이 바다요 70퍼센트가 산이라 했으니, 정말 하늘이 주는 것이 많다, 이런 자연 여건을 잘 활용하면 뭔가 될 것 같다, 이런 생각이 들었어요.

강수돌: 아이고, 갈수록 태산이네요. 그러니까 무슨 말씀이죠?

함정희: 식품과학과 교수님이 우리나라는 콩을 발효시키기에 딱 좋은

기후 조건을 갖췄다, 발효 콩을 잘 활용하면 뭔가 유익한 식품을 만들수 있다, 우리 콩을 잘 발효시킨 된장이나 청국장은 음식이라기보다는 보약이다, 이런 말씀도 하셨고요.

강수돌: 맞아요. 예로부터 '좋은 음식은 약'이라고 했지요. 특히 된장이나 청국장은 몸에 좋은 음식이자 보약이죠.

함정희: 그런데 우리가 잘 모르고 날마다 GMO를 먹다보니, 점점 온몸이 망가지고 세포가 죽어가고 장에 구멍까지 나는 사달이 벌어지는 거예요.

강수돌: 그렇죠. GMO 안에는 WHO에서 2급 발암물질로 발표한 글리포세이트가 함유되어 있어 그게 우리 몸에 들어가면 장에 구멍을 낸다고 하죠.

함정희: 그래서 제가 이미 GMO를 많이 먹은 사람들의 몸이 더 이상 망가지지 않도록 뭔가 할 수 있는 방법을 찾았는데, 약국에서 파는 약이 아니라 결국엔 식품이라는 거죠. 바로 우리 발효식품이에요. 발효식품이 곧 약이라는 거예요.

강수돌: 맞습니다. 우리의 발효식품, 간장, 된장, 청국장, 김치, 효소, 젓갈, 장아찌 같은 게 모두 보약이죠.

함정희: 발효식품 중에서 가장 흔하고 대표적인 것이 김친데, 이건 언제 어디서나 먹기에는 좀 불편하잖아요. 밥 먹을 때만 먹게 되니까요. 그래서 제가 청국장을 골랐어요. 청국장!

강수돌: 청국장도 국이나 찌개처럼 끓여서 식사할 때만 먹지 않나요?

함정희: 아이고, 교수님도… 잘 모르시는 소리! 청국장 공부를 좀 해보면 그중 최고가 김한복 교수님이에요. 서울대 미생물학과

나오시고 호서대에서 학생들을 가르치셨죠. 이분이 청국장 박사님이세요. 어마어마하게 청국장 공부를 많이 하신 분이죠.

강수돌: 아, 청국장 박사에 김한복 교수님이 계시군요.

함정희: 이분이, 청국장은 식품 차원을 넘어선 약이다, 약보다 더 좋은 식품이다, 이렇게 말씀하세요.

강수돌: 왜 그럴까요?

함정희: 청국장 1그램 속에 수백억 종류의 유산균과 발효균이 있는데, 지금 과학이 아무리 발전했어도 그 발효균의 1퍼센트도 다 발견하지 못 했다고 해요. 게다가 거기에는 다섯 시간 이상 끓여도 죽지 않는 균도 많대요. 청국장에 있는 유산균이나 발효균을 평생 연구해도 다 밝히지 못할 정도라는 거죠. 이 청국장이 연구할 게 그렇게 무궁무진하대요.

강수돌: 그 정도입니까? 저도 전혀 몰랐는데, 듣고 보니 놀랍네요. 우리 콩으로 만든 '청국장', 이 세상에 둘도 없는 우리나라 청국장이 한국 사람이건 외국 사람이건 건강을 잘 지켜주면 좋겠군요.

함정희: 그래서 저는 이런 생각을 했죠. 하늘이 아랍 같은 데는 석유를 줬는데, 그러면 우리나라에는 무얼 줬을까? 흔히 우리나라는 지하자원도 많이 없고 땅도 좁고 약소국이다, 이런 말을 하는데, 저는 그렇게 생각하고 싶지 않았어요.

강수돌: 왜요?

함정희: 그 부분에서 제가 본 건 공기예요. 우리한테는 하늘이 공기를 줬어요. 맑은 공기를. 그래서 발효식품이 잘 만들어지죠. 발효식품을 공부하다 보니 이게 아무 곳에서나 잘되는 게 아니더라고요. 특별히

우리 한반도에서 잘 발효되는 거예요. 물론 다른 나라에서도 발효가 되긴 하겠지만, 최고 양질의 발효는 우리 한반도에서 된다는 거예요. 왜냐? 삼면이 바다죠, 사계절이 뚜렷하죠, 그리고 산이 70퍼센트, 평야가 30퍼센트죠. 그래서 결국 물이 깨끗하고 공기가 맑다는 얘기예요.

강수돌: 요즘은 아닌데요?

함정희: 물론 요즘은 미세먼지 문제가 심각하지만, 원래 이 한반도의 지형적 환경이 양질의 발효가 가능하다는 얘기죠. 그래서 우리는 발효식품이 발달할 수밖에 없는 나라라는 거예요. 한번 손꼽아 보세요. 김치, 젓갈, 술, 식초, 효소, 간장, 된장, 청국장, 고추장 등등. 우리 어머니들이 잘 쓰는 음식이나 양념 중에서 발효를 안 시키는 음식이 있나.

강수돌: 그러게요. 알고보면 우리나라는 산 좋고 물 좋고 인심 좋은 곳이라고 했는데, 사실은 그것도 옛말이 되고 말았죠. 그래도 여전히 (초)미세먼지나 황사 같은 것만 빼면, 물 좋고 공기 좋은 곳이죠. 코로나 사태로 맑은 하늘도 좀 더 자주 볼 수 있어 좋긴 한데… 뭐 그건 조금 다른 얘기니….

함정희: 하늘이 우리한테 발효를 잘하라고 그에 걸맞은 환경을 주었는데, 우리는 그것도 모르고 세계화니 개방화니 한답시고 싼 것만 찾다보니 이제는 원재료가 전부 수입 농산물로 채워졌어요.

강수돌: 그러니까요. 원재료 자체가 좋아야 하는데….

함정희: 수입 콩으로 하면 된장이나 청국장도 양질의 발효가 되지를 않아요.

강수돌: 발효가 잘되지 않으면 나쁜 곰팡이도 많이 생기고 냄새도 좀 고약해지죠?

함정희: 당연하죠. 재료가 좋아야 할 뿐 아니라 그 발효 과정도 정확한 시간과 온도를 다 맞춰줘야 제대로 된답니다. 대충 해서는 절대로 발효가 잘 안 돼요. 발효가 잘못되면 발효식품이라도 오히려 몸을 해칠 수 있고요.

강수돌: 발효식품이라고 다 좋은 것도 아니군요. 발효 과정이 좋아야 좋은 거지.

함정희: 그래서 제가 계속 연구를 했어요. 옆에서 누가 도와주지도 않으니까 독학을 한 셈이죠. 그랬더니 어떨 때는 청국장도 맛있고 된장도 맛있는데, 어떨 때는 이상하게 맛이 덜해요.

강수돌: 하기야 저도 어떨 때는 글이 잘 나오고 어떨 때는 이상하게 글이 잘 안 되거든요. 된장이나 청국장도 그럴 수 있겠네요.

함정희: 그래서 그 이유를 찾아 공부를 했는데, 일단은 원재료인 콩이 좋아야겠더라고요. 저는 진짜 콩을 A급 아니면 안 사들여요. 제일 좋은 걸로 선별해야 하는데, 우선 잘 여물어 있어야 해요. 우리나라 콩은 지역을 가릴 필요가 없어요. 대한민국에서 나는 콩은 다 좋아요. 그다음엔 보관이 진짜 중요해요. 섭씨 10도 이하에서 잘 보관해야 변질이 안 돼요. 저온보관창고가 필요하죠. 원래 콩에는 단백질이 40퍼센트, 지방이 20퍼센트 정도 들었는데, 이게 10도 이상의 상온에 계속 노출되면 변질될 확률이 높아요. 게다가 단백질이 변질되면 독소가 나오는데, 아플라톡신이라는 독성물질로 치명적이죠. 그래서 특히 견과류, 호두나 땅콩 같은 것이 공기에 노출되면 바로

변질된다는 걸 기억해야 돼요. 거기서 나오는 아플라톡신은 식중독균 중에서도 제일 강한 거래요. 그게 콩에서도 나올 수 있기 때문에 무조건 10도 이하로 보관해야 해요.

강수돌: 그렇군요. 첫째는 콩 자체가 최고 품질이어야 하고, 둘째는 10도 이하로 저온 보관을 해야 한다. 그리고 셋째는요?

함정희: 셋째는, 청국장을 해보니까 압력밥솥 말고 숨 쉬는 솥에 콩을 넣고 평균 여덟 시간은 잘 삶아줘야 해요. 최하 일곱 시간에서 여덟 시간 정도, 그것도 약한 불에서 충분히 삶아줘야 해요. 우리 민족의 특성을 '은근과 끈기'라고 하는데, 우리 발효식품 역시 '은근과 끈기'가 필요해요.

강수돌: 보통 콩 삶을 때 좀 센 불에서 오랫동안 잘 살펴가며 끓이는 거 아닌가요?

함정희: 아니에요. 센 불에 오래 삶으면 속까지 다 삶아지기가 힘들어요. 처음에는 김이 좀 많이 올라올 때까지 강한 불에서 삶다가 그다음부터는 약한 불로 들어가야 제대로 삶아져요. 처음에만 강하게, 다음엔 약하게 해서 일고여덟 시간 삶아야 해요.

강수돌: 저도 친구들과 같이 콩을 삶아보긴 했는데, 정확한 기억이 없네요. 하여간 종일 삶았던 기억은 있어요.

함정희: 제가 어렸을 때 메주콩 삶던 걸 기억해보면, 어머니가 가마솥 아래 큰 장작을 넣고 약한 불로 하루 종일 놔둬요. 그래야 된장이 맛있다고 하셨어요. 그렇게 해야 발효도 잘되고 맛도 좋아진다고요.

강수돌: 그렇군요. 처음엔 강한 불, 나중엔 약한 불로 일고여덟 시간 잘 삶는 게 세 번째 비법이라면, 이제 네 번째는요?

함정희: 넷째는 콩을 띄우는 방이 중요해요.

강수돌: 맞아요. 온돌방….

함정희: 원래 당연히 온돌방에서 띄워야겠지만, 여기서 주의할 점은, 온돌방에 너무 많은 양을 넣으면 메주가 약간 취해버려요. 방을 너무 꽉 채우면 습기가 많아져서 콩이 제대로 발효가 안 돼요. 그래서 방바닥 크기의 절반 정도만 써서 띄워야 해요.

강수돌: 아, 그렇군요. 그것도 잘 몰랐던 거네요. 온돌방을 다 채우지 말고 절반 정도만 채워서 발효시켜라. 다섯 번째는요?

함정희: 이제 메주로 만든 콩을 섭씨 40도가 넘게 해서 만 사흘 동안 띄워야 돼요. 따끈따끈하게 만 사흘, 그래야 완전 발효가 되고 거기에 잡균이 안 들어가요. 온도가 높으면 잡균이 안 들어가죠.

강수돌: 아무래도 온도가 낮으면 잡균이 꼬이겠죠? 그렇게 되면 색깔이 시커멓게 되죠. 그러면 메주 냄새도 이상하고 맛이 없어요. 잡균이 없으면 곰팡이가 하얗고요.

함정희: 그렇게 발효 과정을 철저히 잘해서 띄워 먹어보니까 아, 이거다, 싶더라고요. 그 뒤로 꾸준히 그렇게 했죠.

강수돌: 그렇게 해서 건강한 메주가 완성됐군요!

알음 알음 밝혀진 쥐마청의 효과

강수돌: 요약해볼게요. 좋은 발효식품인 청국장을 잘 만들려면 첫째, 콩이 좋아야 한다. 수입 콩이나 GMO 콩은 안 된다. 둘째, 섭씨 10도

이하 서늘한 곳에 잘 보관해야 한다. 셋째, 일곱 시간에서 여덟 시간
정도 처음엔 강한 불, 나중엔 약한 불에서 충분히 삶아준다. 넷째,
메주를 발효시킬 때 온돌방에서 방바닥 면적의 절반 정도만 채운다.
다섯째, 섭씨 40도 이상의 온도에서 따끈따끈한 상태로 만 사흘 동안
발효시킨다. 이렇게 되겠네요. 그렇게 잘 발효된 메주는 시커먼
곰팡이는 없고 하얀 곰팡이만 보이고요.

함정희: 맛과 냄새가 이상하다고 하며 청국장을 싫어하는 사람들도
있는데, 청국장에서 냄새가 나는 건 발효가 잘못된 거예요. 어떻게
보면 변질된 청국장이죠. 잡균이 들어가서 그렇게 된 경우가 많아요.

강수돌: 맞아요. 청국장 하면 보통 우리는 발가락 냄새… 이런 걸
연상하잖아요. 말씀을 듣고 보니, 그런 냄새가 나는 건 발효가
잘못되어 그런 것이군요. 그러면 잘 발효된 것은 냄새가 전혀 없나요?

함정희: 고약한 냄새가 없죠. 잘 발효된 건 오히려 냄새가 구수해요.
구수하고 맛있어서 어린아이나 청소년들도 잘 먹어요. 심지어 비위가
약한 사람들도 잘 먹고요. 자꾸 또 달라고 해요. 정말 맛있어요.

강수돌: 그럼 쥐눈이콩 청국장은 또 뭐죠?

함정희: 제가 한 단계 더 도전을 했죠. 그냥 콩(대두)이 아니라
쥐눈이콩으로 청국장에 도전했어요. 아무도 안 하던 걸 하는 게
창의적인 거니까요.

강수돌: 그렇죠. 혁신은 용감한 도전에서 나오죠. 실수나 실패도
두려워하지 않는 도전 말이죠. 그런데 쥐눈이콩은 다른 말로
서리태라고 하는 것 아닌가요?

함정희: 아니에요. 서리태하고 쥐눈이콩(서목태)은 달라요. 둘 다

검정콩인데, 서리태는 대두나 메주콩 같이 좀 큰 거예요. 쥐눈이콩은
그것보다 조그만 거고요. 쥐의 눈같이 생겨서 쥐눈이콩이라고 해요.
한자로는 쥐 서(鼠) 자, 눈 목(目) 자, 서목태라고 해요. 어떤 사람들은
이걸 약콩이라고도 해요. 그래서 쥐눈이콩은 이름이 셋이죠.
쥐눈이콩, 서목태, 약콩.

강수돌: 오늘 참 많이 배웁니다. 우리 콩 몇 가지만 해도
메주콩(대두)도 있고, 서리태(검은콩)도 있고, 서목태(쥐눈이콩)도
있네요.

함정희: 제가 굳이 쥐눈이콩을 택한 이유는, 보통 그 콩으로 청국장을
안 하기 때문이에요. 그래서 과감하게 그걸로 청국장을 해봤죠.
그런데 쥐눈이콩 청국장을 먹어보니까 진짜 맛있는 거예요.

강수돌: 게다가 쥐눈이콩에는 해독제 성분까지 있다면서요?

함정희: 그렇죠. 제 박사 논문에도 밝혀놨는데, 쥐눈이콩에는
글리시테인이라는 항암, 항바이러스 성분이 있어서 우리 조상들이
약으로 잘 먹었다고 해요. 요즘 코로나 상황을 생각하면 이게 바로
백신 역할을 할 수 있다는 생각이 들어요. 항바이러스 성분 때문에요.

강수돌: 그래서 그걸로 환(알약)까지 만들었군요.

함정희: 네, 앞서 '쥐마청의 탄생 과정'에서 말씀드렸듯이,
쥐눈이콩으로 청국장을 만들고 나서 거기에 적절한 비율의 마늘을
섞어 '쥐마청'을 만들었죠. 그런데 마늘이 들어가니까 뭔가 약품
처리를 해야 했어요.

강수돌: 약품 처리라니요? 왜요?

함정희: 마늘에 알리신이라는 성분이 있는데, 이게 끈적거리잖아요.

이게 우리 몸에는 좋은데 일반 소비자들을 위한 제품으로 만드는
데에는 장애요소가 되는 거예요. 그래서 알리신 성분이 튀지 않게
약품 처리를 해야 했어요. 화학약품이나 식품첨가제 같은 걸 전혀
쓰지 않는 특별한 비법을 찾아 연구하고 연구했지요. 그런데 마침내
거짓말처럼 또 되는 거예요. 그래서 특허를 냈고요. 그게 2007년
일이에요.

강수돌: 그 비법이 뭐죠?

함정희: 그게 바로 특허를 낸 것이니, 비밀이죠! 그걸 알려드리면
특허가 안 되니까….

강수돌: 아, 그렇군요. 지적재산권! 그러니까 결국 화학약품을
사용하지 않는 방식으로 알리신을 잡았다는 말씀이네요?

함정희: 네. 그 어떤 화학적이거나 인위적인 첨가제도 들어가지
않아요. 정말 쥐눈이콩 청국장하고 마늘하고 약간의 찹쌀죽 등을
넣고 만들었어요. 그렇게 해서 먹어보니까 아이고, 희열이 느껴지는
거예요. 성취의 기쁨이 그렇게 클 수가 없더라고요. 게다가 쥐마청을
먹고 제 주변에서 무슨 병이든 안 좋아진 사람이 없어요. 속병이 죄다
없어졌다고 하는 거예요. 사실 우리의 모든 병이 피가 맑지 않아서
생긴다고 하거든요. 쥐마청은 피가 맑아지는 일등공신이고요. 탈모로
괴로운 사람들이나 아토피를 앓는 아이들도 이걸 먹고 참
좋아졌다고들 해요.

강수돌: 탈모나 아토피에도 좋은 모양이군요.

함정희: 네. 특히 아토피로 고생하던 아이들이 많이 좋아졌어요. 제가
아는 분의 딸들이 모두 아토피로 고생한다고 하소연한 적이 있었어요.

그래서 제가 이걸 한번 먹어보라고 했죠. 그분이 우리를 신뢰하니까 먹어보라고 그냥 선물로 드렸어요.

강수돌: 그랬더니요?

함정희: 우리 몸의 세포가 한번 생겨서 없어지는 데 100일 걸린대요. 몸에 있는 60조 개의 세포가 6개월이면 30퍼센트가 다 바뀌고 2년 안에 98퍼센트가 싹 다 바뀐다는 거죠. 그러니 우리가 좋은 먹거리를 꾸준히 먹으면 우리 몸의 세포가 죄다 교체될 거 아니에요. 좋은 세포로요. 그래서 자연스럽게 치료가 되는 거예요.

강수돌: 아하, 그렇구나. 그러면 쥐마청 2년만 먹으면 거의 만병통치약처럼 되는 건가요?

함정희: 만병은 아니겠지만, GMO 같은 식품을 많이 섭취한 경우라면 쥐마청이 해독제 역할을 한다는 거죠. 마늘이나 청국장이 항암작용을 하는 것은 물론이고요. 그래서 암 환자나 아토피, 위염, 변비 등이 있는 사람들은 쥐마청을 꾸준히 최소 3개월 이상 먹으면 많이 좋아진다고 해요.

강수돌: 와우, 진짜 암도 치료하고 아토피나 변비도 치료하면 엄청난 효과인데요!

함정희: 고려대학교에 김영준 교수님이라고 계시죠?

강수돌: 네, 저도 잘 알죠. 식품생명공학 분야에 계시죠.

함정희: 제가 작은 돈이나마 3천만 원을 드리면서 김 교수님께 연구를 의뢰했어요. 임상실험을 한 결과, 쉽게 말해 실험 대상에게 꾸준히 쥐마청을 섭취하게 했더니 결국 간암 억제와 혈당 감소, 체중 감량 등의 효과가 나타났지요. 그렇게 발표하셨어요.

강수돌: 그렇군요. 어떤 실험을 했는지 조금 구체적으로 알려주세요.

함정희: 마늘 먹인 청국장하고 안 먹인 청국장, 이렇게 두 가지로 나눠 쥐에게 1년 동안 먹이며 비교 관찰을 했어요. 그랬더니 마늘을 넣은 청국장을 먹은 쥐가 훨씬 좋게 나왔어요.

강수돌: 일단 쥐로 실험을 했는데, 마늘 넣은 청국장을 먹은 쥐가 훨씬 건강했다는 건가요? 그 효과는 뭘로 측정한 거죠?

함정희: 간암에 좋은 효과가 있다고 나왔어요.

강수돌: 그 쥐들이 간암 같은 질병을 갖고 있었던 모양이죠?

함정희: 그랬겠죠?

강수돌: 청국장을 간암 있는 쥐에게 줬더니 1년 동안만 관찰했는데도 간암이 줄어들었다, 이런 얘기로군요.

함정희: 간암 억제만이 아니라 혈당 감소, 체중 감량 등의 효과까지 있다고 발표하셨어요.

강수돌: 그렇군요.

함정희: 김 교수님이 아쉬워했던 건, 이게 당뇨에도 엄청 좋을 것 같은데, 그걸 확실히 알려면 더 오랜 기간 실험을 해야 한다는 거예요. 시간도 시간이지만 그러려면 연구비가 많이 들어가야 한다는 거죠. 10억 정도는 있어야 그게 가능하대요.

강수돌: 아이고, 우리 같으면 평생 못하겠는데요? 그러니 독립적인 개인 연구자가 하기는 힘들고, 대체로 보면 정부 돈이나 기업 돈을 받아서 연구를 하게 되죠. 그러다 보니 경우에 따라 자기 양심도 속이면서 돈을 준 곳이 요구하는 연구 결과만 갖다 바치기도 하고….

함정희: 딱 그거예요. 그러니 저 같은 개인이 무슨 돈으로 좋은

연구를 해달라고 하겠어요? 지금 콩값 내기도 바쁜데 말이에요.

강수돌: 사실 우리 콩이나 우리 콩으로 만든 청국장, 된장 같은 것의 효능에 대해선 개인 사업자보다는 정부 기관들이 해주어야 옳죠. 우리가 몰라 그렇지 잘 찾아보면 아마 그런 연구도 있을 겁니다.

함정희: 제가 찾은 건 안학수 박사님과 김한복 박사님 연구가 전부예요. 그분들이 좋은 연구를 많이 하셨어요.

강수돌: 그러니까 그냥 청국장도 좋지만 마늘 청국장이 효과가 더 좋았다, 이게 김영준 교수님 연구팀의 결론이었군요.

함정희: 네, 간암 발병을 더 잘 억제할 정도로 마늘 들어간 청국장이 더 좋다는 이야기죠. 그 교수님이 의과대학 의사 선생님들을 모시고 3년 정도 임상실험을 해서 당뇨에 대한 효과까지 확인해보자고 하셨는데, 연구비가 없어가지고… 10억이 어디서 나오겠어요?

강수돌: 그러게요. 그런데 간암을 쥐한테 실험했다고 하더라도, 고작 1년 안에 효과가 나오나요?

함정희: 고려대 김영준 교수 연구팀이 2006년 9월부터 2007년 6월까지 실험 쥐 20마리를 대상으로 마늘 넣은 청국장의 효능에 대한 연구를 진행한 결과 체중 감량, 간암 억제, 혈당 감소 등의 효과가 있다고 발표했어요. 그 이전에 학회에서도 발표했고, 2007년 7월에 충북도청에서 공개적으로 발표했죠. 그래서 유기농으로 만든 마늘 넣은 청국장의 항비만, 항당뇨, 항산화, 항암 효과 등이 과학적으로 확인된 셈이죠.

강수돌: 그런데 저 같으면 굳이 많은 연구비를 안 들이고 닭이나 강아지한테 실험을 좀 해보면 좋겠는데 말이죠. 우리 집에 닭도 있고

강아지도 있고 고양이도 있으니 마늘청국장 한번 먹여볼까요? 하하.

함정희: 아니, 진짜로 제 친구 하나가 키우는 개를 무척 아꼈어요.
자식만큼이나요. 그런데 이 개가 암에 걸렸다고 하더라고요. 그러면서
개한테 항암치료를 시켜줘야 하는데 돈이 많이 든다고 걱정을
하더라고요. 그래서 제가 한번 먹여보라며 쥐눈이콩 청국장을 줬죠.

강수돌: 그거 좋은 아이디어네요. 그래서요?

함정희: 내가 스무 통을 줬는데, 그 개가 맛있는지 그걸 다 먹었대요.
그리고 지금 멀쩡해졌어요. 암에 걸렸다고 했는데 그 개가 이제
하나도 아픈 기색을 안 보인다고 해요. 그 친구가 나한테 얼마나
고마워했는데요. 그래서 제가 이래저래 확신을 갖게 된 거예요.

강수돌: 진짜 반려동물에게도 그 청국장이 효과가 있다는 얘기네요.

함정희: 맞아요. 효과가 있다는 엄청난 데이터가 있는 건 아니지만,
이렇게 알음알음으로 개별적인 사례들이 생기고 있어요.

강수돌: 사실 한 개인이 엄청난 데이터를 수집하기는 어렵죠. 그런
식으로 하신 것만도 대단한 거예요. 그리고 결과가 좋다고 하니 저도
기분이 좋아지네요.

건강도 티끌 모아 태산

함정희: 그래서 쥐눈이콩이 해독제라는 걸 제가 확신하게 되었어요.
물론 사람한테는 마늘을 넣은 게 여러모로 좋겠지만 개한테는 어떨지
몰라 그냥 마늘 안 넣은 쥐눈이콩 청국장을 줬는데 역시 효과가

있었던 거예요.

강수돌: 다행이에요. 종합하면, 쥐눈이콩마늘청국장환은 항암제 내지 해독제 역할을 한다, 꾸준히 몇 년 복용하면 당뇨에도 좋다, 이런 이야기죠? 특히 고려대 김 교수님 연구팀이 쥐에게 먹였더니 간암 억제 효과가 있었다는 것이고요.

함정희: 네, 김 교수님이 그 연구 내용을 학술대회에서 발표도 하셨어요.

강수돌: 그게 언제쯤이죠?

함정희: 2007년 6월 부산 벡스코에서 열린 한국식품과학회 제74차 학술대회에서 연구 논문으로 발표하셨어요. 그 발표 논문 제목이 "국산 콩으로 제조한 마늘청국장의 생리활성에 대한 연구"였죠.

강수돌: 그렇군요. 정말 큰일을 하셨네요.

함정희: 더 잘 아시겠지만, 한자로 암(癌) 자를 풀어보면, 병든 음식을 산처럼 많이 먹는다는 뜻이에요. 그러면 어떻게 해서 산처럼 먹었느냐, '티끌 모아 태산'으로 먹은 거죠. 매일 나쁜 음식을 꾸준히 먹으니 결국 암이 오는 것 아니겠어요?

강수돌: 정확하네요. 암(癌)이란 글자 속에 그 핵심이 다 들어 있네요. 우리가 매일 세 끼씩 건강하지 않은 음식을 먹고, 어떨 때는 밤에 또 나쁜 걸 먹고, 이렇게 하니 몸이 견딜 수 있겠어요?

함정희: 그래서 그 암을 풀려면 병들지 않은 음식을 산처럼 먹으면 돼요. 어떻게요? 이것도 '티끌 모아 태산'이죠. 날마다 좋은 음식을 먹으면 돼요! 그러면 언제 풀어지는지 모르게 풀어지는 거예요.

강수돌: 티끌 모아 태산! 지금까지 나쁜 음식을 태산처럼 먹었다면,

오늘부터라도 좋은 음식을 티끌 모아 태산처럼 먹자, 이런 거네요.
어릴 때부터 좋은 음식을 먹는 것이 당연히 더 좋고, 또 이미 몸이
아픈 사람은 급하게 약을 써야 하는 경우도 있겠지만요.

함정희: 물론이죠. 급성으로 수술을 해야 하거나 약이 필요할 때도
있지요. 하지만 우리가 평소 사소한 것이라도 건강한 음식을 섭취하고
또 쌓인 독소가 있으면 하나씩 풀어줘야 해요. 약을 써야 하는 경우도
약만으로 안 되는 경우가 많고요. 또 약은 화학약품일 수도 있고요.
GMO 식품을 티끌 모아 태산처럼 먹은 경우는 약도 별 소용이 없다고
해요. 특히 약은 일시적으로 보조 역할을 하는 것이지 근본적인 원인
치료는 하기 힘들죠.

강수돌: 그렇습니다. 치료에도 대증요법과 근본요법이 있다면, 당장
급한 것은 대증요법이나 응급처치가 필요하지만, 체질 자체의
개선이나 면역력 향상 같은 것은 근본요법으로 가야죠. 그러니까
쥐마청은 근본요법에 더 가깝다, 이런 말씀이지요?

함정희: 네. 그래서 저는 쥐눈이콩마늘청국장환을 만들고 나서
희열을 느꼈어요. 이 쥐마청을 개발하고 나니 정말 마음 깊은 곳에서
이 쥐마청으로 못 고칠 병이 있을까 하는 생각이 들더라고요.

강수돌: 그런 게 곧 성취감이고 자아실현감이죠. 정말 축하드립니다!

함정희 대표가 연구·개발한 쥐눈이콩마늘청국장환(쥐마청).

* 현재 GMO 표시제의 한계와 개선 방향

- 1996년부터 GMO가 상업화되고 20년 동안 세계 과학계에서 GMO의 안전성에
  관한 논란이 지속됨.
- 시민운동과 소비자들은 최소한 GMO 식품에 GMO 표시라도 하자고 주장함.
- EU는 1997년 유전자변형기술로 재배한 콩·옥수수·유채·면실·사탕무·감자에
  대해 GMO 표시를 의무화함.
- 러시아의 푸틴 대통령은 GMO의 재배·유통·판매를 금지함.
- 한국은 2001년 GMO 표시제를 도입했으나 지금까지 GMO 표시 식품을 찾기
  어려움.
- 몇 가지 '꼼수' 때문임.

  ① 처음엔 GMO를 표시하는 농산물을 6가지(콩·옥수수·면화·사탕무·카놀라·
  알파파)로 제한했다가 2014년 법 개정을 통해 모든 GMO로 확대함. 그러나
  "고도의 정제 과정 등으로 검사 불능인 식품에 대한 GMO 표시는 제외"라는
  단서는 유지함.

  ② GMO를 이용해 가공식품을 만들었더라도 GMO라는 증거(변형 유전자나
  단백질)를 검출할 수 없으면 표시 대상에서 제외됨("고도의 정제 과정 등으로 검사
  불능인 식품에 대한 GMO 표시는 제외").

  ③ 의도치 않게 GMO가 섞인 경우(비의도적 혼입치)도 그 비중이 3퍼센트 이하인
  일반 농산물도, 만일 해당 농산물을 생산에서부터 운반까지 전 과정에 걸쳐 GMO
  농산물과 구분해 취급했다는 공적 서류(구분유통증명서 또는 정부증명서)만 있으면,
  GMO 표시 대상에서 제외함.

  ④ GMO가 아닌 농산물에 'non-GMO' 표시를 하자는 소비자 및 시민 운동의
  의견에 대해 식약처는 상기 6종의 농산물(콩·옥수수·면화·사탕무·카놀라·알파파)에

한해서만 허용함.

⑤ GMO 원재료를 사용해 한국에서 가공·제조한 식품의 경우, 식품회사들은 "국내에서 직접 만든"이라는 문구를 통해 마치 GMO와 무관한 것처럼 소비자들을 현혹함.

• 개선 방향: GMO 완전표시제(GMO를 직접 사용한 식품은 물론 GMO 사료를 먹인 동물의 고기나 알 등도 GMO 표시)를 즉각 실시해야 함.

우리 콩으로 만든 발효식품으로
독성 음식으로 오염된 우리 몸을 치유한다.
이 아이디어로 노벨상 후보에 오른 함정희 대표의
이야기를 좀 더 자세히 들어보자. 그리고 2019년엔
세계에서 최초로 우리나라 서울 신촌 인근에
'노벨길'이라는 거리가 생겼다. 과연 노벨길의 의미는
무엇일까?

3 노벨상 후보가 된 사연

투철한 정신을 행동으로 증명해내는

강수돌: 우리나라 밀을 가지고 1970년에 노벨상을 받은 미국인도 있다면서요?

함정희: 네, 우리나라 토종 밀인 앉은뱅이밀을 연구해서 노벨상을 탔죠.

강수돌: 우리 밀 종류에 앉은뱅이밀 말고 금강밀도 있죠?

함정희: 금강밀은 어찌 보면 품종 개량을 한 거죠. 글루텐이 더 많아요.

강수돌: 그러니까 앉은뱅이밀이 더 오리지널이란 말씀이죠?

함정희: 네, 앉은뱅이밀은 완전 토종이죠. 색도 붉고 크기도 작아요. 글루텐 함량이 낮아서 소화도 잘되고 우리 몸에 맞는 밀이죠. 수천 년 동안 우리 조상들하고 같이 살아온 밀이라 그래요. 그 밀이 거의

멸종까지 갔는데, 경남 진주의 백관실 씨 집안에서 다행히 그걸
보존하고 있었어요.

강수돌: 저도 그 얘길 들었는데, 정말 그분도 대단하신 분이에요.
무형문화재 같은 걸로 등재가 됐나요?

함정희: 네. 그 앉은뱅이밀이 멸종 안 된 이유는, 백씨네가 정미소에서
밀가루를 만들었기 때문이에요. 그러면 좀 수익이 되니까 그걸 힘겹게
지켰다는 거죠. 그래서 너무 너무 감사하고요.

강수돌: 그 앉은뱅이밀은 어떤 특징이 있나요?

함정희: 그 밀 씨앗이 키가 작아서 앉은뱅이밀이에요. 밀밭에서 다
자라도 키가 50-60센티미터인데, 수확량도 많고 병충해에도 강하다고
해요. 겨우내 밭에서 자라니까 굳이 농약도 칠 필요가 없고요.

강수돌: 그 앉은뱅이밀로 어떻게 노벨상을 받은 걸까요?

함정희: 미국에서 노먼 볼로그(Norman Ernest Borlaug)라는 농학자가
미국 밀은 키가 너무 커서 잘 쓰러지기 때문에 수확량이 적다고,
그래서 우리 앉은뱅이밀 유전자를 연구해 품종개량을 했대요. 그게
'소노라64'인가고요. 그러니 사실상 우리 밀로 그분이 노벨평화상을
탄 셈이죠. 품종개량 이후 밀 수확량이 60퍼센트 증가했거든요.
그래서 굶주림 해소와 인류 번영에 이바지했다고 1970년에
노벨평화상을 받은 거예요. 농산물로 노벨상을 탄 건 최초라고 해요.
그 일등공신이 바로 우리 앉은뱅이밀이란 얘기고요.

강수돌: 그것 참 놀라운데요? 밀을 품종개량해 노벨평화상을 탔다는
점이 놀랍고, 다른 하나는 미국인이 우리 밀을 연구해 노벨상을
탔다는 점이 놀랍네요. 좀 서운하기도 하고… 혹시 밀 말고 다른 걸로

노벨상을 탄 것도 있나요?

함정희: 있어요. 2015년에는 중국의 개똥쑥으로 노벨상이 나왔죠. 중국의 개똥쑥에 말라리아 치료제 성분이 있는 걸 밝힌 투유유(屠呦呦)라는 학자가 노벨생리의학상을 탔어요.

강수돌: 개똥쑥이 우리나라에선 항암제로 알려져 있지요?

함정희: 말라리아 치료제라고 해요.

강수돌: 모기한테 옮는다고 하는 그 말라리아 말이죠? 개똥쑥이 말라리아균을 죽인다는 게 신기하네요.

함정희: 우리나라에도 곳곳에 훌륭한 박사님도 많고 교수님도 많은데 왜 노벨상 도전을 안 하는지 모르겠어요. 김대중 대통령이 받은 노벨평화상이 유일한 노벨상이잖아요.

강수돌: 아, 그래서 이제 우리 함 대표님이 2019년에 노벨상 후보에 추천됐다고 하셨지요?

함정희: 제가 콩 연구를 하다보니 욕심이 좀 나서 노벨상 공부를 했었어요.

강수돌: 그래요? 저는 2019년에 스웨덴에서 잠시 연구할 때 노벨 생가도 방문하고 스톡홀름에 있는 노벨박물관도 가봤어요. 재밌게도 함 대표님이 대한민국노벨재단에서 노벨상 후보로 추천된 시기와 거의 일치해요.

함정희: 그랬군요. 하여간 노벨상 관련 공부를 했더니 다들 그러더라고요. 솔직히 우리나라 풍토는 노벨상을 타기가 어렵다고요.

강수돌: 왜요?

함정희: 왜냐면 대학에서도 그 평가가 주로 유명 학술지 같은 데

논문이 얼마나 실렸냐를 놓고 이뤄지니까 거기에 맞춰 논문을 쓰고 연구하기 때문에 노벨상과는 거리가 멀대요.

강수돌: 하기야 대학 풍토가 좀⋯ 진짜 중요한 이슈에 진득하게 깊이 탐구하기가 어렵죠.

함정희: 그래서 그런 논문 업적으로 승진이라든지 성과급을 받고 하니까 잘 안 되는 거죠. 노벨상은 정말 자기가 하는 일에 가치가 있다고 생각하고 인류공영에 이바지하는 어떤 걸 발견하면 죽기 살기로 연구하는 사람들이 받는 것 아니겠어요?

강수돌: 엄격히 따지면 노벨상이 꼭 '인류공영'에 이바지한다고만은 볼 수 없지만, 그래도 일반인들은 아주 대단하다고 생각하죠.

함정희: 그러다 보니 어쩌면 그 분야에서는 추방도 당하고 조소도 당하고 비난도 당하기 쉬운데 그래도 그냥 끝까지 해본다는 거죠. 자기 생각이 옳고 인류공영에 이바지하는 일이라고 믿게 되면 죽어라 하는 거죠.

강수돌: 저도 그런 깡다구를 아주 높이 친답니다.

함정희: 그런 투철한 정신을 가진 자, 그런 정신을 갖고 행동으로 증명해내는 자에게 주는 것이 노벨상이라는 거죠.

강수돌: 물론 노벨 본인도 다이너마이트를 가지고 군수산업이나 전쟁을 통해 돈을 엄청 벌었기 때문에 과연 무엇이 인류를 위해 좋은 것인가 하는 질문이 여전히 중요하긴 해요. 그래도 지금 말씀처럼 온갖 어려움에도 불구하고 큰 뜻을 품고 좋은 일을 해낸 분이 노벨상을 탄다면 분명 좋은 일이죠.

함정희: 그래서 가만히 생각해보니 제가 그동안 우리 콩 독립운동을

한답시고 얼마나 고생을 많이 했어요. 그렇게 온갖 고난과 어려움을 겪고도 뭔가 해냈으니, 이제 노벨상감이라고 생각한 거죠.

강수돌: 우리 함 대표님은 진짜 산전수전 다 겪고 지금도 어려움이 크지만, 그럼에도 우리 콩에 대한 고집, 우리 콩으로 건강한 식품을 개발해내는 투지, 그리고 마침내 쥐마청까지 만들어 GMO를 능가하는 대안적 식품을 개발한 것이 정말 훌륭하다고 생각해요!

'기적의 콩'으로 노벨상에 도전하기까지

강수돌: 자, 이제부터는 함 대표님께서 노벨상 후보가 되기까지 과정을 조금 구체적으로 말씀해주세요.

함정희: 우리나라에 '대한민국노벨재단'이라고 있어요.

강수돌: 저는 처음 들어요.

함정희: 대한민국노벨재단에서 후보로 인정해주면 스웨덴노벨재단에 관련 서류를 넣게 되죠.

강수돌: 그렇군요.

함정희: 거기 대한민국노벨재단 위원들이 한 20명 된다고 하는데, 그분들이 전부 추천서를 쓰고 사인을 해줘야 돼요. 제가 그 추천서를 다 받았어요.

강수돌: 함 박사님이 쥐마청 특허를 낼 정도로 모든 공적이 인정되니 대한민국노벨재단 추천서까지 받아 이제 스웨덴노벨재단에 접수가 되었다, 이 말씀이죠?

함정희: 네, 대한민국노벨재단에 이희자 총재라는 분이 계신데, 이분이 힘을 기울여 적극 저를 추천해주셨죠.

강수돌: 그래서 노벨상 추천이 이루어졌군요?

함정희: 그렇죠. 대한민국에서 후보 추천이 되고 이제 스웨덴으로 접수가 됐어요.

강수돌: 그래서 앞으로 언제쯤 결정이 나나요?

함정희: 그건 모르죠. 일단 스웨덴에 접수를 해놓으면 거기 스웨덴 심사위원들의 1차 심사처로 가고, 그다음 또 모아서 어디로 가고 그렇게 하는가봐요. 그래서 빠르면 5년 안에 상을 탈 수도 있고 아니면 10년, 20년도 걸릴 수 있대요.

강수돌: 아이고, 1-2년 안에 결정되는 게 아니군요?

함정희: 근데 솔직히 제가 진짜 그 상을 타겠어요? 아직도 부족한 게 많은데… 저는 그 노벨상을 타는 게 문제가 아니라 일단 스웨덴노벨재단에까지 도전을 했다는 것 자체가 제겐 큰 의미가 있다고 봐요.

강수돌: 근데 처음에 어떻게 도전하게 되신 거예요?

함정희: 아, 긍게요. 제가 경찰대학에도 '우리 콩과 건강 문제' 이런 내용으로 강의를 했거든요. 거기에 총경반, 경정반 등이 있어요.

강수돌: 언제부터 강의를 하신 거예요?

함정희: 2010년부터요.

강수돌: 벌써 10년이 넘었네요?

함정희: 네, 거기 총경반 강의를 맡았는데, 그 중에서도 고위정책과정 강의가 있었어요. 그 수업에 여러 기관에서 중요한 분들이 많이 와요.

그때 EBS 방송국의 한 본부장이 오셔서 제 강의를 듣고서는 뭔가 큰 감동을 받아 한번 추진해보자, 이렇게 됐죠.

강수돌: 어떤 내용을 강의하셨는데요?

함정희: 제가 강의하면서 중국인이 개똥쑥 연구해서 2015년에 노벨생리의학상을 타고 또 미국인이 1970년에 우리 앉은뱅이밀로 노벨평화상을 탔는데, 우리나라 쥐눈이콩이야말로 '기적의 콩'이니 이걸로 노벨상에 한번 도전해야 된다, 이런 취지로 말했죠.

강수돌: 일리가 있어요.

함정희: 쥐눈이콩은 노벨상 여러 개 타야 된다. 왜? 그까짓 개똥쑥도 탔으니까. 그렇게 말했죠.

강수돌: 그 말씀에 연결이 됐군요.

함정희: 그 방송국 분이 노벨재단을 잘 알아서 노벨재단과 연결이 된 거죠.

강수돌: 그 EBS 본부장이 노벨재단에 추천을 하신 거네요. 참, 인연도….

함정희: 그래서 그 재단 사람들이 우리 공장에 왔어요.

강수돌: 한번 확인해보려고 왔군요.

함정희: 네. 그 EBS 본부장이 노벨재단 총재랑 사무총장이랑 같이 와서는 콩 가공 공정과 두부, 청국장, 쥐마청까지 철저히 다 보고 갔어요. 보더니 '당신이 바로 노벨상 후보다', 이렇게 된 거죠. 그래서 서류 접수까지 다 해줬어요.

강수돌: 와우, 이거 보통 사람은 못하는 건데, 정말 대단하십니다.

함정희: 이 '노벨상 후보 인증식' 행사(2019년 4월 19일)도 서울

마포에서 엄청 크게 했어요.

강수돌: 근데 노벨길 명명식(2019년 6월 18일)하고는 무슨 관계가 있죠?

함정희: 우리나라에서 노벨상 받은 분이 김대중 대통령 한 분밖에 없고 '노벨길'이란 이름도 없으니 그걸 한번 만들어보자는 제안이 나와서 하게 된 거죠. 세계적으로 '노벨길'이란 이름이 없대요. 그래서 우리가 최초로 '노벨길'이란 이름으로 길을 만든 거예요.

강수돌: 아, 그런가요? 아직 노벨길이란 이름이 없다?

함정희: 그래서 '노벨길'(양화로 21길~와우산로 37길, 약 1.2킬로미터) 명명식 행사를 경의선 숲길 연남파출소 사거리 공원에서 했어요.

강수돌: 그런 일도 있었군요. 저는 몰랐어요.

함정희: 그 행사를 제법 크게 했어요. 사람들도 많이 왔고요. 이제 마포에 가면 이 '노벨길'에 가서 기도하는 사람들이 많대요.

강수돌: 우리도 노벨상 한 개 타자고 말이죠?

함정희: 근데 그 근처에 김대중 대통령 사저가 있다고 하죠? 그래서 더 의미 있는 길이라고 해요.

강수돌: 김대중도서관이 그 근처에 있어요.

함정희: 네, 맞아요. 그래서 그 행사를 마포구청이 주관했어요.

강수돌: 아, 그래서 이제 노벨생리의학상 추천을 받은 분(함정희 대표)을 초대해서 같이 행사를 한 거로군요? 이 대목에서도 우리 함 대표님이 뭔가 큰 뜻을 이루시기를 바라며 박수, 짝짝짝!

사무실 한켠에는 그동안 함정희 대표가 받은 여러 표창장과 상장, 임명장이 걸려 있다.

신토불이(身土不二)란 말도 있거니와, 우리 농업을 살리고 유기농을 살리는 것은 나라 전체의 식량·곡물자급률을 높이는 일일 뿐 아니라, 모든 사람이 건강하게 사는 길이다. 현재의 곡물자급률 20퍼센트를 최소한 70퍼센트 이상으로 높이는 일이 시급한 나라 정책으로 되어야 한다. 나아가 농업은 경제생활의 일부분일 뿐 아니라 사회적으로도 평화와 우애, 공생의 정서를 강화하는 문화적 토대이기도 하다. 농업을 경시하는 나라는 결코 지속가능하지 않다.《기계의 신화》라는 책을 쓴, 루이스 멈포드 같은 큰 학자가 강조한 것처럼, 한 사회에 농경 관련 종사자들이 70퍼센트 이상을 차지할 때 건강한 사회가 된다.

4 우리 농업을 살리는 민주정책

나라 정책의 1순위가 되어야

강수돌: 이제는 우리 콩과 관련해 정부의 올바른 정책에 대해 얘기를 나눠보려 합니다. 사실 1960년대부터 지금까지 꼬박 60년 동안 수출 위주의 경제개발정책을 펴면서 농업은 늘 주변화 내지 희생물이 되었죠. 하다못해 제가 초·중·고등학생 시절에 선생님들은 (농부처럼) 땅 파고 살지 않으려거든 제발 공부 열심히 하라고 하셨죠.

함정희: 제가 강 교수님보다 8년 인생 선배니까, 저는 더 일찍부터 그런 얘길 많이 들었죠.

강수돌: 그런데 제가 박사가 되고 교수가 되고 보니, 오히려 땅을 파면서 사는 게 더 건강하고 행복해요. 물론 전업으로 농사짓는 건 무리지만요. 그래서 농민들이, 특히 유기농 농민들이 중·고교

선생님과 비슷한 대우를 받으면 좋겠다고 생각해요. 유기농 농민 공무원 제도랄까, 이런 걸 만들면 좋겠어요.

함정희: 아따, 그것 참 좋겠는데요? 그렇게 되면 저도 우리 콩을 안정적으로 공급받을 수 있고, 지금보다는 형편이 좀 나아질 것 같아요.

강수돌: 물론 당장 쉽지는 않을 겁니다. 하지만 이런 식으로 우리 농사와 농민을 지속적으로 살릴 아이디어가 많이 나와야 해요. 농민 기본소득 얘기도 좋고요. 중요한 점은 농사를 지어도 생계에 지장이 없을 뿐 아니라 사회적으로도 존경받는다, 이렇게 돼야 정상인 사회라는 거죠.

함정희: 맞는 말씀이에요. 농민이 일을 안 하면 우리는 아무것도 먹고살 수가 없거든요. 각자 텃밭 같은 데서 조금씩이야 조달할 수 있지만, 그걸로 충족이 안 되니까요.

강수돌: 그렇습니다. 그래서 나라 전체적으로 곡물자급률을 현재의 20퍼센트 정도에서 70퍼센트 이상으로 끌어올려야 해요. 그래야 중국이나 미국 앞에서도 우리가 할 말을 제대로 하면서 살 수 있지 않겠어요?

함정희: 그게 '식량주권'이라는 거죠!

강수돌: 맞습니다. 식량안보 내지 식량주권이 다른 무엇보다 중요한 것은 식량(곡식, 채소, 과일 등)이야말로 가장 기본적인 삶의 조건이기 때문이죠.

함정희: 서양의 부자 나라들은 자급률이 높다면서요?

강수돌: 그럼요. 미국이나 유럽의 국가들은 대부분 식량자급률이

100퍼센트를 넘어요. 그러니 수출을 해도 남아돌죠. 그런데 우리나라는 농업을 죽이면서 공업 발전만 해왔으니, 이제 와서 큰일이 난 거예요. 지금부터라도 정신을 차려야 해요.

함정희: 그런데 대통령이고 국회의원이고 누구 하나 국가 정책적으로 농사를 중요하게 여기는 이가 없으니 참 문제네요.

강수돌: 바로 그겁니다. 저는 나라 정책의 제1순위가 농업이 돼야 한다고 생각해요. 쿠바처럼 온 나라가 유기농을 권장하고 확산해서 식량·곡물자급률을 70퍼센트 이상 100퍼센트까지 끌어올린다는 각오를 하면 좋겠고, 그러기 위해서라도 유기농 농민 공무원제 같은 걸 도입하면 좋겠어요.

함정희: 지금도 농협이 있긴 한데, 농협 하나로마트 같은 걸로는 턱없이 부족하죠?

강수돌: 물론 농협도 같이 협력하면 좋죠. 여하간 유기농 농민이 생산한 농산물은 농협이건 생협이건 이런 조직들과 전국적으로 협력해 전 국민에게 적정 가격으로 잘 공급하면 좋겠어요. 그러면 농민은 생계 보장이 되고, 시민들은 건강 밥상을 차릴 수 있고, 이렇게 가야 옳겠지요.

함정희: 강 교수님이 차라리 대통령이 되면 어떨까요?

강수돌: 하하. 이미 여러 책에서 말했어요. 제 개인적으로는 정직한 연구자로 만족해요. 다만 모든 국민이 각기 대통령의 마음으로 '내가 만일 대통령이 된다면 나라를 어떻게 운영하고 싶다', 이런 이야기를 많이 나누면 좋겠어요. 제가 그런 생각을 하고 쓴 책이 《내가 만일 대통령이라면》과 《대통령의 철학》이에요.

함정희: 대통령에 관한 책도 다 쓰셨네요?

강수돌: 제가 출마하려고 쓴 책이 아니라 학자의 입장에서 누구라도 대통령이라면 이렇게 나라를 경영하면 좋지 않겠나, 이런 심정으로 쓴 책이죠. 현 대통령에게도 책을 보내드렸는데, 제대로 읽었는지 모르겠더라고요, 하하.

수익성과 효율성만 추구해서는 안 되는

강수돌: 이제 화제를 좀 돌려볼까요? 몇 년 전에 농촌진흥청인가, 농업을 연구하는 데서 'GMO 벼'를 재배하겠다고 한 적이 있지 않았나요?

함정희: 그런 적이 있어요, 농진청에서. 아마 박근혜 대통령 말미였던 2016년도 초였죠?

강수돌: 그렇죠? 농진청이 전주·완주에 있잖아요? 당시에 농민과 시민 들이 많이 반발했죠?

함정희: 엄청 반발했죠. 제 기억으로도 많은 엔지오 단체 회원들이 전북도청 앞에 가서 'GMO 벼 상용화 반대, GMO 상품 개발 중단' 같은 구호를 외쳤어요.

강수돌: 처음에 아무리 한정된 논에서 부분적으로 시험재배를 한다고 하더라도 벼가 바람을 통해 수정되기 때문에 GMO 아닌 일반 벼에도 날아가 수정이 될 것이란 우려가 컸죠. 그렇게 되면 갈수록 나라 전체가 GMO 농작물로 뒤덮일 가능성도 있죠.

함정희: 그리고 GMO랑 꼭 같이 다니는 게 라운드업 제초제죠.

강수돌: 아무래도 GMO 벼를 재배하면 그런 제초제를 써야 할 것이고, 몬산토나 바이엘 같은 초국적기업들이 우리나라 벼에도 영향을 미치게 될 거라는 우려도 컸죠.

함정희: 도대체 정부나 농진청은 그런 문제를 전혀 몰랐을까요?

강수돌: 전혀 모른다는 건 거짓말이고, 알아도 진지하게 생각하지 않고 돈벌이나 생산성 같은 것에만 신경을 쓰다 보니 한쪽 눈이 멀었던 셈이죠.

함정희: 그나마 '최순실 사태'로 촛불혁명이 일어나 당시 정부가 물러나는 바람에 GMO 벼 같은 사업이 쑥 들어가버렸죠. 솔직히 저는 정치는 잘 모르지만 그 GMO 벼를 마구잡이로 강행했더라면 우리는 완전히 GMO 나라가 됐겠죠?

강수돌: 큰일 나죠. 그런 게 일단 한번 시작되면 금세 전국으로 다 퍼지거든요. 그리고 초국적기업이 들어오기 시작하면 아무리 민주 정부라도 통제가 어렵죠. 그 옛날 일제강점기 때 매판 자본들이 나라를 망쳤다고 하는데, 지금도 매판 자본이나 매판 관료들이 나라를 망칠 수 있죠.

함정희: 하여간 지금 우리가 GMO를 해외에서 가장 많이 수입하는 나라라고 알고 있는데, GMO를 직접 재배하기 시작했더라면 그나마 남아 있던 농업조차 완전히 망할 뻔했어요.

강수돌: 바로 그겁니다. 지난 20년간 한국이 GMO 수입량에서 1위라고 하지요. 일본은 총 수입 물량은 더 많지만 사료용으로만 쓴다고 하고요. 그래서 사람이 먹는 수입 물량은 한국이 단연코

1등이에요. 대두(콩), 옥수수, 카놀라, 밀가루 등이 대표적이지요. 지금 식량자급률이나 유기농 촉진이 시급한 과제인데, 오히려 GMO 벼를 상용화하려 했다니, 정말 한심하고도 한심하죠. 도대체 농정을 담당하는 분들이 무슨 철학과 소신을 가지고 일하는지 모르겠어요. 대학 때부터 철학이나 역사를 기본으로 공부하지 않은 상태에서 쌓은 전공 지식은 대부분 시장 논리나 권력 논리에 흡수되고 말거든요. 그 결과 오로지 돈, 돈, 돈 하면서 수익성과 효율성만 추구하죠.

함정희: 자, 자, 우리 교수님, 너무 열이 오른 것 같으니 우리 함씨네 콩물 한 모금 하시고 천천히 가자고요.

GMO의 치명적 위험성

함정희: 하늘이 도와서 2016년, 17년의 촛불혁명 덕에 GMO 벼 재배 얘기가 쑥 들어갔으니 다행이에요. 러시아 같은 나라는 GMO를 재배하거나 몰래 유통하다가 들키면 어떻게 하는지 아세요?

강수돌: 사형 아닌가요?

함정희: 맞아요, 사형! 사형까지 가고요. 아니면, 추방시키거나 최하 20년 중형이래요. 그래서 러시아는 GMO 아닌 걸 생산·수출해서 돈을 많이 번다고 하잖아요. 가격이 비싸니까.

강수돌: 러시아가 그렇게 모범을 보이는 면도 있네요.

함정희: 우리도 그렇게 됐으면 좋겠어요. 지금 청정지역이라도 잘 보존해서 건강하고 좋은 농산물을 재배해 우리나라 사람도 먹고 또

남으면 해외 수출도 하고 그렇게 가면 좋겠어요.

강수돌: 장기적으로 그렇게 가야죠. 그런데 당장은 국산 콩, 국산 옥수수, 국산 카놀라의 생산량을 늘려가면서 GMO 콩, GMO 옥수수, GMO 카놀라(유채) 같은 농산물의 수입 물량을 줄여나가는 게 필요하겠죠.

함정희: 또 중요한 건, 전 세계 각국의 암 환자들이 몬산토를 상대로 손해배상 청구 소송을 하고 있다는 점이에요. GMO용 라운드업 제초제에 들어 있는 글리포세이트가 발암물질이라고 국제암연구소에서 판정을 내렸거든요. 그래서 어느 나라는 1만 8천 명이 단체소송을 하고, 또 어디는 5천 명이 소송을 하고 있다고 해요.

강수돌: 그건 어디 뉴스에서 본 기억이 나네요.

함정희: 그중 한 재판에서 이긴 어떤 사람은 900억 원을 받기도 하고, 또 다른 이는 400억 원을 받기도 했대요. 그렇게 다 변상을 받고 있잖아요, 소송에서 이겨서.

강수돌: 그렇군요.

함정희: 이제 우리나라도 암 환자들이 그렇게 해야 되지 않나 생각하는데요. 그렇게만 하면 GMO 콩 수입도 줄어들 거고 벌써 박살을 냈을 텐데… 저는 그런 소송을 하는 팀이 있으면 좋겠어요.

강수돌: 좋은 생각입니다. 그런데 일단 모든 게 법적으로 가면 인과관계를 증명해야 되는데, 이게 쉽지 않아요. 일례로, 어떤 암 환자들이 소송을 거는 경우 그 암의 발병이 GMO 때문이라는 걸 어떻게 증명하느냐는 문제죠.

함정희: 제 말은 몬산토나 바이엘과 다투어 소송에서 꼭 이긴다는

것보다는….

강수돌: 아, 상징적인 투쟁을 한다, 이런 말씀?

함정희: 그렇죠. 나름 증명하기 위해 노력은 해야겠지만, 소송의 결과에 관계 없이 일단 거대한 초국적기업과 GMO 반대 투쟁을 벌인다는 상징적 의미가 있지 않겠어요?

강수돌: 정말 '우리 콩 독립군'다운 말씀이에요.

함정희: 그렇게 해서 우리가 암에 걸린 이유가 GMO 때문이 아닌지 지극히 의심이 된다며 수백, 수천 명이 집단으로 소송을 제기하면 아마 국제적으로도 눈길을 끌 수 있겠죠. 그렇게 되면 사람들도 'GMO가 뭐지?' 하면서 더 관심을 갖고 경계하게 될 테고요.

강수돌: 정말 일리가 있는데요?

함정희: 그래야 아이들이나 어른들, 보통 사람들도 GMO에 대해 좀 알게 되겠죠. 솔직히 지금 우리나라 사람들 중에서 GMO에 대해 제대로 아는 사람이 얼마나 되겠어요? 그런데 유럽 같은 나라들에서는 GMO 설문조사를 하면 국민의 75퍼센트까지 그 문제점을 다 알고 있다고 해요.

강수돌: 유럽연합의 나라들은 평균적으로 사회의식이 높죠. 그래서 GMO 농산물을 국가적으로도 절대 수입 못하게 하잖아요. 우리는 수입을 예사로 하고 있고요.

함정희: 우리가 평소 많이 먹는 콩, 두부, 된장, 청국장, 두유, 빵, 과자, 라면… 이런 것들은 죄다 GMO 콩이나 밀가루로 만든 것이라고 보면 돼요. 특히 청소년들이 GMO를 많이 먹으면 몸이 서서히 망가져버리니 정말 큰일이에요.

강수돌: 정부가 앞장서서 농업정책이나 농민정책, 그리고 교육정책이나 건강정책 차원에서라도 GMO를 멀리하고 대신 토종 농산물을, 그것도 가능한 한 유기농으로 생산해서 먹을 수 있게 방향을 잘 잡아나가야 할 것 같습니다.

함정희: 그런데 가장 최근에는 오히려 산자부에서 GMO에 관한 규제를 완화하려고 한다던데요?

강수돌: 그러니까요. 우리 기업가들과 미국 자본의 압력에 굴복해서 그런 것 같아요.

함정희: 구체적으로 뭐가 문제일까요?

강수돌: 산자부 주도로 GMO법(GMO의 국가간 이동 등에 관한 법률)을 개정하려는 것인데요. 그 핵심 내용은 GMO 승인 관련 규제 완화, GMO 연구개발 관련 규제 완화라고 해요.

함정희: 그건 또 무얼 의미하나요?

강수돌: 이 개정안이 통과되면 GMO 승인이 늘어나겠죠? 그러면 이제 우리나라 농토가 GMO로 뒤덮일 확률이 높아지죠. 우리 밥상도 GMO투성이가 되겠죠. 발암성 제초제를 마구 뿌려대면 사람, 생물, 농토 등에도 아주 해롭겠죠?

함정희: 사실 지금도 전국 곳곳에서 제주도 유채밭처럼 만든다고 미승인 GMO 유채를 너무 많이 재배해서 보기는 좋을지 모르지만 오염이 심각하다고 하더라고요. 오히려 GMO 규제를 강화해야 옳은데 말이죠.

강수돌: 제 말이 그거예요. 산자부 사람들은 GMO가 얼마나 위험한지도 모르고 그저 미국 자본가 대표들이나 한국 자본가들이

이렇게 하자, 그러면 그게 옳은 줄 아나봐요.

함정희: 그분들이야 생명공학 산업을 발전시키면 나라가 좋아진다,
아니면, 새로운 먹거리를 만들어야 한다, 이런 논리겠죠. 그것이 과연
사람이나 자연에 어떤 영향을 주는지도 모르고요. 하여간 GMO는
수입도 하지 말고, 규제도 꽉꽉 강화해야 해요.

강수돌: 동의합니다. 지금 기후위기로 인해 생물다양성이 감소하고
있어 걱정인데, 만일 GMO법까지 완화하면 당장은 아니라도
장기적으로 온 나라가 'GMO 천국'이 되고 말겠죠.

함정희: 정말 무섭네요. 그런데 산자부는 이런 걸 전혀 모를까요?

강수돌: 유전자가위 기술이라고 있어요. 유전자변형 기술이죠.
동식물의 유전자를 잘라서 이래저래 갖다 붙여 수많은 변형체를
만들어보는 거죠. 이런 걸 전문으로 하는 기업들이 이제는 돈벌이를
위해 정부 당국에 로비도 하고 강한 압력을 넣는 거예요. 규제를
완화해야 자기들이 돈을 버니까요.

함정희: 그건 극소수 자본을 위한 거지 국민을 위한 게 아니잖아요?

강수돌: 그럼요. 촛불정부의 산자부도 이 정도라면 앞으로도
큰일이에요. GMO 규제가 완화되면 도대체 무슨 일이 벌어질지
몰라요.

함정희: 어떤 위험이 있을까요?

강수돌: 사실 지금의 코로나 사태도 원래는 정확히 어딘진 몰라도
무슨 연구소 같은 데서 독성이나 전염성 강화 연구 중이던
바이러스가 누출되어 생긴 것이란 말도 있잖아요?

함정희: 그러게요.

강수돌: 그런 식으로 철저하게 규제되지 않은 무모한 미생물 유전공학이 잘못하면 온 세상을 엉망으로 만든다는 게 이번 코로나 팬데믹의 교훈 중 하나가 아니겠어요?

함정희: 맞아요. 유전자나 생명 문제 이런 거는 윤리 문제이기도 하지만 안전 문제이기도 해요.

강수돌: 그렇죠. GMO는 그 자체로 인류를 포함한 생태계의 건강을 영원히 망칠 수 있거든요. 그래서 미국 CIA의 제임스 클래퍼 국장도 유전자편집 기술을 대량살상무기(WMD)로 간주한대요.

함정희: 거참, 어떻게 해야죠?

강수돌: 일단 그 위험성을 널리 공유해야죠. 예컨대, GMO 규제 완화로 유전자편집이 남용되면 돌연변이의 발생이나 독소 및 알레르기 반응 같은 걸 초래할 수 있다는 걸 알려야죠.

함정희: 긍게요.

강수돌: 사실 유전자편집 기술은 생각보다 간단하고 저렴하다고 해요. 실제로 유전자편집 키트란 게 있는데, 아마존에서 단돈 20만 원이면 구한대요. 이게 특정 연구소나 정부 기관에서 이뤄지는 게 아니라 한 개인이 자기 방에서 조용히 할 수도 있다는 거죠.

함정희: 그게 가능하다고요?

강수돌: 앞을 내다보는 분들은 이미 그런 지적을 해왔어요. 그래서 이제는 개인이 골방이나 창고에서, 학교나 기업에서, 군사 연구소나 기업 연구소에서 그 어디서건 이런 유전자변형을 할 수 있다는 말이죠. 다른 말로 대량살상무기가 어디서나 만들어질 수 있다는 얘기예요.

함정희: 정말 큰일이네요.

강수돌: 만일 그런 게 한번 만들어져 세상에 퍼지면 회수도 불가능하고 오히려 불이 번지듯 퍼지겠죠. 그러니 처음부터 규제를 더 철저히 해야 해요. 지금도 이미 늦은 건 아닌지 모를 정도인데….

함정희: 이야, 교수님 말씀을 듣고보니, 이 GMO라는 게 갈수록 태산이네요!

강수돌: 그러니까 결국은 과학이다, 기술이다, 첨단이다, 이런 것에 현혹되지 말고, 소박하게 땅과 더불어, 사람과 더불어, 사람냄새 풍기며 그렇게 사는 게 행복이라는 거죠.

함정희: 맞아요. 복잡해질수록 좋은 게 없더라고요. 마치 간장, 된장, 참기름, 들기름 같은 걸로 다 되는데 온갖 복잡한 식품첨가제 같은 걸 만들고, 알고보면 그게 모두 해로운 것인 것처럼요.

강수돌: 바로 그겁니다. 그래서 지금은 정부나 우리 시민들이 이 GMO의 위험성을 더 확실히 인식하고 제발 규제를 강화해서 국민 건강과 나라의 미래를 잘 지켰으면 좋겠어요.

[인터뷰] 농민기본소득전국운동본부 차홍도 상임운영위원장

"농민기본소득, 농정틀 대전환 위해 꼭 도입돼야 …농업예산 정상화 통해 가능"

…기본소득이 코로나19 대유행을 겪으며 주목받고 있다. 주요 선진국 정부는 셧다운을 하면서 일정한 현금을 모든 국민에게 주는 기본소득 비슷한 정책을 썼다. 2020년 미국 대선 중 민주당 후보였던 앤드루 양은 18세 이상 미국인에게 월 1천 달러를 주는 자유배당제를 공약으로 내세우기도 했다. 우리나라에서는 이재명 경기도 지사가 원조다. … 농업계에서도 기본소득 논의가 한창이다. 더불어민주당 허영 의원은 동료 의원 65명의 서명을 받아 "농민기본소득법"을 대표 발의했다. 월 30만 원을 230만 농민에게 지역화폐로 지급한다는 게 골자다. 이 법안 발의를 주도한 농민기본소득전국운동본부 차홍도 상임위원장을 만나 현재 진행되고 있는 상황과 향후 전망에 대한 의견을 들었다.

Q: 먼저 농민기본소득전국운동본부에 대해 소개해달라. 어떤 분들이 어떤 활동을 하고 있고 어떤 성과와 과제를 가지고 있는지 궁금하다.

A: 본부는 2019년 11월에 전국준비위원회를 꾸렸고 2020년 2월에 정식 출범했다. 현재 한살림, YWCA 등 37개 시민단체가 참여하고 있다. 유영훈 우리밀살리기운동본부 이사장, 조완석 한살림연합 상임대표, 강남훈 기본소득한국네트워크 이사장, 이재욱 한국농어촌사회연구소 소장, 이세우 농촌목회자연대 농민기본소득특위 위원장 등 5명이 상임공동대표를 맡고 있다. 제가 상임운영위원장을 맡고 있으며 이원영 친환경무상급식풀뿌리국민연대 집행위원장이 공동위원장으로 활동하고 있다. 그동안 농민기본소득의 필요성을 알리기 위한 서명운동과 함께 입법화를 추진해왔다. 그 결과 지난 7월에 더불어민주당 허영 의원과 함께 국회의원 65명의 서명을 받아 "농민기본소득법"

을 발의해 현재 상임위 심사를 앞두고 있다.

Q: 최근 농민기본소득에 대한 논의가 나오게 된 배경에 대해 설명 부탁드린다. 또한 각종 복지와 보조금을 없애고 기본소득으로 통합하자는 주장과 기존 복지는 그대로 두고 추가로 기본소득을 시행하자는 주장이 있다. 본부의 입장은 어떤가?

A: 사회 양극화를 극복하자기 위해 기본소득이 필요하다는 주장은 우파와 좌파 진영 모두에게서 나왔다. 특히 우파는 대량 생산 체제에서 물건 살 돈이 없는 사람들에게 돈을 주어 소비를 진작하게 한다는 논리를 펴고 있다.

국내에서 농민기본소득이 나오는 배경은 우리나라 농정이 실패했다는 것에서 기인한다. 농업계에서는 농정의 대전환이 필요하다는 주장이 줄곧 나왔다. 먼저 우리나라는 3헥타르 이상 경작을 하는 대농 중심의 정책이다. 전체 농민의 8퍼센트 정도 차지한다. 중농들이 벌어들이는 농업소득은 연간 750만 원, 1헥타르 미만 소농들이 벌어들이는 농업소득은 450만 원 수준이다. 거의 90퍼센트 가까운 농민들은 농사를 지어 연간 1천만 원도 못 벌고 있다. 농사가 돈을 못 버는 직업이 됐으니 사람들은 농촌을 떠나 도시로 간다. 그 결과 농촌 고령화는 50퍼센트 수준이다. 농촌에 사람이 없다. 대농 중심에서 중소농 중심으로 정책의 중심이 바뀌어야 하는 이유다.

또한 기후위기 상황에서 농약과 화학비료를 덜 쓰는 저투입 농업으로 전환해야 한다. 농업은 기후위기의 주범이기도 하고 해결사이기도 하다. 여기에 생산 위주 농업에서 농의 가치 중심으로 전환해야 한다. 유럽처럼 생태농정으로 전환해야 한다고 본다. 이런 이유로 공익형직불제를 도입했는데 실질적으로 효과를 거두기에는 예산 규모가 턱없이 부족하다. 작년 2조4천억 원 중 1조7천억 원은 기존 논직불금으로 주던 예산이다. 추가된 예산은 7천억 원에 불과하다.

농업예산은 오히려 증가율은 2퍼센트 대로 주저앉았다.

결론적으로 성장 위주 농정에서 가치 위주 농정으로의 전환해야 하는데, 농민기본소득을 도입하면 가능하다. 이는 농정의 완성을 위한 기초공사 같은 것이다. 이 위에 가격지지정책, 복지정책 등을 올려보자는 구상이다. 때문에 기존 보조금, 복지정책은 그대로 두고 농민기본소득을 시행해야 한다는 것이 본부의 입장이다. …

Q: 농민기본소득은 농민들에게 지급되는 직불금, 농민수당과 비교해 어떤 점이 다른가?

A: 직불금, 농민수당은 농의 가치, 즉 공익적 가치에 대한 사회적 보상이다. 예를 들어 논의 담수량은 춘천댐의 54배. 논을 없애면 그만큼의 댐을 건설해야 한다. 탄소 저감 역할도 한다. 이런 공익적 시장가치가 인정되지 않고 있다. 농민간의 소득격차도 문제다. 현재 공익형 직불제의 기본 골격은 면적 중심이다. 대농은 소농보다 평균 40배 이상의 직불금을 받는다. 면적이 늘어나면 늘어날수록 더 받는 구조다. 대농들의 입김이 세서 그렇다. 그래서 양극화 해소를 위해 소농 직불금과 친환경 직불금이 나왔는데 규모가 크지 않다. 이 두 가지는 농업인 가구에 지불된다는 면에서 기본소득과는 다르다. 또한 기본소득은 사회적 기본권인 인간의 행복추구권 차원에서 모든 농민 개인에게 똑같은 금액을 준다는 면에서도 다르다.

Q: 예산의 확보와 배분은 결국 우선순위를 정하는 문제인데 중앙정부, 지자체, 국회는 농민기본소득 추진 의지가 있는지 궁금하다. 주요 정당들의 입장이 나온 게 있는가?

A: 작년 총선 전 우리 본부는 각 정당에 정책 협약 제안을 한 적이 있다. 국민의힘의

경우, 농민기본소득은 못하겠고 대신 농민연금을 도입하겠다고 입장을 밝혔다. 65세 이상 농민에게 연간 120만 원을 지급하는 내용의 법안이 국회에 올라와 있다. 민주당은 자신이 있는지 아무 얘기가 없었다. 농민을 우습게 아는 모양이다. 이번 정부 들어 농민들이 가장 푸대접을 받고 있다. 도시민들이 받는 재난지원금도 못 받았다. 대통령 주변에 농정을 아는 참모가 없어서 그렇다. …

Q: 국민 여론의 지지를 끌어내는 게 관건으로 보인다. 어떤 논리로 설득하려고 하는가?

A: 정치 지도자들의 농의 가치 인정이 먼저다. 농산물 수입 전면 개방이 왜 실시됐나? 우리 공산품을 수출하기 위했던 것 아닌가? 수입 농산물이 들어와 가장 큰 피해가 농민이다. 이제 그들의 피해를 보상해 줄 때가 되었음을 잘 설명하면서 국민들을 설득해야 한다. 그러면 왜 농민 먼저냐는 문제 제기가 있을 수 있다. 그러면 농촌에 내려와 농민으로 살으라는 말을 하고 싶다. 균형발전 차원에서도 이 문제를 봐야 한다. 문재인 정부의 국토 균형발전은 노무현 때와 비교해 한 걸음도 앞으로 나가지 못했다. 지방 살리기는 농촌 살리기부터 시작해야 한다. 농촌에서 살 수 있는 조건을 만들어줘야 한다. 이미 귀농·귀촌 인구가 50만 명이다. 기본소득은 이를 더욱 가속화시킬 수 있다. 다 기본소득 달라고 하면 어떻게 하냐는 물음이 있을 수 있다. 이때 전국민기본소득으로 확대하자는 주장을 펴면 된다. 농민을 대상으로 먼저 해보고 문제점을 점검해 바로 잡아 전 국민을 대상으로 제대로 해보자는 거다.

부동산 문제 등 해결 방법도 있다. 빠져나가야 집값이 떨어질 거 아니냐? 청년 문제도 있다. 귀농귀촌학교에 들어온 청년들과 얘기하다보면 '자기'가 없다는 말을 종종 듣는다. 농촌에 오면 자기가 인생의 주인공이 되어 살 수 있다. 커다란 조직의 부속품으로 사는 게 아니라 생활비도 적게 들고 더 인간답게 살 수 있다.

일당 10만 원~15만 원 받고 한 달에 10일 정도만 일해도 기본적인 생활은 가능하다. 나머지는 자기가 좋아하는 일 하면서 살 수 있다. 청년들이 농촌에 와서 해야 할 일도 많다. 온라인 유통 등 생산자를 도와 함께 돈을 벌 기회도 있다. 이들에게 농민기본소득은 큰 힘이 될 것이다. …

Q: 마지막으로 정부와 국민들에게 전하고 싶은 말씀 있으면 해달라.

A: 정부는 농정의 실패를 인정하기 바란다. 농정을 근본적으로 혁신해야 한다면 그 신호로 농민기본소득을 도입해주기 바란다. 그래야 중소가족농 중심, 저투입 친환경 중심, 농의 가치 중심 농정으로 전환할 수 있다.

유럽의 농업은 자급률이 상당히 높다. 세계 대전을 겪어서 식량이 얼마나 중요한지 구성원 모두가 잘 안다. 그래서 자국의 농업을 보호 육성 장려한다. 농업이 젊은이들이 희망하는 직업 3위 안에 들어간다. 예를 들어 독일 농민도 농업 소득은 연간 2천만 원밖에 안된다. 정부의 다양한 직불금으로 높은 소득을 올리고 있다. EU의 농정예산은 생산 관련이 40퍼센트, 생태 관련이 60퍼센트 수준이다. 우리도 유럽같이 가치 농정으로 전환해야 하지 않겠나? 그 첫걸음이 농민기본소득임을 꼭 알아주었으면 한다. 국민들께도 농민들의 어려움에 대해 공감해주시고 농민기본소득에 많은 관심을 가져주시길 부탁드린다. 아울러 농촌으로 내려오셔서 한번 살아보시길 권해 드린다. 자기 삶의 주인이 되어 자연과 함께 하는 생태적 삶도 참 좋다.

*출처: 〈한국영농신문〉, 이병로 기자, 2021년 7월 8일.

'함씨네토종콩식품'은 어떤 방향으로 나아가야 할까?
사람을 살리고 땅을 살리기 위해 사회혁신적
비즈니스를 한다지만 적자는 계속되고, 생각보다
대박의 기미는 잘 보이지 않고⋯ 이런 상황에서 이
사업을 계속해야 할까, 접어야 할까, 아니면
모두에게 만족스럽고 참신한 '제3의 길'이 있을까?

5 비즈니스가 아니라 공공정책으로

우리 콩 독립운동은 사회운동

강수돌: 사업적으로 '함씨네토종콩식품'은 흑자인가요, 적자인가요?

함정희: '당연히' 적자죠.

강수돌: 아니, 우리 콩으로 두부니, 청국장이니, 쥐마청이니 해서 특허까지 내고 노벨상 후보까지 올랐다면 뭔가 '대박'이 터져야 하는 것 아닌가요? 그런데 '당연히 적자'라니요?

함정희: 그간 적자가 많이 누적됐고요. 하루아침에 흑자가 될 순 없거든요. 우리 콩 이거 비싼 거, 수입 콩보다 열 배나 비싼 걸 사다가 제품을 만들잖아요. 이걸 원가대로 하고 이윤을 좀 붙여 비싸게 팔면 사람들이 안 먹어요. 원래는 두부 한 모에 1만원이나 1만 5천 원을 받아야 돼요. 그러면 누가 먹어요? 그래서 지금 6천 원 받는데, 이것도

만만찮아요.

강수돌: 일반 두부는 얼마죠?

함정희: 4천 원 정도 하죠.

강수돌: 국산 콩에다 제대로 만들면 6천 원도 싼 편인데….

함정희: 아무튼 적정선에서 값을 정하는데, 이게 평균적으로 돈이 안 남아요. 솔직히 콩이 비싸죠. 그렇지만 농민들도 먹고살아야죠. 그래서 제가 빚을 내가며 계속 콩값을 대는 거예요.

강수돌: 아이고, 그래서야 사업이 지속되겠어요? 뭔가 작은 보람이라도 나와야지?

함정희: 그러니까 이게 일반적인 사업이 아니라 국민 건강을 찾고 우리 콩을 살리자는 일종의 사회운동인 셈이죠. 내 돈 들어가면서….

강수돌: 뜻은 좋지만 계속 적자라면 다시 생각해봐야죠. 계속할 건지 말 건지. 그리고 계속한다면 사업 전반에 대해 정밀 진단을 한번 받고, 원가계산부터 해서 어디가 문제인지, 어느 부분을 수술할 건지, 이런 걸 제대로 체크해 최종 판단을 해야겠어요.

함정희: 앞서도 말했지만, 좋은 콩제품을 만들어 제가 그동안 수입 콩, GMO 콩으로 돈 번 걸 사죄하고 속죄한다는 마음으로 하고 있죠.

강수돌: 그 사죄는 이미 지난 20년 동안 충분히 하셨어요.

함정희: 여전히 적자이긴 하지만, 그래도 고마운 건 우리의 그 진짜 토종 콩 맛을 제가 재현했잖아요. 복원을 했거든요. 이걸 먹어보면 다른 수입 콩 제품과는 전혀 비교가 안 된다는 걸 알아요. 이게 고맙죠.

강수돌: 그건 맞아요. 품질이 좋고, 또 우리 콩을 '제값'에 사 오니 우리

농민 살려서 좋고, 그 땅도 살려서 좋고, 이제 이 함씨네토종콩식품을
사서 드시는 분들은 건강식품을 먹어서 좋고, 이렇게 다 좋은데, 막상
사업주 입장에서는 마이너스다, 이거죠? 이게 참 기가 막히네요.

함정희: 여기까지 왔으니까 지금은 근근이 버티고 있어요. 이제 이
쥐마청만 잘되면 좀 희망이 생길 것 같아요. 그래서 언제 어떻게 될지
모르지만 그래도 이제는 건강을 생각하는 시대가 왔으니 낙관할 수
있는 부분이 좀 있지 않을까 생각해요.

강수돌: 사람들 마음이, 건강에 좋은 걸 찾으면서도 늘 가격 문제로
포기를 하더라고요. 여유가 좀 있는 사람들도 그래요. 그게 참
안타깝죠. 일반 마트에 가서 물건 살 때처럼 하지 말고, 함 대표님의
뜻과 취지를 충분히 헤아려서 모두가 윈윈하는 방향으로, 또 이런
고귀한 뜻을 지지하고 지원하는 뜻에서 마음을 좀 내서
'함씨네토종콩식품'을 팍팍 밀어주면 그나마 좀 나아질 텐데 말이죠.

함정희: 그러니까요. 형식적으로는 제 사업체지만, 우리 콩을 살리고
우리 농을 살리며 우리 땅을 살린다는 마음으로, 그리고 제일 중요한
건 진짜 자기 몸에 좋은 거니까, 믿고 꾸준히 잡숴보시기를 바래요.

강수돌: 그래요, 그 신뢰와 지지, 이게 결정적으로 필요해요.

함정희: 이제 제가 할 만큼 최선을 다했으니, 진인사대천명이라고,
하늘의 뜻을 기다려야죠. 실제로 잡숴본 사람들은 건강이 확실히
좋아져요.

강수돌: 변비도 해소되고, 아토피도 없어지고, 혈당도 떨어지고, 피도
맑아지고, 면역력도 올라가고… 여러 사람들이 직접 먹어본 결과 그런
효과가 나타났다는 거죠?

함정희: 네, 맞아요. 제 아이부터 친정 식구들, 제 강의 들으신 분들, 유명 인사들, 이런 분들이 죄다 먹어보고 좋은 평가를 내려주셨어요.

강수돌: 김영준 교수님도 임상실험에서 암 억제 기능이 있다고 연구 논문까지 발표하셨고요.

함정희: 그래서 저는 희망이 있다고 보고, 이제 그걸로 내가 은혜를 갚아야겠다, 아니 과거의 잘못에 대해 사죄를 받아야겠다, 이렇게 하고 있는 거예요.

강수돌: 적어도 10년 동안 GMO 콩으로 사람들 건강을 망쳤다는 죄책감과 책임감 때문에….

함정희: 긍게요. 수입 콩으로 사업을 해가지고 사람들을 아프게 했잖아요. 이제 그걸 쥐눈이콩마늘청국장환(쥐마청)으로 회복하면 좋겠어요.

강수돌: 시골서 농사짓는 분들도 콩 농사 보람을 느끼고, 또 이걸 사서 드시는 분들도 더 건강해지고, 함 대표님 사업체도 적자를 벗어나 조금이라도 흑자가 되면 좋겠어요.

함정희: 좀 더뎌서 그렇지 분명 좋아질 날이 올 거라고 믿어요.

강수돌: 사실 지금 함 대표님은 일반적인 사업을 하시는 게 아니에요. 이건 완전 사회운동이죠. '우리 콩 독립운동'이니까요.

함정희: 그래서 지금처럼 개인사업자 형식이 아니라 사단법인 같은 공공성 있는 조직 형태로 가야 한다는 분들도 계세요.

강수돌: 저도 그렇게 생각해요. 하여간 무엇이 정답인지는 모르겠지만, 최소한 지금의 형태로는 지속가능성이 낮다, 이런 생각이거든요.

함정희: 검토해보니, 제가 부채가 너무 많아서 법인 자격도 안 되더라고요.

강수돌: 적자라면 법인도 쉽진 않을 거예요.

함정희: 그래서 나도 어찌해야 할지 잘 모르겠어요. 사람들이 건강을 생각하는 시대가 되었으니 앞으로는 괜찮아질 것이다, 이런 생각은 하는데, 의외로 수지타산이 안 맞아요. 그래도 하늘이 나를 도와서 69세에 박사 논문까지 쓰게 됐고, 그리고 정말 이렇게 은혜를 갚고 속죄할 수 있도록 쥐마청 특허까지 냈으니, 뭔가 잘될 거라 믿어요.

강수돌: 제발 그래야죠!

함정희: 쥐마청은 완전히 자연 그대로고, 정말 병들지 않은 음식이에요. 그 어떤 화학첨가제도 들어 있지 않아요. 그래서 이걸 드신 분들은 정말 다 좋아지는 걸 봤어요. 제가 죽 지켜봤잖아요. 사실상 '생체실험'을 다 한 셈이죠.

강수돌: 그런 효험을 보신 분들의 경험담이나 사례를 보다 구체적으로 자료로 잘 모아야겠어요.

함정희: 그럼요, 여기저기 사례들이 많아요.

강수돌: 네, 그 부분은 이 책 뒤에 별도로 모아 소개하기로 할게요.[4]

---

4 '부록 1. 함씨네토종콩식품, 쥐마청으로 몸이 좋아진 사례들'을 참조하라.

개인 사업이 아니라 공공사업으로

함정희: 제가 개발한 쥐마청을 드시고 몸이 좋아진 개별 사례들도
있지만, 저는 이걸 전 국민 건강보조식품으로 국민들에게 다
나눠줬으면 좋겠어요.

강수돌: 그러니까 개인 사업이 아니라 국가의 공공사업이 되어야 할
것 같아요. 나쁜 음식으로부터 국민 건강을 지키는 묘약으로 말이죠.

함정희: 쥐마청이 확실히 해독작용을 한다고 믿으니까요.

강수돌: 어딘가 돌파구가 확 뚫리면 정말 좋겠는데….

함정희: 커피 회사 네슬레 있죠? 그 회사 1년 매출이 150조래요.
우리도 그런 농산물 하나 개발하면 우리 농사도 살고, 농민도 살고,
땅도 살아요. 가장 한국적인 걸 세계화하면 우리 농업과 농민이 살고
땅이 살고 공기가 살고 건강이 좋아진다고 믿어요. 이제 쥐마청을
세계적인 식품으로 만들면 되지 않을까, 그런 생각으로 지금 여기까지
온 거죠.

강수돌: 이 책을 읽는 독자들 중 이 좋은 취지에 적극 공감하는
분들이 여기저기 나타나서 이걸 국가의 공공정책으로 가져가든지,
대대적인 공익사업으로 이어받든지, 아니면 농협 같은 데서 이걸
인수해 전국의 지점들에서 소화하든지, 어떤 식으로건 지금의
딜레마가 해소되기를 간절히 비옵나이다!

함정희: 그렇게 되면 좋겠어요.

강수돌: 또 저는 정부가 토종콩재단 같은 걸 만들어서 연구도 하고,
쥐마청 같은 건강식품도 만들고, 또 토종 콩 재배를 지원하고, 토종

콩으로 만든 식품의 건강 효과도 분석하고, 이런 식으로 공익적
역할을 했으면 좋겠다고 생각합니다.

함정희: 저도 같은 생각이에요. 다른 한편으로 저는 스타벅스의 회사
로고에 나오는 것과 비슷하게 제가 이 모자를 쓰고 콩의 꽃말 '꼭
오고야 말 행복'이라고 새겨진 이 옷을 입고, 이게 '치유식 카페'다,
이러면서 '함씨네밥상'에서 했던 그 음식들을 '드라이브 스루'
방식으로 공급하면 어떨까, 이런 생각도 하고 있어요.

농업의 패러다임 전환

강수돌: 이제 마무리 대화가 될 것 같아요. 저는 함 대표님이 애써
개발한 쥐마청이 제대로 빛을 발하기 위해서라도 우리나라 농업이
보다 공공성을 가진 것으로 패러다임이 전환됐으면 좋겠어요.

함정희: 동감이에요. 개인이 창의적으로 농사도 짓고, 저처럼 새로운
걸 만드는 경우에는 나라가 공공정책으로 지원하고 확산시켜주면
좋겠어요.

강수돌: 그렇죠! 바로 여기서 유럽, 그중에서도 독일 사례가 참고가 될
것 같아요.

함정희: 독일은 어떤데요?

강수돌: 우선 독일 농부들은 굳이 농사로 돈벌이를 하려고 욕심을
부리지 않아요.

함정희: 아, 진짜요? 어째서요?

강수돌: 나라에서 소득을 잘 보전해주니까요.

함정희: 우리나라도 그렇게 되면 제가 콩값 때문에 걱정을 안 해도 되겠네요.

강수돌: 독일에서 5년 정도 박사과정을 공부할 때 농촌 지역을 수시로 보게 되었는데요. 그때 도시보다 농촌이 더 살기 좋다, 독일 농민들의 '삶의 질'이 참 높다, 화학농법보다 유기농법이 대세다, 싱싱 농민장터가 매주 도심 한복판에서 열리는 게 참 부럽다… 이런 걸 느꼈어요.

함정희: 이야~ 독일 농촌 견학 한번 가보고 싶네요.

강수돌: 마을마다 무슨 관광지 같다고나 할까? 참 평화롭고 잘 정돈되어 있고, 사람들 얼굴이 여유 있어 보이고, 농사짓는 곳이라기보다 휴양지 같아 보였어요. 농민도 사람답게 사는 나라, 아니, 농민이 더 사람답게 사는 나라라는 인상이었어요. 특히 식사할 때 밥상에 온갖 싱싱한 야채와 과일, 통밀빵, 커피, 치즈, 잼… 이런 게 너무나 풍부해요. 물론 그 농민들에게 자세한 얘길 들어보면 나름 애환이 있겠지만요.

함정희: 그렇다 하더라도 '관광지 같은 농촌'이라는 게 전혀 상상이 안 돼요.

강수돌: 어떤 분은 독일 농촌을 둘러보고 '모든 마을이 생태치유마을'이라고 하기도 했어요. 정기석 박사님이라고, 오랫동안 농촌·농업·농민 문제를 연구해온 전문가로 책도 많이 썼는데, 이분이 2015년에 《농부의 나라》란 책을 냈어요. 독일과 오스트리아의 농업과 농정을 직접 견학하고 쓴 거라 흥미로워요.

함정희: 그분은 그럼 우리나라 농업이 어떤 방향으로 가야 한다고 하세요?

강수돌: 농업정책의 근본 틀이 바뀌어야 한다고 말해요.

함정희: 강 교수님도 그렇게 얘기하시잖아요?

강수돌: 그럼요. 그런데 이분은 한국 농정의 패러다임 전환을 위해 네 가지 개념을 제시해요. 국민농정, 공익농정, 지역농정, 협동농정.

함정희: 하나씩 설명을 좀 해주세요.

강수돌: 국민농정이란 지금 100만 명 정도밖에 되지 않는 농민만 농사짓게 내버려두는 게 아니라 온 국민이 농업·농사·농민·농촌 살리기에 관심을 갖고 뭐라도 작은 것부터 함께하자는 얘기죠.

함정희: 제 말이 바로 그거예요. 도시민들도 농민이 없으면 밥상을 차릴 수 없으니 농민들이 생산한 것을 '제값' 주고 사 먹고, 또 빈 곳이 있으면 쿠바의 도시농업처럼 텃밭 같은 거라도 군데군데 만들고 말이죠.

강수돌: 그렇죠. 그리고 공익농정이란, 농업을 대할 때 식량주권이나 식량자립 개념으로 공익적 관점에서 보자는 거죠. 그냥 농민 한 사람이 특수한 아이디어를 잘 내서 장사를 잘하게 내버려두는 게 아니라요.

함정희: 그것 또한 제 아이디어와 통하네요. 제가 이렇게 힘들게 쥐마청을 개발했는데, 이걸 개인 사업으로 하는 건 너무 벅차요. 이런 것도 공공사업으로 하면 참 좋을 것 같아요.

강수돌: 저도 이 대화의 처음부터 지금까지 바로 그런 생각을 했어요. 이건 함 대표님이 혼자 감당할 일이 아니다, 이런 식으로 애쓰는

분들은 나름 공공성을 생각하고 열심히 하는데, 그 보람을 느낄 수 있도록 공공사업의 위상을 가지도록 해야 한다, 이런 생각이죠.

함정희: 제발 그런 방향으로 갔으면 좋겠어요. 그럼 세 번째는 뭐죠?

강수돌: 지역농정, 로컬푸드할 때 로컬이 곧 지역이죠.

함정희: 그건 금세 이해가 돼요. 농정을 펼칠 때도 지자체나 관련 기관들이 먼저 그 지역에서 열심히 일해서 농민을 살려야 한다, 이런 얘기겠죠?

강수돌: 정확해요. 만날 국회만 쳐다보고, 정부만 쳐다보지 말자는 얘기죠. 농민과 지자체, 그 지역 공동체가 힘을 합쳐 마을이나 지역에서부터 농민장터나 직거래, 생협, 도농 교류 등등 이런 것들을 왕성하게 해나가는 것도 한 방법이 되겠죠.

함정희: 마지막으로 협동농정은 무슨 뜻인가요?

강수돌: 텃밭이 아닌 이상 농사 자체가 절대로 혼자서는 할 수 없는 것이므로 우리 전통의 두레나 품앗이처럼 서로 협동하면서 가야 한다는 것이죠. 지역농정 이야기하고도 통하죠?

함정희: 그러네요. 사실 농민끼리 협동도 해야 하지만, 지자체나 유관 기관이 잘 도와줘야 농민들이 농사지을 맛이 날 것 같아요. 모내기 시기가 되면 온 동네가 협동해서 일하고 또 새참이나 식사도 같이 하고… 이런 게 진짜 살맛 나는 세상인디….

강수돌: 맞아요. 그래서 정 박사님은 이렇게 농민, 노동자, 도시민 등이 모두 상생할 수 있도록 '협동연대 대안국민농정'이라는 모델을 제시했어요.

함정희: 협동연대 대안국민농정? 말은 좀 어려운데, 뭔지는 대강

알겠어요.

강수돌: 원래 학자나 연구자들이 얘기하는 용어들이 좀 어렵긴 해요. 그래도 앞에서 말한 네 가지 기본 방향을 생각하면 다 이해가 되죠.

함정희: 협동하고 연대해서 농민도 살고 노동자도 살고 도시민도 잘사는 나라를 만들어보자, 그게 대안이다, 이런 얘기 아니겠어요?

강수돌: 정확해요. 문제는 개념이 없어서가 아니라 실제로 우리나라가 어떻게 움직이는가가 문제죠. 이제 '용기 있는 실천'에 나서야 합니다.

함정희: 그럼요. 참된 용기란 72시간 안에 행동하는 것이죠.

강수돌: 네, 이제 나라 정책을 담당하시는 분들이 72시간, 사흘 안에 단단한 결심을 하고 협동과 연대의 건강한 농업정책을 새롭게 펴나가시길 강력히 제안합니다. 그리고 우리 일반 시민들도 농사가 살고 농민이 살아야 나라가 산다는 마음으로 농사와 농촌을 새로운 눈으로 보기 시작해야겠습니다!

함정희: 그리고 우리 모두 건강한 우리 농산물을 두루 애용하면서 당장 '나부터 밥상 혁명'을 실천합시다!

안전한 '로컬푸드'로 건강 챙기고 농가 살린다

공공기관·군 급식 비중 70퍼센트로 확대, 지자체별 컨설팅·점검 패키지 지원, "고용창출·지역경제 활성화 이끌것"

…농림축산식품부의 지역 푸드플랜과 로컬푸드 정책이 지역사회 먹거리 선순환 체계의 확산, 로컬푸드를 통한 중소농 소득 안정 등 성과로 이어지고 있어 주목이다. 푸드플랜이란 지역의 먹거리에 대한 생산, 유통, 소비 등 활동을 선순환 체계로 묶어 관리하는 종합시스템이다. 궁극적으로 지역 구성원에게 안전하고 좋은 식품을 공급해 지역 경제 활성화를 목표로 한다.

2일 농식품부 관계자는 "코로나19, 기후변화 등으로 식량안보가 어느 때보다 중요한 시점이며 지역 푸드플랜과 로컬푸드는 지역 생산-소비 연계, 취약계층 먹거리 보장, 중소농 소득 안정을 목표로 역할을 확대해 나갈 것"이라고 말했다.

농식품부는 지역 특성에 맞는 푸드플랜 수립을 위한 실태조사, 실증연구 등을 지원하고 있다. 이 결과 현재 110여 개 자치단체가 지역 먹거리계획 수립을 추진하고 있다.…

* 출처: 〈아시아투데이〉, 조상은 기자, 2021년 6월 3일.

쓴맛을 알아야 사는 맛을 안다!

강수돌: 함 대표님, 마지막으로 우리 입맛과 관련된 얘기를 하나 해볼까요? 우리가 느끼는 입맛, 즉 미각은 기본으로 몇 가지가 있다고 하죠?

함정희: 그야 크게 네 가지 아닌가요? 다섯 가진가?

강수돌: 맞아요. 기본은 네 가지라고 해요. 단맛, 짠맛, 신맛, 그리고 쓴맛이죠. 다섯 가지 맛을 내는 오미자(五味子) 열매가 있는데, 그건 여기다 매운맛을 더한 거예요. 근데 이 중에서 우리 혀가 가장 쉽게 잘 느끼는 것은 무슨 맛일까요?

함정희: 그야 당연히 단맛 아닌가요?

강수돌: 그렇죠! 혀끝에서 바로 느낄 수 있으니까요. 원래 혀뿌리는 쓴맛, 혀의 좌우는 신맛과 매운맛, 혀 전체는 짠맛을 느낀다고 하죠. 그럼 '가장 특별히 민감하게' 느끼는 맛은 무엇일까요? 혀의 위치와

무관하게요.

함정희: 가장 민감하게 느껴지는 맛?

강수돌: 가령 여기 물 한 컵이 있다고 해요. 그 안에 단맛, 짠맛, 신맛, 쓴맛을 내는 액체를 아주 조금, 가령 1만분의 1방울씩 떨어뜨린다면, 우리 혀는 어떤 맛을 금세 알아차릴까요?

함정희: 글쎄요. 1만분의 1방울이라고 하니 상상이 잘 안 되는데… 혹 쓴맛이 아닐까요?

강수돌: 정확해요. 단맛, 짠맛, 신맛은 적어도 온전하게 한 방울 정도는 들어가야 우리 혀가 알아차리는데, 쓴맛은 1만분의 1방울만 들어가도 우리 혀가 단번에 알아차린대요.

함정희: 아, 그 말이군요.

강수돌: 그래서 다른 맛과 달리 쓴맛을 가지고 거의 무한정으로 다양한 맛을 만들 수 있다고 해요.

함정희: 거의 무한정이라고요?

강수돌: 네. 와인이나 차, 치즈 같은 걸 보면 정말 종류가 많잖아요. 지역별, 연도별, 회사별로 다양하기도 하지만 그 맛도 정말 다양하죠.

함정희: 생각해보니 그러네요.

강수돌: 와인만 봐도 와인 전문점에 가면 구색이 엄청 다양하게 갖춰져 있는 걸 볼 수 있죠.

함정희: 같은 와인이라도 그 맛은 미묘하게 다 다르니까요. 그걸 두루두루 맛보는 것도 삶의 새로운 즐거움이 되겠네요.

강수돌: 아마 함 대표님도 해외여행 때 와이너리라고, 와인 양조장 같은 델 가보셨을 거예요. 거기 가면 와인을 색깔별로 종류별로

다양하게 마셔보라고 조금씩 따라주죠. 그런데 그게 색깔이나 연도도 다 다르지만, 그 쓴맛의 정도가 미묘하게 다 다르다는 거예요. 그렇게 쓴맛의 강도나 유형이 모두 조금씩 달라서 와인을 제대로 즐기는 사람은 쓴맛의 강도가 다른 걸 골고루 음미해보기도 하고, 같은 브랜드라도 연도를 달리 해서 그 쓴맛이 어떻게 미묘하게 다른지를 음미해보기도 한다고 하죠.

함정희: 듣고보니 와인 공장에 다시 한번 가보고 싶네요, 그 쓴맛을 보게요, 하하.

강수돌: 그러시죠. 그동안 고생도 참 많이 하셨는데….

함정희: 긍게요. 우리 아이들이랑 모두 같이 다녀오면 좋겠어요.

강수돌: 그런데 요즘 아이들은 쓴맛을 즐길 수 있을까요?

함정희: 아이고, 쓴맛이라… 그건 재빨리 뱉어버릴 것 같아요.

강수돌: 맞아요. 애들은 거의 본능적으로 쓴맛을 싫어하고 단맛만 좋아하는 경향이 있죠.

함정희: 단맛도 좋아하고 짠맛도 좋아할 것 같아요, 요즘 아이들은.

강수돌: 정확해요. 요즘 아이들이나 청년들이 좋아하는 음식을 보면, 달달하고도 짭짤한 양념치킨, 탕수육, 떡볶이 같은 것들이잖아요?

함정희: 우리 늦둥이는 매운 걸 좋아하는데….

강수돌: 물론 매운맛을 좋아하는 이들도 있긴 하죠.

함정희: 그러게요. 우리나라 같으면 매운맛을 가지고도 다양한 맛을 만들어낼 수 있는데….

강수돌: 맞는 말씀이에요. 실은 그 외에 떫은맛도 있고, 또 다른 맛도 있을 수 있어요.

함정희: 긍게요. 떫은 감도 있으니까요.

강수돌: 여기서 중요한 건 어린 시절부터 이런 여러 가지 맛을 골고루 체험하고 습득해야 맛의 다양성을 알게 된다는 거죠. 만일 아이들이 신맛이나 쓴맛을 싫어한다고, 아니면 매운맛이나 떫은맛을 싫어한다고, 그런 맛을 경험할 기회를 주지 않고 오로지 단맛이나 짠맛만 즐기게 한다면 아이들은 어른이 되어서도 아마 쓴맛이나 신맛, 매운맛 같은 걸 싫어하거나 아예 근처에도 가려 하지 않을 겁니다.

함정희: 어릴 적부터 엄마 아빠가 어떤 음식을 해주는가에 따라, 부모와 자녀가 어떤 음식을 같이 먹는가에 따라 아이들 입맛이 달라지니까요.

강수돌: 《식사혁명》을 쓴 남기선 박사님은 '맛의 학습은 자궁에서 시작된다'고 하세요.

함정희: 그니까 엄마가 무얼 먹는지가 결국 뱃속 아가에게도 전달되고 학습된다는 거죠.

강수돌: 그렇죠. '음식이 곧 몸이다'라든지 '음식이 인격을 만든다'라는 말이 있듯이 '음식이 감각을 만든다'고도 할 수 있겠죠?

함정희: 우리가 건강식, 가정식, 제철식, 로컬식을 하는 게 참 중요하다고 하셨잖아요? 우리가 다양한 맛을 즐길 수 있을 때 비로소 집집마다 그렇게 밥상을 차리는 게 가능하겠죠.

강수돌: 바로 그겁니다. 음식이 건강을 만들고, 인격도 만들고 감각도 만든다, 맞죠?

함정희: 음식이 인격을 만들고 감각도 만든다, 그거 참 멋진데요?

강수돌: 특히 쓴맛의 다양함을 즐길 수 있을 때, 인생살이의 미묘한 즐거움 같은 걸 느끼게 된다는 이야기, 재밌지 않아요?

함정희: 네, 제법 재밌네요, 하하. 근데 제가 여기서 짠맛 얘기를 좀 할까봐요.

강수돌: 들어보죠.

함정희: 우리 간장 얘긴데요. 우리 몸에 염분이 0.85퍼센트인가 어느 정도 적절히 있어야 건강하다고 하잖아요. 그래야 패혈증도 안 걸리고 피도 안 썩는다고 하거든요.

강수돌: 정확한 수치는 모르겠지만, 어느 정도 염분은 꼭 필요하죠.

함정희: 그런데 요즘 고혈압 예방한답시고 자꾸 싱겁게 싱겁게 먹잖아요. 긍게로 우리 몸속 염도가 엄청 낮아요. 그래서 우리 몸이 삼투압 작용 같은 걸 해서 염분을 0.85나 0.9로 맞춘다는 거죠. 그렇게 염분이 낮아지니까 거꾸로 자꾸만 당기는 게 뭘까요?

강수돌: 단 거?

함정희: 맞아요. 당분, 단 음식이랑게요. 그니까 이걸 자꾸 채우다 보니 당 환자가 많아졌다고 해요.

강수돌: 몸에 염분이 부족하니 염분을 채워야 하는데 오히려 당을 더 찾는다 이거네요.

함정희: 그래서 제가 이런 얘기를 하죠. 최고의 염분 섭취는 우리 전통 간장이라고, 이미 좋은 소금도 거기 발효되어 들어 있으니까요.

강수돌: 그냥 좋은 소금, 죽염 같은 걸 좀 더 먹어도 되지 않나요?

함정희: 죽염도 죽염 나름이고, 죽염에는 독이 있을 수도 있어요. 근데 간장을 담가버리면 모든 독이 싹 없어져요. 염분에 있던 독이. 그래서

좋은 간장을 넣어 먹으면 최고로 좋은 염분을 섭취하는 거예요.

강수돌: 아, 그러니까 소금이 간장으로 발효되면서 독소가
없어진다는 거네요?

함정희: 네.

강수돌: 아이고, 이 짠맛도 알고보면 만만찮은 거네요. 우선 소금도
정제소금은 절대 안 되고 가능하면 천일제염이나 죽염을 먹는 게
좋다는데, 그보다 더 좋은 게 토종 간장이라는 거죠?

함정희: 맞아요.

강수돌: 이렇게 짠맛과 쓴맛에 대해 좀 더 알았네요. 근데 여기서 그
쓴맛, 이걸 좀 확대해서 우리 '인생의 쓴맛'으로 응용해 얘기해도
괜찮을 듯해요.

함정희: 솔직히 나만큼 '인생의 쓴맛'을 제대로 아는 사람 있으면
나와보라고 해요!

강수돌: 그러게요, 그건 저도 인정.

함정희: 와인이 그 쓴맛에서 미묘한 차이가 있다고 하지만, 인생도 그
쓴맛에 미묘한 차이가 있죠.

강수돌: 바로 그 얘기를 하는 겁니다. 우선은 인생의 쓴맛을 알아야
인생을 더 풍요롭게, 그리고 더 깊이 있게 살 수 있다고 생각해요.
다음은 인생의 쓴맛 그 자체도 시점에 따라, 상황에 따라, 관계에 따라
정말 다양하게 느껴질 것 같아요. 그리고 무엇보다 인생의 쓴맛을 본
사람은, 우리가 밥 잘 먹고 똥 잘 싸는 것, 두 다리 멀쩡하게 걸어
다니는 것 자체가 얼마나 큰 행복인지를 잘 알죠!

함정희: 그럼요. 저 역시 그 어려움들 다 견디고 이렇게 사는 것만

해도 큰 행복이라고 생각해요.

강수돌: 인생의 단맛만 보고 사는 이들은 짠맛, 신맛, 쓴맛, 매운맛 같은 걸 너무 두려워해요. 혹시 그런 맛을 보게 되면, 그것이 주는 의미 같은 걸 찾으려 하기보다는 그저 빨리 내치는 데 급급하죠.

함정희: 긍게요. 그래서 제가 박사까지 하고서 이렇게 살게 된 것은 오히려 지난 20년 넘게 쓴맛, 매운맛을 아주 많이 봤기 때문이다, 그 덕이다, 이렇게 생각하죠.

강수돌: 대표님의 개인사를 잘 모르면 지금 대표님이 소소하게 느끼는 행복이 얼마나 귀한 건지 잘 모를 거예요. 흔히 애들이 좋아하는 패스트푸드, 예컨대 치킨은 단맛과 짠맛밖에 내지 못하죠. 그러니 이 단맛, 짠맛에 익숙한 이들은 쓴맛, 매운맛을 보면 그저 '에이, 맛없어!' 하고 말겠죠.

함정희: 어릴 적부터 햄버거나 콜라 같은 것만 먹고 자란 아이들은 시골밥상 같은 건 쳐다보지도 않으려 하죠. 그렇게 자란 아이들이 아토피, 비만, 당뇨, 고지혈증, 심장병, 이런 것들에 취약할 테고요.

강수돌: 그래서 저는 특히 엄마 아빠들에게는 《차라리 아이들을 굶겨라》란 책을 권하고 싶어요.

함정희: 제목이 좀 과격하네요?

강수돌: 알고보면 애들에게 먹일 게 없다, 특히 패스트푸드는 아이들을 죽인다, 이런 취지죠.

함정희: GMO도 문제지만 패스트푸드도 참 문제죠.

강수돌: 따지고보면 '패스트푸드'(fast food)란 말 자체가 어불성설이에요. 원래 푸드, 음식이란 식재료가 자연의 힘으로 서서히

자라는 거고, 또 요리도 정성과 사랑으로 하는 것이지 속도전으로 하는 건 아니잖아요. 그런데 '쾌속 음식'이라니, 말이 안 되죠.

함정희: 듣고 보니 맞네요. 그래서 애들 죽이는 음식보다는 차라리 굶는 게 낫다는 거죠.

강수돌: 또 청소년들에게는 《패스트푸드의 제국》이란 책을 권하고 싶어요. 부제가 '미국 음식의 어두운 이면'인데, 햄버거나 프렌치프라이 같은 패스트푸드가 건강에 미치는 영향뿐만 아니라 생활문화에 미치는 악영향, '알바생'이나 외국인 착취 문제, 로비 등 부정부패 문제, 이런 걸 두루 다루죠.

함정희: 우리 청소년들은 공부하느라 그런 건 거의 모르지 않나요. 부모의 과잉보호도 문제겠네요.

강수돌: 그래서라도 우리는 '쓴맛을 알아야 사는 맛을 안다'는 말을 널리 공유해야 할 것 같아요. 어릴 적부터 두루두루 맛을 즐기면서 채식, 소식, 서식의 원리로 살아가는 게 제대로 잘 사는 길인 것 같습니다. 이 말로 여기서 인사드립니다. 고맙습니다.

함정희: 마무리 말씀도 참 좋네요. 저는 우리 콩의 꽃말, '꼭 오고야 말 행복'이라는 말을 하고 싶어요. 우리가 좋은 음식을 꾸준히 먹고, 운동도 적절히 하면서, 그리고 인간관계도 즐겁게 가지면서 살아야 모두에게 행복이 오겠지요. 감사합니다.

우리 콩으로 만든 영양제이자 해독제인 쥐마청,
이것으로 아토피, 변비, 위장질환, 암 발병, 당뇨,
혈압, 무기력증, 노인성 질병 등을 고치는 사람들이
늘고 있다. 근본적으로는 생활방식을 바꾸고 유기농
농사와 땅, 공기, 물을 살려야 하지만, 지금
여기서부터 건강을 회복하고 건강을 유지하려 할 때,
쥐마청과 함께하면 어떨까?

함씨네토종콩식품, 쥐마청으로 몸이 좋아진 사례들

사례 1

강수돌: 쥐마청을 드시고 전반적인 건강이 아주 좋아졌다는 박 교수님이라고 계시다면서요?

함정희: 네, 박 교수님은 정말 생을 마감할 수도 있는 상황까지 갔었대요. 장이 안 좋아 변도 안 나오고… 그리고 위가 다 헐고, 별 유산균을 다 먹어도 소용이 없고… 몸무게가 54킬로그램까지 줄었다고 하더라고요. 그래서 아, 이러다 내 삶이 이걸로 끝나나보다 했는데, 이 쥐마청을 먹고 정말 거짓말처럼 다 좋아졌대요.

강수돌: 그런 말씀이 글이나 영상으로 남아 있을까요?

함정희: 동영상이 있어요. 박 교수님이 찍어서 보내줬어요. 짧지만 두 가지나 있어요. 그분은 쥐마청을 먹고 얼굴 색도 좋아지고 목소리도

좋아지고, 그래서 혼자만 알기는 너무 아깝다 싶어 친구들에게도 먹어보라고 계속 홍보를 하고 다니신다고 해요. 이걸 정말 널리 알리고 싶다고 하세요.

강수돌: 그토록 좋다며 '전도사'를 자처하시는 분이 있으니 머지않아 대박이 날 듯요, 하하.

함정희: 박 교수님이 '함씨 밥상에 많은 친구들을 초대하고 싶은 마음을 가지고 있습니다'라고 하시면서 쥐마청이 묘약이고 보약이다, 여기엔 정말 우리 현대인에게 필요한 모든 기운이 다 들어 있다고 하셨어요.

강수돌: 그 선생님 건강이 좋아지셨다니 정말 다행이에요. 실은 저도 오래전에 그분 초대로 인문학 모임의 특강을 한 적이 있죠. 그 사이 건강이 안 좋으시다기에 안타까웠는데.

함정희: 그분이 이제 좋아지셔서 홍보까지 해주시니 참 고맙죠. 저보고 '당신 같은 사람이 있어서 참 행복하다'고 하세요. 제가 '함씨네밥상'을 할 때도 친구들까지 모시고 와서 함께 식사하고는 '어쩌면 어렸을 때 먹었던 음식이 여기 다 있는 것 같다'는 말씀도 하셨죠. 너무 고맙고 감사하다면서 그 내용을 영상으로 두 가지나 만들어서 보내주셨고요.

강수돌: 참 고마운 일이네요. 잘 나으셔서 다행이고요.

사례 2

강수돌: 최○○ 사업가의 경우도 좋은 사례라고요?

함정희: 네, 어떤 분이 제게 전화를 했어요. 자기가 이걸(쥐마청) 먹고 몸이 많이 좋아졌다는 거예요. 원래 많이 아팠던 사람인데요.

강수돌: 좀 아시는 분이었군요?

함정희: 아주 친한 건 아니고 얼굴만 좀 아는 분이었죠. 몸이 많이 안 좋다고 해서 쥐마청을 한번 드셔보라고 샘플을 좀 드렸어요.

강수돌: 그랬군요. 조금 먹어서는 안 될 텐데요?

함정희: 그렇죠. 일단 샘플 드시고 좋은 것 같으니 그다음부터는 석 달 치를 사서 드셨어요.

강수돌: 그렇게 꾸준히 드셨더니요?

함정희: 눈에 띄게 좋아진 거죠.

강수돌: 그게 쥐마청을 먹고 좋아진 거라는 이야기죠? 좀 자세히 말씀해주세요.

함정희: 맨 처음엔 이분 혈당 수치가 400인가 300인가 그랬대요.

강수돌: 남자분인가요?

함정희: 네. 근데 처음 샘플 먹고 단 이틀 만에 당이 200으로 떨어졌다는 거죠.

강수돌: 그렇게 단기간에 효과가 나올까요?

함정희: 저도 놀랐어요.

강수돌: 뭔가 다른 요인도 있지 않았을까요?

함정희: 제가 쥐마청이 좋다고 하니 그 말을 믿고 먹었던 거죠. 다른

특별한 걸 먹지 않고 쥐마청을 먹고서 좋아진 것이니 쥐마청 효과가 확실하죠.

강수돌: 그렇군요.

함정희: 그렇게 혈당이 많이 내려가니까 스스로도 막 소름이 끼치더래요. 이게 이렇게까지 효능이 있는 건가 싶어서요.

강수돌: 그래서 더 꾸준히 드시게 됐군요.

함정희: 석 달 치를 사서 매일 꾸준히 드시면 확실할 거라고 했더니, 일단 믿고 사셨어요. 그리고 석 달여가 지나서 전화가 온 거예요. 내가 이제 당뇨 걱정이 없어졌다, 거의 정상 수준이 됐고, 조절할 수 있다는 자신감이 생겼다, 이러시는 거죠.

강수돌: 그거 아주 좋은 소식인데요?

함정희: 그러면서 그분이 제안을 하셨어요.

강수돌: 어떤 제안을요?

함정희: 이분이 돈도 좀 있고 조직도 있는 사람이라, 이걸로 사업을 한번 해보자, 이거죠.

강수돌: 어떤 사업을요?

함정희: 제가… 지금 콩 사서 만들기도 바쁘고, 자금도 시원찮아서 더 이상 새로운 건 못하고 있잖아요. 그런데 이분은 이걸 응용해서 새로운 사업을 해보고 싶다는 거예요.

강수돌: 그러게요. 뭔가 잘되면 좋겠는데요?

함정희: 지금 그런 계획을 세우고 있는 중이에요. 일단은 미슐랭 가이드에 별 세 개 이상 받는 일품 식당 쪽으로 방향을 잡은 것 같아요.

강수돌: 아, 예전의 '함씨네밥상'을 좀 새롭게 해보자, 이런 거군요.

함정희: 네, 제가 실은 스타벅스가 들어선 자리에 제 식당을 내고 싶거든요. 진짜 건강한 우리 음식(생명을 살리는 음식, 발효식, 해독식)으로 널리 건강 밥상 체인점을 내고 싶다, 이런 얘기를 그분에게 했거든요. 아마 그 이야기에 마음이 움직였나봐요.

강수돌: 일단 멋진 구상인데, 실현하기가 쉽진 않죠.

함정희: 기본 자금도 있어야죠. 홍보라든가 경영능력이 또 중요하거든요. 그래서 구상 중이라는 거예요.

강수돌: 아직 구체적인 사업 구상이 짜인 건 아니군요.

함정희: 여러 가지 고민할 게 많으니까요. 지금은 코로나 시국이라 일단 드라이브 스루 방식도 생각 중이에요.

강수돌: 홀이 있는 게 아니라 사람들이 차를 타고 와서 건강 밥상을 사 간다는 거죠?

함정희: 여럿이 모여 앉을 수 없으니 그런 구상도 하는 거죠. 코로나가 종식되면 좋기는 한데….

강수돌: 여하간 미래의 사업 얘기는 이 정도로 하고, 일단 그분이 당뇨 수치가 300~400 정도로 높았는데, 이 쥐마청을 석 달 정도 드시고 나서 거의 정상 수준으로 잡혔다, 이게 핵심이군요.

함정희: 그건 확실하죠.

강수돌: 함 대표님이 고생하신 보람이네요.

강수돌: 경찰서장님 중에 효험을 보신 분도 있다고요?

함정희: 제가 경찰대학에 강의를 갔을 때 제 이야기를 듣고 그 뒤로 쥐마청을 드신 분이 계세요.

강수돌: 어떤 분이시죠?

함정희: 처음엔 아산서장으로 계시다가 서울 마포서장을 하신 뒤에 지금은 본청으로 가셨대요.

강수돌: 구체적으로 무엇이 어떻게 좋아지신 거죠?

함정희: 그분이 경감 때 강의를 들었거든요. 지금은 총경이 됐는데, 무슨 특별한 병이 있었던 건 아니고, 해독이 되니까 영양제처럼 한 달에 300그램짜리 두 통 정도는 꼭 먹었다고 해요.

강수돌: 쥐마청 300그램짜리를 한 달에 두 통 정도씩 몇 달이나 드셨대요?

함정희: 거의 10년 되었을걸요. 꾸준히 밥처럼 먹는 거죠.

강수돌: 아이고, 정말 오래 드셨네요. 일종의 영양제처럼?

함정희: 한 번도 거른 적 없이 꾸준히 드시는데, 늘 최고라는 거예요. 자기는 이걸 먹어서 지금까지 감기 한번 안 걸리고 산다고 그래요. 그래서 이게 최고래요, 최고의 비아그라라고도 해요, 하하. 쥐마청엔 마늘까지 들었으니 비아그라나 다름없죠.

강수돌: 일단 쥐눈이콩은 해독·항암·양생에 좋고, 마늘도 항암·살균·기력 보강에 좋다 하고, 청국장 역시 항암·면역력에 좋다 하니, 이게 꾸준히 쌓이면 체질 개선이 되는 셈이겠네요.

함정희: 그렇죠. 쥐마청엔 쥐눈이콩이 59퍼센트, 마늘이 38퍼센트, 찹쌀이 3퍼센트 들어 있어서 기본 영양소인 탄수화물, 단백질, 지방, 비타민, 미네랄만이 아니라 필수 아미노산 여덟 가지가 다 들었으니 거의 완벽하다고 할 수 있죠.

강수돌: 그래서 그 총경님도 쥐마청 팬이 되셨군요.

사례 4

강수돌: 또 다른 분은요?

함정희: 이○○ 중령이라고 계세요.

강수돌: 아, 군인?

함정희: 원래 군인이었는데 중령으로 예편했대요.

강수돌: 그렇군요. 지금은요?

함정희: 식품 유통업에 종사하신대요.

강수돌: 크게 보면 동종 업종이네요?

함정희: 이분은 학교 급식에 공급하는데, 유기농, 친환경 두부, 우리 집 제품 등으로 학교에 납품했어요. 우리 공장 제품이 들어가면 다들 맛있다고 좋아한대요.

강수돌: 다행이네요. 그럼 이분은 쥐마청을 드시고 뭐가 좋아졌대요?

함정희: 본인보다 이분 어머니가 쥐마청을 석 달 이상 드시고 중병이 나으셨다는 거예요.

강수돌: 그 중병이란 게 구체적으로?

함정희: 저도 확실히는 모르는데, 왜 노인이 되면 이런저런 병으로 다 안 좋으시잖아요.

강수돌: 그니까요, 흔히들 노환이라 하죠.

함정희: 그래서 효자의 마음으로 이 쥐마청을 사드렸는데, 꾸준히 드시니까 몸이 가벼워지고 이제는 아픈 데가 없다는 거죠.

강수돌: 신기하네요.

함정희: 제가 이 쥐마청을 연구하고 개발하느라 얼마나 많이 노력했는데요. 이제 그 보람이 이런 분들을 통해 나타나는 거죠.

강수돌: 그 할머니는 아직 살아 계시고요?

함정희: 아니요. 그렇게 몸이 좋아지신 상태에서 95세까지 살고 돌아가셨어요. 그래도 여러 병으로 고생하시다가 이걸 드시고 좋아지셔서 95세까지 사셨으니 정말 고맙다면서 지금도 저를 많이 도와주세요.

강수돌: 그렇군요. 정말 장수하셨네요.

함정희: 그 뒤로는 본인도 쥐마청을 드시는데, 혈색도 좋아지고, 변도 잘 나오고, 몸에 활기가 넘쳐서 너무 좋다면서 계속 주문해서 드세요.

강수돌: 두 세대가 연속으로 효험을 보고 계시네요?

함정희: 그러면서 '함씨네토종콩식품'은 민족 기업이니까 잘 도와줘야 한다면서 여러 가지 도움을 주시죠.

강수돌: 꼬마가 쥐마청을 그렇게 좋아한다면서요?

함정희: 네, 경상북도에 농사짓는 오OO 씨가 있어요. '신지식 농업인'이에요. 그분 손자가 쥐마청을 한번 맛보더니 매일 그것만 달라고 한대요.

강수돌: 원래는 오씨께서 드시려고 샀는데, 손자가 더 좋아하는군요?

함정희: 이 녀석이 이제 과자를 줘도 안 먹는대요.

강수돌: 할아버지가 과자값 벌었네요.

함정희: 희한하게 다른 사람이 뭘 줘도 잘 먹지 않았는데 쥐마청은 잘 먹는다는 거죠.

강수돌: 재밌네요. 마늘도 들고 해서 꼬마 아이가 좋아하기 어려울 텐데 말이죠.

함정희: 이 비싼 걸 손자가 다 먹어치우니 오씨는 미치겠죠.

강수돌: 아이고, 그러게요. 하기야 애도 건강하면 좋죠.

함정희: 원래 아이들이 똥도 잘 싸지만, 이 아이는 특히 절대 변비가 생기지 않겠죠. 피부도 뽀얗고 얼마나 활달한지 모른대요.

강수돌: 그거야 원래 아이들이 대부분 그러니까요. 물론 요즘은 아픈 아이들도 많지만….

함정희: 여기 동영상 좀 보세요. 전에 보내온 건데요. 비가 오는데 우산을 쓰고 어딜 가면서도 쥐마청이 든 작은 통을 손에 꼭 쥐고 간다는 거예요, 이 녀석이.

강수돌: 휴대전화처럼 필수품으로 들고 다니는군요.

사례 6

강수돌: 어느 병원 이사장님도 효험을 보셨다고요?

함정희: 제가 잘 아는 분이에요. ○○병원 이사장님이시죠.

강수돌: 이분은 어떻게 해서 쥐마청을 드시게 되었을까요?

함정희: 이분이 병원이 몇 개나 있는 이사장님인데, 그동안 너무 일을 많이 해서 그런지 위가 다 헐었대요. 별 생각 없이 나쁜 음식을 계속 먹으면 위가 약한 사람이나 당이 있는 사람은 장기가 서서히 망가지죠.

강수돌: 술을 많이 드셨나보네요.

함정희: 여자분인데, 술은 그리 많이 먹지 않아요. 그런데 음식을 막 먹으니 위가 망가진 거죠.

강수돌: 병원에서 드시는 것도 별로 안 좋다는 건가요?

함정희: 무조건 나쁘다, 이건 아닌데, 체질도 있고 유전적 요인도 있고, 일하다 보면 스트레스 요인도 있겠지만, 특히 음식이 문제란 거죠. 우리가 평소 별 생각 없이 아무 음식이나 조심하지 않고 그냥 먹다 보면 나쁜 음식으로 속이 다 망가지거든요.

강수돌: 알고 보면, 집밥이 아닌 경우엔 독성 음식이 많아요.

함정희: 온갖 첨가제가 많이 들어가고, 특히 바쁘다고 대충 때우거나 급하게 식사하거나, 짜고 매운 음식을 많이 먹거나….

강수돌: 맞아요. 매일 조심하고 좋은 것만 먹어도 될까 말까 한데, 별 생각 없이 생활하다 보면 몸이 쉽게 망가지죠.

함정희: 특히 바깥에서 먹는 음식이라는 게 대부분 그렇죠. 그런데

이분이 당시 위가 다 망가져서 주치의가 치료하면서 힘들어했대요.

강수돌: 병원 이사장님인데도 말이죠.

함정희: 그럼요, 예외가 없죠. 누구든 아플 수 있으니까.

강수돌: 그래서 쥐마청을 권하셨구만요.

함정희: 네, 그 말을 듣고 제가 우리 쥐마청을 드시라고 했죠. 그 사람은 제 말을 알아들어요. 하도 속이 안 좋으니까, 뭐라도 해보자, 이렇게 됐죠.

강수돌: 어떻게 드셨대요?

함정희: 이걸 진짜 출근하면서 먹고 퇴근하면서 먹고… 차 안에도 두고 시간만 나면 만날 먹었대요. 그리고 1년 후에 위병이 완벽하게 나았대요.

강수돌: 와우, 대단해요. 사람이 작은 부분이라도 아프다가 다 나으면 얼마나 행복한대요.

함정희: 이분이 저한테 정말 고맙다고 그래요. 그 엉망이던 위가 어떻게 이렇게 깨끗해졌냐고 자기 주치의도 놀란다면서.

강수돌: 그러게요. 그 의사도 놀랐겠네요. 생전 모르는 방법이니까.

함정희: 그래서 자기가 주치의한테, 당신도 이 쥐마청을 먹어라, 내가 바로 이걸 먹고 나은 거다, 라고 말했대요.

강수돌: 진짜 잘되었네요! 위장병까지 다 나았다니, 놀라울 뿐이고요.

함정희: 그래도 또 바깥 음식을 계속 먹을 수밖에 없으니, 지금도 꾸준히 드시고 계세요. 예방적 차원에서.

강수돌: 어차피 쥐마청이 영양제도 되고 해독제도 되니, 평소 꾸준히 드시면 좋겠죠. 큰 병이 나기 전에 관리를 잘해야 하니까요.

좋은 농산물로 건강한 식품을 생산하는 사람들

개인

공문조: 경남 하동, (블루블루농원) 블루베리, 취나물. 010-7139-4316.

구윤회: 전북 완주, (건강한 밥상[마을기업]) 유정란, 제철농산물. 1544-8556.

구재성: 충남 부여, (자연농원 숨) 곡식, 과일, 채소. 010-9583-4401.

권성형: 전북 장수, 단호박. 010-3059-8702.

김남숙: 경북 영천, (옛살비농원) 사과. 010-8854-7375.

김덕수: 강원 춘천, 수미감자. 010-6375-1053.

김석봉: 전북 산내, 감자, 고구마, 양파. 010-2557-5882.

김성환: 경남 산청, 우리 콩 메주(콩살림), 된장, 간장, 고추장. 010-3847-5385.

김순희: 전남 영암, 야산 재배 두릅(3-4월). 010-2566-0721.

김은규: 전남 강진, 곡식, 해초, 전복 등 (계절별) 공동 구매. 010-2082-8881.

김정희: 전남 강진, (가배울[사회적기업]) 토종 농산물, 고대미, 흑마늘, 토종한식당. 061-434-4481.

김형표: 제주 서귀포, 밀감, 당근, 브로콜리, 여주 외. 010-9643-1090.

달님: 전북 부안, (변산공동체) 햅쌀, 된장, 장아찌, 멸치액젓, 미숫가루, 찰보리 등. 010-3912-0584.

도현수: 충남 천안, 멜론, 딸기 외. 010-7424-6875.

박성준: 경남 진주, 토마토. 010-2772-6903.

박웅두: 충북 음성, (사향산농원) 산딸기(6월). 010-7303-6923.

박지애: 전남 해남, 앉은뱅이밀(통밀, 밀가루), 검정찰보리. 010-6724-2019.

박혜정: 서울 서초, 토종 오곡찰밥. 010-2583-1252.

변산공동체: 전북 부안, 쌀(오분도미, 백미, 현미찹쌀), 들기름, 멸치액젓, 미숫가루, 현미차, 머윗대장아치, 단풍취장아치. 010-3912-0584, 063-584-0584(달님)

서정일: 전남 해남, 미니밤호박. 010-2888-9697.

서정홍: 경남 합천, (열매지기공동체) (보약같이 달인) 유기농 생강차, 박하차. 010-8556-8239.

서정훈: 인천 강화, (콩세알나눔센터) 두부. 032-932-5591.

신진철: 충북 제천, 오디잼. 010-6328-4152.

안태용: 전북 임실, 산야초효소, 쑥효소, 송순효소, 매실효소. 010-3635-

0106.

여지현: 경북 봉화, (땅파는까망돼지) 자연양돈육, 수제소시지. 010-9733-8530.

윤순자: 제주 서귀포, 무농약 귤, 천혜향, 한라봉 생산. 010-6588-3338.

이기영: 경기 일산, 천년초 (가루, 비누, 치약) 생산. 010-7254-1729.

이동현: 전남 곡성, (㈜미실란) 유기농발아현미, 유기농밥상. 061-363-6060.

이명엽 · 김동환: 전남 구례, (㈜구례삼촌) 쑥부쟁이 머핀, 쿠키. 010-2601-1002.

이명정 · 박문식: 전남 구례, (섬진강호조) 천연효모종우리밀빵, 펜션. 010-6396-8025.

이민우: 충남 보령, 구기자 외. 010-4766-5225.

이상훈: 강원 철원, 쌀, 양파, 고추 외. 010-5607-0377.

이수천: 전북 대야, 수미감자(5-6월). 010-5047-9401(이수희).

이연숙: 전북 남원, 사과. 010-7702-3963.

이윤정: 전남 담양, (물댄동산농원) 취나물, 고사리, 매실, 고추, 감, 작두콩, 생강. 010-8649-0196.

이해선: 경북 영양, (해담는집) 고춧가루, 김장김치. 010-3345-6051.

임승호: 경남 함양, (지리산 700미터 고지) 죽염, 마을죽염환. 010-8501-7176.

전민철: 경북 의성, 한지마늘. 010-8947-4579.

전희수: 충북 괴산, (안민농) 무경운 태양초 고추. 010-2053-9004.

정운모: 경북 김천, 우리밀, 쌀, 양파 등. 010-9895-0595.

조영현: 전남 장흥, (풀로만목장) 그래스페드 한우. 010-4493-4507.

최선희: 충남 논산, (땡큐베리팜) 블루베리. 010-4330-4987.

최혁봉: 전남 보성, 키위, 키위쥬스, 고구마 외. 010-5420-1584.

한명희: 전남 영암, 된장, 간장. 010-4381-0678.

한승오: 충남 홍성, 오리농법 쌀. 010-9558-7215.

함정희: 전북 전주, 두부, 콩물, 청국장, 쥐눈이콩마늘청국장환. 010-8669-8600.

황치익: 경남 하동, 자소자, 생들기름, 검정찰보리쌀. 010-9723-3708.

단체

가톨릭우리농: 유기농 생산물, 가톨릭농민회 직거래, 전국 각지.

두레생협: 유기농 농산물, 전국 각지.

자연드림: 유기농 농산물, 아이쿱생협, 전국 각지.

정농회: 자연농 농산물. 특히 암 환자를 위한 식품과 건강 교실. 정경식 사무국장(010-3220-3424).

초록마을: 유기농 농산물, 전국 각지.

한살림: 유기농 농산물, 생협, 전국 각지.

행복중심생협: 전국여성민우회, 전국 각지.

* 상기 목록은 필자가 2021년에 개인적 관계나 페이스북을 통해 '전국 곳곳에서 건강한 농산물이나 식품을 생산하시는 분들을 알려주세요'라는 취지의 글을 올려 '페친'들에게 수집한 것입니다. 위 내용에 추가·수정 내용이 생기면 수시로 반영해 다음 인쇄 때 바꾸겠습니다. 이 연결망을 통해 서로가 서로를 살리는 '생명연대의 관계'가 더 강화·확산하면 좋겠습니다.

도서

김기석, 《농부의 나라》, 한티재, 2015.

김수현, 《밥상을 다시 차리자》 1, 2, 중앙생활사, 2014.

김은진, 《김은진의 GMO 강의》, 푸른정원, 2020.

김종철, 《근대문명에서 생태문명으로》, 녹색평론사, 2019.

김한복. 《청국장 다이어트 & 건강법》, 휴먼앤북스, 2003.

남기선, 《식사혁명》, MID, 2019.

다음을지키는엄마모임, 《차라리 아이들을 굶겨라》 1, 2, 시공사, 2013.

롭 던, 《바나나 제국의 몰락》, 노승영 역, 반니, 2018.

메린 매케나, 《빅 치킨: 항생제는 농업과 식생활을 어떻게 변화시켰나》, 김홍옥 역, 에코리브르, 2019.

미셸 오당, 《농부와 산과의사》, 김태언 역, 녹색평론사, 2005.

박진도 외, 《농민이 행복해야 국민이 행복하다》, 지역재단, 2021.

반다나 시바, 《이 세계의 식탁을 차리는 이는 누구인가》, 우석영 역, 책세상, 2017.

변현단 외, 《화성에서 만난 오래된 씨앗과 지혜로운 농부들》, 시금치, 2018.

야마자키 농업연구소, 《자급을 다시 생각한다》, 최연희 외 역, 녹색평론사, 2010.

에릭 슐로서, 《패스트푸드의 제국》, 김은령 역, 에코리브르, 2001.

윤병선. 《농업과 먹거리의 정치경제학》. 율력, 2015.

장 지글러, 《왜 세계의 절반은 굶주리는가》, 유영미 역, 갈라파고스, 2007.

제니퍼 클랩, 《식량의 제국》, 정서진 역, 이상북스, 2013.

제레미 리프킨, 《육식의 종말》, 신현승 역, 시공사, 2008.

존 로빈스, 《육식, 건강을 망치고 세상을 망친다》 1, 2, 이무열 역, 아름드리미디어, 2005.

천규석, 《망쪼 든 세상 그래도 기리버서》, 신생, 2021.

초식마녀, 《오늘 조금 더 비건》, 채륜서, 2020.

페터 슈피겔, 《더 나은 세상을 여는 대안경영》, 강수돌 역, 다섯수레, 2012.

피터 싱어, 짐 메이슨, 《죽음의 밥상》, 함규진 역, 산책자, 2008.

영화

킵 앤더슨·키건 쿤, 〈몸을 죽이는 자본의 밥상〉(What the health), 다큐영화, 2017.